# 可能性としての
# 文化情報リテラシー

岡田浩樹・定延利之 編

ひつじ書房

目次

序　文化のカオスに挑む
　　─文化研究のマルチ・オブジェクト化と文化情報リテラシー
　　岡田浩樹 ………………………………………………………… 1

# 第1部　マルチメディアとフィールドワーク　　　　　　　9

フィールドワークの技法から「文化情報リテラシー」へ
　　岡田浩樹 ………………………………………………………… 13
文化研究における映像の活用法─映像人類学の近年の展開について
　　分藤大翼 ………………………………………………………… 29
淡路人形浄瑠璃の伝承の場─淡路三原高等学校郷土部の活動を中心に─
　　古川　史 ………………………………………………………… 43
文化研究への文化情報リテラシーの駆使の試み
　　─淡路人形浄瑠璃における「伝承」を対象に─
　　金田純平 ………………………………………………………… 71

# 第2部　マルチメディアとコミュニケーション研究　　　91

インタラクションを捉えるということ
　　木村大治 ………………………………………………………… 97
マルチモーダルな会話データの収集と処理
　　ニック＝キャンベル …………………………………………… 111
音声コミュニケーションに関する研究交流のために
　　定延利之 ………………………………………………………… 127
人物像に応じた個人内音声バリエーション
　　モクタリ明子・ニック＝キャンベル ………………………… 139

## 第3部　文化情報を読み解くということ　157

伝統的な慣習を読み解く
　―雅楽における様式化された楽器間の「会話」のメカニズム―
　　寺内直子……………………………………………………………… 163
舞台にあがった囃し田―「民俗」から演じられる「芸能」へ
　　松井今日子…………………………………………………………… 181
「赤城大明神事」考―継子いじめ譚の検討を通して―
　　柏原康人……………………………………………………………… 207
「ろう文化」を読むために―聴覚障害者教育の変容と「ろう文化」論の可能性
　　倉田　誠……………………………………………………………… 233

## 第4部　自然科学から文化研究へ　247

文化研究に対する科学的方法論
　　村尾　元……………………………………………………………… 251
［講演抄録］21世紀のダ・ビンチをめざして
　　池上高志……………………………………………………………… 265

執筆者紹介……………………………………………………………… 291

# 序　文化のカオスに挑む
## ―文化研究のマルチ・オブジェクト化と文化情報リテラシー

岡田浩樹

　21世紀の現在、グローバル化が進展する中で、文化はその重要性を増しつつある。文化政策学、文化経済学、文化政治学など、およそかつては相容れないと思われていた社会科学系の領域と「文化」を組み合わせた新しい学問分野が現れてきている。それだけ「文化」が様々な領域に関わる広がりを持ち、学際性が求められていると言えよう。しかし一方で、「文化」はますます茫漠としてとらえどころがない広がりをもつようになってしまったとも言えよう。

　特に人文科学においては、これまでの文化研究はテキスト中心主義の傾向があり、文献や資料を主な研究資料としてきた。しかし文化現象の多様化とダイナミズムが、ITなどコミュニケーション手段のマルチメディア化によってもたらされ、もはや文化現象を読み解く際の対象は、文献資料、文字化した資料だけではなくなっている。文化研究の対象は多様化（マルチ・オブジェクト化）し、どのように文化を捉えればよいのか、研究者が当惑させられるようになってきている。混沌としている文化（文化のカオス）、これは文化自体が無秩序な混沌となってきたという意味ではなく、これまでのアプローチでは把握できない状況をどうするかという問題である。

　このような研究対象のマルチ・オブジェクト化、そして文化研究のカオスに対し、どのようなアプローチが必要とされるのであろうか。それぞれの専門分野の成果を発展させつつ、これまでの学際的研究とは異なるような、新しいアプローチはあるのか―この問いはそれぞれの分野の問題であり、なによりも専門分野の方法論を教授する場である大学において、重要な課題とし

て立ち現れている。

　この難題に対処するために、私たちは、「文化情報リテラシー」というコンセプトを掲げた。このコンセプトを切り口として、現代文化の多様性とダイナミズムにアプローチすることができる、新しい人文社会科学の学際的研究の方法論を模索するとともに、新しい視点をもって取り組む意欲的な大学院生のニーズに応えようと試みた。

　この「文化情報リテラシー」とは、一般の読者にとっては、違和感をもたらすような奇妙な響きをもっているかもしれない。「リテラシー」という言葉は、近年メディアリテラシーなどといった言葉がジャーナリズム等で使われることもあり、漠然と「読み書きする能力」を指すのであろうとおおよその見当をつけることができよう。しかし「文化情報」とはなんぞや、という疑念や違和感は残るであろう。あるいは、「文化についての情報」もしくは、映画や展覧会開催情報など、文化行事に関する情報なのかと訝しく思われる向きもあるであろう。しかし、このような曖昧模糊としているかに思える「文化情報」を敢えて用いたのには、私たちのそれなりの理由と主張が込められている。

　この背景にあるのは、多様化し、複雑化する今日の文化的問題である。すなわち、文化のグローバル化による画一化が進む一方で、これに対抗したローカル文化の多元化が複雑に絡み合う今日的状況が新たな文化現象を産み出している。

　こうした文化の多様化と複雑化をwebなどのIT技術や様々なメディア技術の深化やマルチ化が支えている。誰でもがそうしたツールにアクセスする汎用化は、これまでになかった文化の多様化とダイナミックな動きをもたらしてきた。

　その例のひとつが「つぶやき(twitter)」である。かつては、講演会やシンポジウムの多くの出席者は、一方的に「講演」を聞くだけの「沈黙する聴衆」であった。いまや会場で講演者の発言に対して心に思った「つぶやき」をその場で端末を通して世界に発信するなどとは、わずか5年前でも誰が想像したであろうか。さらに、その「つぶやき」に会った事もない同時代の誰かが

「つぶやき」を重ね合わせる。「語り」や「言説」とは異なる、そのような「つぶやき」をテキストとして解読する事に意味があるのか、あるいはそもそも解読する事が可能なのであろうか。しかし、そうした「つぶやき」はこれまでとは異なる知識や感情の共有といったコミュニケーションの問題を提起する。

いまや私たちは新しい文化的な実践のあり方に引きずり込まれ、何か見えない境界を知らず知らずに超えてしまい、かつてない異質な世界に踏み込んだのではないかという感覚にとらわれる。文化研究という方法自体がすでに別のパラダイムの中で考え直さざるをえないのかもしれない。それは、私たちが捉えようとしてきた文化が変容したと言うより、むしろ私たちの認識のフレームでは捉えることができず、文化現象として認識すらしてこなかった「取るに足らない」何かが不気味な増殖をしているような印象すら抱いてしまう。

このような文化のダイナミズムに対しては、これまで文化研究の基本的手法であった文字資料に依存した文献研究やフィールドワークによる言語を主とした調査資料に依存する、従来の人文科学の手法では対処が困難である。例えば、語りや音、映像、動作、表情、動作、臭い、触感などの不定形な情報を取り扱うことのできる方法論的な検討が必要となるであろう。

例えば、2007年に起きたバージニア工科大学乱射事件やwebサイトを利用したテロ組織のプロパガンダなどを後代の歴史学者はどのような資料によって考察するのであろうか。そのようなメディアで流布する「資料」については、語られた言葉だけでなく、表情や動作、音声なども含めて検討しなければならない。

2007年のバージニア工科大学では大学内で銃が乱射され、33名が死亡した。コリアン系米国人の学生が犯人であったことで、アジア系移民問題、あるいは当初の誤報で「日本人犯人説」「中国人留学生」説が流れ、それに呼応した日中韓のネチズンのweb上での中傷合戦は、各国メディアを巻き込み、韓国政府や中国政府が公式声明を出す外交問題にまで発展した。この事件ではコリアン系米国人被疑者が自らの犯行を語る映像、その場に居合わせた者

が撮影した「現場映像」が大量にweb上に流れたのである。

　このような文化現象の今日的状況を踏まえ、私たちは、これまでは研究者の認識の枠組みからこぼれ落ちた様々な情報の重要性を喚起するために、敢えて「文化情報」という言葉を用いようと考えた。そして、それを「読み解く力」（リテラシー）に注目した。

　この「文化情報リテラシー」とは、今日の多文化状況における流動的・多元的な文化情報を読み解き、発信する能力を指す。

　この新しい試みは、まず基本的ないくつかの問いから出発しなければならなかったことも述べねばならない。つまり(1)そもそも文化情報リテラシーとは何か、そうした能力は本当に必要なのか、(2)具体的にはどのような手法なのか、(3)文化情報リテラシーの手法でどのような成果を得ることができるのか、(4)文化情報リテラシーは研究の方法論や認識論、さらには文化研究に新しい可能性をもたらすアプローチなのか、このような4点の基本的な疑問を考えることから出発せねばならなかった。

　本書は、このような基本的な問いに現段階で答えようとしたプロセスを反映し、既存の専門分野を超えて、新しい学際的なアプローチを探っている。

　これまで学際的研究の必要性については、既存の学問分野が協力することによって何か新しい成果がもたらされるという期待があった。つまり、それぞれの分野で培ってきた既存のアプローチから生み出される成果を持ち寄り、異なる分野の間の対話、議論から新しい研究の可能性が生み出されるという期待である。しかしながら、これまでの学際的研究では、かえって分野の特徴を際だたせ、分野間の対話が困難であることを示すという皮肉な結果をしばしば示してきた。あるいは、同一のテーマをめぐる諸分野の成果の単なる羅列となることもしばしばあった。これに対し、私たちの主張は、今日の文化研究においては、まず、それぞれの分野において従来のアプローチを再検討し、他分野とも連携可能なアプローチを模索することを協力しつつ進めていくような学際的研究が必要であるというものである。

　第1部の「マルチメディアとフィールドワーク」では、4名の執筆者がフィールドワークの現場から報告している。フィールドワークという手法で文

化を捉えようとする際に問題となった研究対象の多様化(マルチ・オブジェクト化)の問題が文化研究で前景化しつつあることが示される。

まず第1部では、岡田は従来のフィールドワークに基づき、民族誌というテキストを作成していく従来の手法の限界を指摘し、分藤は映像というメディアを活用した人類学の近年の新しい展開について報告している。古川は淡路人形浄瑠璃の伝承という具体的事例から、芸能などの身体的技法が完全には言語化・テキスト化されない相互行為の中で行われていることを指摘している。金田はその古川の指摘に呼応し、そうしたインターラクション(相互行為)の分析に際して、マルチモーダル分析(EMA)をデータマイニングの手法として応用することで、文化研究における映像分析についてのコミュニケーション科学からのアプローチの乗り入れを試みている。

第2部では、「マルチメディアとコミュニケーション研究」として、4名の報告者が音声や非言語コミュニケーションについての新しいアプローチの検討を行っている。文化人類学者の木村は、フィールドでの発話行為に着目し、日常的インタラクションとしてのコミュニケーション行為を検討する。ニック・キャンベル、定延、モクタリ＆キャンベルは言語学の観点から、それぞれ会話データの処理の問題、音声コミュニケーションをめぐる研究の展開、人物イメージと言語の知覚といった言語の境界、非言語コミュニケーションの境界について報告している。

第1部、第2部が従来の文化研究のアプローチとは異なるアプローチを主に扱っていたのに対し、第3部の「文化情報を読み解くということ」は、従来のアプローチも用いつつ、そこに「文化情報」という観点を入れて対象に取り組んだ論考である。日本音楽史の研究者である寺内はリズムを決定する楽器間の「会話」の問題について考察する。これに対し倉田は「ろう者」という音声言語を介さないコミュニケーションと文化の問題を取り扱っている。松井と柏原は、これまで文献テキストを主な研究材料としてきた民俗芸能・伝承の展開についての歴史的な研究を基盤としつつ、新たなアプローチのもたらす成果の可能性を報告している。

第4部は「自然科学から文化研究へ」というトピックで、2名の情報科学

者が近年急速に展開している情報科学と文化研究の協同について検討している。この第4部は、人文科学研究の学際的アプローチという枠を超え、理科系の情報科学などと協同することによって、文化情報リテラシーというコンセプトが展開していく可能性を示していると言える。まず村尾はモデルという科学研究において基本的な方法論を世代間の継承といった文化のダイナミクスの問題に適用することを試み、その可能性と限界を論じている。この限界点に位置する文化の問題をいかにとらえるか——ここに「文化の個別性」の問題が立ち現れるのであり、文化研究における理系領域分野の限界点と文系領域の限界点がクロスボーダーする。ついで池上は複雑系科学の見地から、言葉やアートのもつ生成のロジックを見いだす可能性について論じている。

以上のように、本書は、今日の文化研究が直面する「文化のカオス」、研究対象のマルチ・オブジェクト化に対し、これを読み解く能力「文化情報リテラシー」を設定し、これからの人文科学研究を再検討する目的に沿って構成されている。執筆者も文化人類学者、言語・音声学者、音楽・芸能研究者、情報科学研究者が協同する学際的研究の試みである。それぞれの執筆者の学問的背景を反映しているため、記述や表現の方式を強いて統一する形をとらなかったことはあらかじめお断りしたいと思う。

なお、最後になったが、本書は、神戸大学大学院国際文化学研究科が平成19年度から21年度に実施した文部科学省大学院教育改革支援プログラム「文化情報リテラシーを駆使する専門家の養成」の成果である。このプログラムの趣旨にご理解いただいた方々の論考を加え、現代文化の諸問題に取り組む新しい取組を示そうという、ひとつの試みである。

このような拙い私たちのプロジェクトにご理解をいただき、神戸大学以外の優れた研究者にご協力いただいたことに、心より感謝を申し上げます。分藤大翼さん、木村大治さん、池上高志さん、そしてニック＝キャンベルさんにはご多忙にもかかわらず、私たち自身の想像を超えるレベルの高い論考を寄せていただきました。編集日程が厳しいため、多大なご無理を申し上げたにもかかわらず、このような論考をお送りいただいたことは望外の喜びです。

また、すべてお名前を挙げることはできませんが、ワークショップ、シンポジウムなどで多くの優れた研究者の皆さまにご協力いただき、さまざまな刺激を与えていただきました。そして、出版不況の中、関心をお寄せいただき、出版の機会を与えて下さった、ひつじ書房の松本功社長、アシスタントの海老澤絵莉さんに執筆者一同、そして神戸大学大学院国際文化学研究科を代表して、お礼を申し上げます。

# 第1部　マルチメディアとフィールドワーク

「マルチメディアとフィールドワーク」と題された第1部では、文化研究のうち、特にフィールドワーク研究に関わる4編の論文を収録しています。

冒頭の岡田浩樹氏の「フィールドワークの技法から「文化情報リテラシー」へ」は、第1部の総論を含んでおり、また本書の出発点となる問題意識を提示したものでもあるので、ここでは短い紹介にとどめておきます。この論文は、「フィールドワーク守旧派」を自称される岡田氏が、自らのフィールドでの体験を踏まえて、フィールドワークから民族誌を作成する従来のプロセスにおける「認識行為」の限界を示されたものです。フィールドをふたたび「懐疑の母」たらしめるには、これまでの認識論的な枠組みを再検討し、これまでの方法論では捉えきれない「文化情報」に目を向けざるを得ないと岡田氏は論じています。

分藤大翼氏の「文化研究における映像の活用法──映像人類学の近年の展開について」では、人類学と映像との関わりの歴史がわかりやすく紹介され、それを踏まえた形で、映像人類学の最先端に位置する分藤氏の問題意識が示されています。機器を介して見聞きする世界が特別なもので、そこでの見え方、聞こえ方が通常の見え方や聞こえ方とは違っていること、収録作業を通じて新たに獲得される「まなざし」や「ききみみ」というものがあり、それらによって調査対象が以前と同じものではなくなること、そして撮影・録音することの意義や可能性は往々にして、本来の狙いとは異なる資料が得られるところにあるということなどを通じて明らかにされるのは、文化研究において映像・音声を録るという行為が「そこにあるものを記録する」という単純なものではなく、いかに広い意味を持ち得るかということであり、だからこそ、誰が何の目的でどう録り、どう使うかを常に考えるべきだということです。「正しい、あるいは成功が約束されているような活用法はない」「方法は研究の目的と調査の状況に応じて、そのつど見いだされてゆくべきもの」という氏の考えは、映像・音声にかぎらず、資料を活用する際全般において有用なものと言えるでしょう。

続く古川史氏と金田純平氏の論文は、或る意味でフィールドを共有しており、連作として読むこともできるものです。古川史氏の「淡路人形浄瑠璃の

伝承の場―淡路三原高等学校郷土部の活動を中心に―」では、淡路島の伝統芸能であるとされる淡路人形浄瑠璃を伝承し、島内外で公演をおこなっている、兵庫県立淡路三原高等学校の郷土部の活動が取り上げられています。高校生活というかぎられた時間の中で、先輩から後輩への「わざ」の伝承がいかになされているのかという問題意識のもと、部員たちの練習風景を観察した古川論文は、そこに「学校の部活動」というよりも「日本舞踊などの伝統芸道」の文脈があることを見いだしています。部員たちに最終的に求められるのは自分なりの「わざ」ではあるけれども、「先輩部員はお手本を示しはするが、後輩に対してここがいい、悪いというはっきりした評価はあまり下さない」「後輩部員も、自分の疑問を言葉にして質問したりメモをとったりすることがない」という「模倣」中心の、徒弟制度的な局面が見られると同論文は論じています。

　金田純平氏の「文化研究への文化情報リテラシーの駆使の試み―淡路人形浄瑠璃における「伝承」を対象に―」も、古川論文と同じく、兵庫県立淡路三原高校の郷土部の練習風景を観察したものですが、その手法は古川論文とは大きく異なっています。古川論文が伝統的なフィールドワークの手法にとどまるのに対し、金田論文ではマルチメディア機器が駆使され、部員たちのことばだけでなく、その音声や動作といったパラ言語・非言語情報、さらに「指導の場面」「「～悪鬼なり」の箇所が指導対象となっている局面」のような状況の情報までが電子的に処理され、活用されています。より具体的に言えば、動きを捉える手法としてインタラクション研究の文脈で使用されてきた、時間情報に関連付けられたアノテーションと、マルチモーダル分析を、文化研究にも応用した「拡張マルチモーダル分析（EMA）」が展開されています。金田論文の重心はこのEMA分析の提案にあり、淡路三原高等学校郷土部における淡路人形浄瑠璃の伝承は、この分析が文化研究におけるデータマイニングの有用な手法として位置づけられることを示すためにあくまで一事例として取り上げられたものですが、今後、古川論文のような伝統的なアプローチとの融合が期待される研究と言えるでしょう。　　（定延利之）

# フィールドワークの技法から「文化情報リテラシー」へ

岡田浩樹

## 1. 守旧派のつぶやき

「フィールドワーク」こそすべてと唱えてきた人類学者が、なにゆえ「文化情報リテラシー」などという突拍子もないことを考えねばならないのであろうか。私自身は東アジアの片隅に住む人類学者に過ぎない。しかも朝鮮半島の小さな村落社会とそこで会話することのできる範囲の人々に対してフィールドワークをおこなってきた。そのごくごく限られたフィールドワークの経験、それこそが私を一人前の人類学者に育てた文化人類学の「伝統的手法」であると固く信じてきた。ところが最近、このような信念を持つ私のような存在は「守旧派」となりつつあるのだ。

20世紀の文化人類学のイメージは、アジアやアフリカの「未開社会」時には「非文字社会」に出かけ、そこで長期間にわたるフィールドワークを行う姿である。20世紀の探検家や宣教師の手による「未開」社会の奇妙な慣習の報告を19世紀の人類学者は書斎で読みふけり、思索を重ねていた。20世紀の近代人類学は書斎の「安楽椅子」と決別し、フィールドに出かけることからはじまったのである。レヴィ゠ストロースが言うように人類学者にとって「フィールドワークは懐疑の母」であり、われわれの認識論的枠組みを揺るがし、西洋的知を相対化しうるような知を生み出してきた（ようにも思える）。人類学が「総合学」などといった大言壮語を掲げていた、「古きよき時代」のことである。

そのレヴィ＝ストロースも最近、約1世紀の生を全うし、天に召された。この間に、文化人類学はそのフィールドを「未開社会」から「文明社会」へと拡大し、テーマは多義にわたるようになった。私のような東アジアをフィールドとする人類学者が学界の末席を占めることができるのも、フィールドワークの魅力を全面に出してきた（今や歴史学者ですらフィールドワークという言葉を使うまでに人口に膾炙したのだ）人類学者の戦略が功を奏した結果であろう。

一方で最近の人類学者はどうも居心地の悪さを感じている。サイードの「オリエンタリズム」、フーコー以降、言説、イデオロギー、権力、ポストコロニアリズムと言った言葉が飛び交い、今や人類学者がしばしば「知の権力構造」に乗っかったエージェント、西洋の知的植民地主義の先兵としてやり玉にあげられるようになった。マーカスやフィッシャーらの批判以来、民族誌は人類文化に関する知識、あるいは認識論的枠組みを組み替える知的興奮の源泉としての位置づけを急速に失いつつあるかのように思われる。

ところで、と私は考える。では、もはやフィールドワークも「懐疑の母」たり得なくなっているのであろうか。もし、そうならば、それはなぜか。

私自身が経験してきたフィールドワークでは、言説やイデオロギーといった概念に至るまでには、何段階か、捨象し、一般化し、抽象化し、言葉にし、テキスト化していくプロセスがあった。フィールドデータから純度の高い概念や理論へ向かう際に、捨てられてきた何かがあるのではないか…。どうも私には最近の研究に多く見られる傾向、あらかじめ「権力関係」や「言説」「イデオロギー」といった概念を携えてフィールドに相対することへの居心地の悪さがあるのである。では、われわれ人類学者はフィールドで何を受けとめてきたのだろうか。そして何を捨ててしまったのだろうか。

このような、きわめて個人的な居心地の悪さといった感覚（これまた論文としてまとめる際には「捨てられる」のであるが）が、私個人にとっては「文化情報リテラシー」の発想の出発点といえるものである。

## 2. フィールドワークという人類学者の営み

　現在、フィールドワークについての意見をあらためて求められた時に、多くの人類学者は困惑を隠せないだろう。もはやフィールドワークが手放しで賞揚されるよき時代は、彼方へ去った。人類学者は、フィールドワークの営み自体も含めた民族学的記述に問題があることを承知している。

　すなわち、人類学者はこれまで、(欧米社会を普遍化した上で)「未開社会」の(まなざしを向ける側と向けられる側に固定した上で、一方的に表象化するという)対象化をおこなってきた。そして記述に際しては、(特に植民地統治という歴史の刻印を受け、欧米のローカルな文化のバイアスを反映している)抽象的概念を用い、(対象文化内の多様性を抑圧した上で)対象文化の本質を(つくりだし、客体化し、結果として支配―非支配の関係の肯定に流用される形で)描こうとしてきた。

　この議論は単に個人の調査上の倫理といった問題をとりあつかっているのではない。「語るもの」と「語られるもの」という植民地言説内の区別(サイード)、客観的な「まなざし」に見出される近代の抑圧、権力性(フーコー)のなどの諸問題である。また表象する権利をめぐる闘争というポストコロニアルな状況に対応する問題である。概念やモデル化における価値自由の問題はウェーバー以来の古典的問題であるものの、今日問われているのは、人類学者のみならず、社会科学とそのモデルとなった自然科学などの近代的な知の認識に対する根本的な疑義の提起であるがゆえに、深刻な問題となっている。

　一方で、フィールドワークは、人類学者がアカデミズムにおいて自らの位置を確保するために、あいかわらず必須の条件のひとつとして重要な位置を占めている。フィールドワークをしない人類学者は図面を書けない建築家のような存在である。しかし人類学者がフィールドワークについて語ることは、単なる方法論上の妥当性の議論にとどまらない。同時にフィールドワークは「いかにして人類学者になり、人類学者であるか」という一種の実存的

問いかけを人類学者になげかけるのだ。そして、フィールドワークは人類学者の存在を規定し、彼らはフィールドワークの実践を規定するという実に奇妙な関係がある。

ただし、フィールドワークは、単なる客観的実証性を確保するための一手段としてのみ有効なのだろうか。今日、さまざまな学問分野でフィールドワークが重視されるようになってきた。現地におもむき、調査をおこなうことで、それまでとは異なる対象の一面が見いだされ、報告される。あるいは研究成果にリアリティを与えることが可能になる。

多くの場合、これは手段としてのフィールドワークであり、現地調査と言えるものである。こうした調査では常に対象化されるべき現地（異文化）を想定し、調査者と調査対象の関係が固定されている。フィールドワークは研究上の揺るぎない目的に沿ったデータを集める手段であり、それ自体についての困惑はない。

他方、人類学者にとってフィールドワークは他者と関わる自己の経験自体が基本的データであるような対象把握の方法でもある。正直言って、フィールドでは、どこからが研究調査で、どこからが生活かの区別がつかなくなる。語り、行動といった人々の営みのどこからどこまでがデータであるのか、おしゃべりとインタビューが区別できるのか、わからなくなる。現地での肉体的苦労、心理的混乱、知的葛藤は、単なる研究にリアリティを与える逸話としての経験にとどまらない。それは何をもってデータとすべきなのかといった方法論、自分は何を見、聞いたのか、感じとったのかといった、認識の問題として立ち上がってくる。

極端な場合には、フィールドにおいて人類学者は観察者として外界から皮膚を境として分離されたひとつの人格として、存在しつづけることすら危うくなる。彼のまなざしは、対象と周辺環境との間、自己と他者との境界をあいまいな光景に変換し、それによって対象と周囲、全景や背景すべてを視野の中におさめようとする。しかし、すべてを収めることはできないと、しばしば思い知らされる。

人類学者にとってフィールドワークは、他者と関わる自己の経験自体が基

本的データであるような対象把握の方法である。現地での肉体的苦労、心理的混乱、知的葛藤が単なる経験や逸話にとどまらず、それは方法論や認識の問題として立ち上がる。

フィールドにおいて人類学者は現地の人々だけでなく、彼／彼女を取り囲む異なった環境の中におかれ、人間や自然との様々なインターラクションの網の目の中に存在することになる。自然や超自然と人間を区別する境界すら曖昧になり、「わたし」自身の存在に疑いをもってしまうような場面に遭遇することもある。例えばシャーマンの憑依現象に出会った時、人類学者が対面するのは人間なのか、霊なのか、それとも神話的世界なのであろうか。人類学者は長期間のフィールドワークにおいて不断に認識論的な反省をうながされ、現実と普遍的概念との間の断絶をいかにうめるかの問題に直面する。

近年の人類学の議論は、まさにこうした認識の問題をフィールドワークにおける問題とし、自明のものとされてきた近代的認識を突き崩す「人類学的懐疑」を生み出してきた。例えば、レヴィ＝ストロースの『野生の思考』は、対象とされた「未開社会」の構造を描き出すだけでなく、普遍化の手続きの中で、自明のものとされてきた西洋的知のあり方をも対象化した点で意味をもったといえよう。人類学者はフィールドワークにおいて「人類学的懐疑」をもつ。つまり自らの頭の中にある「自分の文化」の解釈図式を徹底的に疑うのであり、この意味でフィールドワークは人類学者の経歴の出発点であり、懐疑の母であり乳母である。これはすぐれて哲学的態度なのである（レヴィ＝ストロース[1]）。

個人的な意見では、この「懐疑」はなにも人類学者の特権ではない。フィールドワークをおこなう分野では、たとえば熱帯雨林を研究する生態学者にも、その調査対象との関連において現地の社会や文化に言及する際に、この懐疑は起こりうるものである。

## 3. フィールドワークの知覚とメタモデル

おそらく、大半の人類学者がめざすのは、現地の社会と文化の全体的な骨

組みをおおづかみに把握し、理解できるようなモデルであり、一般に民族誌とよばれるものの作成であろう。しかしフィールドワークによって書き上げられる民族誌はあくまでも、現実の写し絵（モデル）であり、現実そのものではない。しかも民族誌はフィールドワークのふたつの異なる方向性から生み出される複合的なメタモデルである。すなわちフィールドワークにおいて人類学者は目の前の現実を抽象化し、その本質をとらえようとする。同時に現実の諸側面の微細な差異を明らかにし、現実の多様性に近づこうとする。固有の主観的経験と客体化された観察の間を往復し、現地の人々との対話を通して新しい「リアリティ」の共有を試みる。

さらに言えば、フィールドワークの経験は身体感覚や言葉（ことば）といった、日常生活の中で自明のものとされがちな認識を相対化するものである。自分の認識の枠組みはそれがうまく機能している時には意識されない。しかし、きちんと働いている身体は意識されないが、これを意識することは自分と世界との間が「ぎくしゃくした」徴候である。ある意味でフィールドワークは自ら認識の病（やまい）にかかることである。しかし、それゆえにフィールドワークという「方法」によって自らの認識の枠組み、さらには文化や社会といった対象化するために作られた概念の虚構性が自明のものになる。このように「方法」としてのフィールドワークは目的だけでなく、その背後にある認識の枠組みを対象化し、揺るがすものである。

したがってフィールドワークによって得られるのは現実に近づこうとしながら、現実ではないメタモデルである。もちろん、フィールドワークによって得られたさまざまな「実証的」データの価値を否定するわけではない。しかし、フィールドワークは異文化についての「実証的」データをもたらし、文化を理解するためのモデルを提供するだけではない。同時に人類学者に現前の文化がいかに混沌として多様であるかをも示し、それをどのように把握するかといった困惑をもたらすのである。

## 4. フィールドワーク、社会調査という認識行為

　この困惑は、「伝統的な」人類学者のフィールドであった「未開社会」という「特殊な」フィールドに限られた問題なのであろうか。そうではない。複雑な「近代社会」でのフィールドワークにはさらなる困惑がある。

　現在、社会調査、フィールドワーク論は人類学だけでなく、社会学をはじめとした人文科学の分野で一種の流行期を迎えている。社会学においてはアンケート調査に代表される定量的社会学と対置される定質的社会学においてフィールドワークの方法論が発展してきた。グレイザーらの『データ対話型理論の発見』(1996)、L. シャッツマンと A. L. ストラウスの古典的著作である『フィールド・リサーチ』(1999)、エマーソンらの『方法としてのフィールドノート』(1998)、ガーフィンケルの『エスノメソドロジー』(2004)、グレイザーの『データ対話型理論の発見』などフィールドワークの方法論に関する欧米の論考が大量に翻訳出版されている。日本人の手によっても佐藤郁哉の『フィールドワーク』(1992, 増補版 2006)を嚆矢として、数多くの入門書が出版されている。

　このようにフィールドワークが注目される背景には、人々が現在を不安定で不確実な時代と感じ、その姿を少しでもシャープに捉えたいという要望があるのかもしれない。奇妙なことに、社会調査の方法論が多く出される際には、研究におけるパラダイム転換もさることながら、社会や文化が急速に変化しつつあり、とらえどころのない外部の状況を少しでも輪郭のある姿で把握したいという人々の不安感がある。その不安感が個人の内部に向かった場合は、いわゆる世俗的な「心理学」に向かうとも言えよう。この根底には、もはや自分を取り巻く状況、さらには自分自身すらも、明確に捉えることができないという認識の揺らぎとそれに対する不安があるのである。そこで人々は、フィールドワークによってこれまで捉えることができなかった「事実」を把握できるのではないかという期待を寄せるのかもしれない。

　それに呼応する形で、フィールドワーク論にはある種の認識論的な観点か

らアドバンテージが与えられていることが多い。例えば、山田一成は次のように、社会調査と社会認識についてのテキストを始める。

「百聞は一見にしかず、という諺がある。人からあれこれ聞くよりも自分の目で一目見た方がはるかによくわかる、という意味である。しかし、実際に自分の目で見たからと言って、常に事態を正しく認識できるかというと必ずしもそうではない。」(山田 1998: 3)

「…われわれにとって自然な認識が常に正しいとはかぎらない。一見同じように見える風景も、異なった文脈においてはまったく違った意味を持つことがありうる」(山田 ibid: 4)

そして山田は、リップマンの言うところの「疑似環境」や「ステレオタイプ」に依存しがちな日常的な感覚(社会的リアリティ)を、相対化され修正しうる力こそ「社会調査の異化作用」であると言う。異化とは、同化と対をなす概念であり、見知らぬ事柄をすでに見知っている事柄にあてはめて認識・理解していくことが同化だとすれば、異化とはすでに見知っている事柄を見知らぬ事柄のように認識することであり、つまりは社会調査によって既知の事柄を見直すことや読み替えることが可能になると述べる(山田 ibid.: 5-6)。

認識行為としての社会調査が多くの問題を抱えていることはすでに多くの指摘がなされ、山田も検討をおこなっているが、その根底には社会調査は単なる技法ではなく、「社会」を対象とした認識行為であるという見解がある(山田 ibid.: 19)。そして、その前提として「社会を想像する力」(社会学的想像力 cf.Mills)すなわち、個人環境に関する私的な問題と社会構造に関する公的問題を結びつける知的能力があるという(山田 ibid.: 23)。ゆえに社会調査は「見えない者を見る」認識行為なのだという。

このような社会調査の認識論は、そのまま文化人類学にパラフレイズできる。つまり異文化でのフィールドワークは単なる技法ではなく、「異文化」を対象とした認識行為であり、その前提として「異文化を想像する力」(人類学的想像力)が必要なのであり、フィールドワークで見いだす現象と文化全体とを結びつける知的能力(人類学的思考)が必要なのである。こうした主張は

文化人類学においても早い時期からなされており、また最近の若手人類学者が執筆したフィールドワーク論においても繰り返されている（李仁子他 2008）。

## 5. フィールドワークにおける困惑

　このような社会調査、フィールドワークの認識論から考えると、私がフィールドで感じる「困惑」はしごく当然のことになるであろう。社会調査、フィールドワークでは、自らの認識論的枠組み、具体的には日常性を組み替えねばならない状況に必然的になるのであり、それが「困惑」と私には感じられただけのことになる。しかし、「果たしてそれだけのこと」なのだろうか。私には何かしら、これまでのフィールドワークの認識論には大切なことが見落とされているような感覚がつきまとうのである。

　ここで韓国のチプ（イエ）についてのフィールドワークで感じた困惑、さらにそれを民族誌的記述にする際に起きた個人的な体験を具体的な例として紹介しよう。

　韓国のイエについて書く機会があたえられたとき（岡田 1998）、さまざまな意味で認識論とは別の「困惑」があった。周知のように韓国（朝鮮）の家屋については戦前から多くの研究の蓄積がある。そのような蓄積の上にわずかな知見を加えることにどのような意味があるのだろうか？　読者にとっても、また自分にとっても韓国の家屋について知ることにどのような意味があるのだろうか？　一見文化の普遍的な理解のためといいながらも、少なくとも自分が調査した村落の人々にはそうした知見をみることは少ないし、また意味があるとも言い切れない。

　人類学的なテーマである「建築儀礼」にしても、人々は単なる慣習としてではなく、実は迷信として否定的であったり、身内に不幸が続いたりなどで「特別に」おこなう場合があったりする。これを十分に（誰にとって？　なんのために？）理解し、しかも韓国の建築儀礼はかくかくしかじかであると述べ、ここに韓国文化の特徴（本質）があらわれているかのように記述すること

に問題はないのだろうか。あるいは、階層や経済的状況などの多様性を無視し、記述と分析をしやすい特定の事例を「典型」として選び出してしまってよいのだろうか？　さらに言えば村落の人々にとっては、自分たちが住んでいるのはチプであって家屋や建物ではない。しかも韓国語の「kaok」を日本語の家屋（カオク）にはそのまま翻訳してよいのだろうか。だいたい、チプをイエと訳すこと自体無理があるのかもしれない…など、様々な問題があった。ただし、これらはいわゆる文化の記述をめぐる一般的な問題として議論されているものである。(クリフォード、フィッシャー 1996、太田 1998)

　しかし、フィールドでの経験の記述が困難な理由は別の所にある。韓国のチプを思い起こすときに、生理的感覚としてつきまとうのは、一種の圧迫感、焦燥感、いらだち、そして懐かしさであり、帰国後に日本で感じた圧迫感と焦燥感である。チプの中のくぐもった音、キムチやミソ玉の臭い、オンドルの床の固い感触、意識すれば互いにその姿を認めることができるかどうかの微妙な高さをもった生け垣…。その家屋に住む韓国人の家族にとってはあまりにも日常的な「空間」が私とっては異質で、それをどう捉えたらよいのか困惑していた。しかし一方で、それが何か韓国のチプの非常に重要な側面であるという直感があるがゆえに、それを把握できないもどかしさから来る焦燥感、さらには異質さを感じつつ、人の住む家屋が備える「家族的空間」の懐かしさが何なのかという自問自答を繰り返していた。

　これは、先の「見えないものが見えてくる」認識とは異なる次元の問いである。そして、フィールドワークを終え、帰国した私を悩ませたのは、自分がかつてのように日本の家屋を「自然」と思えなかったことである。ここにはどのような認識論的な変化があったのであろうか。結局そのエッセイでは、そこで感じる自分の身体的違和感を言語化しようと試みてはみたものの、なんとか異文化（韓国）のチプを語ろうとするだけで終わったという苦い経験であった。

　このような個人的な困惑は、普遍的な文化の研究とは無関係であり、客観性をそこなうものであるという立場もあり得るだろう。文化という普遍的なテーマの探求においてはとるにたらない個人的体験であると無視することも

可能である。しかし、これらは文化を実体として取り扱っており、しかもその権利が自明のような物言いであるかもしれない。

　フィールドワークによって見ることができるのは、本来仮説的な概念を実体化しようとする文化の力である。この力は自己と対象（他者）、地域と世界、個別と普遍、さまざまなレベルとカテゴリーにおいて見出すことができる。具体的な話に戻せば、韓国のチプを記述しようとした時に気づかされたのは、自分と日本のイエとの特殊な「自然」の関係であり、記述の際に自分がよってたつ認識の枠組みの不明瞭さであった。方法としてのフィールドワークは、むしろ方法自体の再検討の出発点となったのである。

　おそらく文化人類学者はその研究の中心に「文化」という比較的近代に流布し、しかも今日的状況において政治的脈絡ときわめて強い親和性をもつ概念を据えてきた。そのために、これまで述べた問題を自らの問題としても受け止めなくてはならなくなったのであろう。

　しかしながら、この問題は今日異文化でフィールドワークをおこなうすべての学問分野に関わる問題であろう。異文化の建築をテーマとした論文が文化や社会という言葉をまったく使わずに成立し得るであろうか。また建築物という「実態」がはたして存在するであろうか。文化人類学者が今問題としているのは、異文化のあらゆる記述の中に含まれる日常化された概念、感覚の相対化、認識論的再検討の作業であり、それこそが異文化におけるフィールドワークの今日的意味であろう。その重要性は文化人類学者だけの特権ではなく、フィールドワークをおこなった者すべてに開かれているはずである。

## 6. これは「異文化」ではない

　先に述べたように、フィールドワークによって書かれる民族誌は、現実に近づこうとしながら、現実ではないメタモデルである。人類学者は、民族誌のタイトルを「これは民族誌ではない」もしくは「異文化ではない」とつけるべきか悩んでいるのである。このような人類学者の自省的な態度は、他の

分野からは無意味と感じられ、あるいは「それならば、なにゆえ人類学者をしているのだ。民族誌を書く意味などはないのではないか」と思われることになる。しかし、マグリットの「作品」がフーコーに困惑と思索をもたらしたのと同じように（フーコー 1987）、この困惑にこそフィールドワークの今日的意味がある。

　マグリットの作品は、まず上部に一本のパイプが大きく丹念に描かれている。このパイプはあたかも中空に浮かんでいるようである。その下にやや小さめのリアルな画架が置かれている。その中には上のパイプとそっくり同じパイプがやや小さく描かれている。そしてそのパイプの下には次のような説明がある。「これはパイプではない」と。

　フーコーはこの絵に不確かさを感じ取る。ここにはパイプはふたつあるのか？　あるいは同じひとつのパイプのふたつの画なのか？　どれがパイプの表象なのか？　彼は、上方のパイプの位置の定まらぬ浮遊状態と下方のパイプの安定という単純な対立も胡散臭いと感じる。しかも絵には表題が付いている。この説明は、パイプを表象するデッサンはそれ自体パイプではないという説明なのである。この説明においては文章を画に関係づけ、立ち戻らせることが不可避的であると同時に、この言明が真であるとか、偽であるとか、矛盾しているとか言うことを可能ならしめるような平面を定めることが不可能である。

　ここからフーコーは、カリグラムやエクリチュールなどの検討をおこなった上で修辞論や記号論の問題へと展開し、マグリットの作品が言語と画像の伝統的関係全体を脅かすことを考察していく。つまり、パイプというありふれたモノ、それについての画、文字記号の関係はあまりに自明のものとして認識されている。しかし、これは完全に一致するものではない。画の多様な線は文字記号が理解されるそばから捨て去られてしまい、意味から導かれる単線的で継起的な展開のみが残る。

　ここでフーコーの考察全体を紹介することは私の目的ではないし、それは信頼できる専門家の手にゆだねるべきであろう。ただし、フーコーの困惑は異文化と人類学者、民族誌の関係を考える上でひとつの示唆をもたらしてく

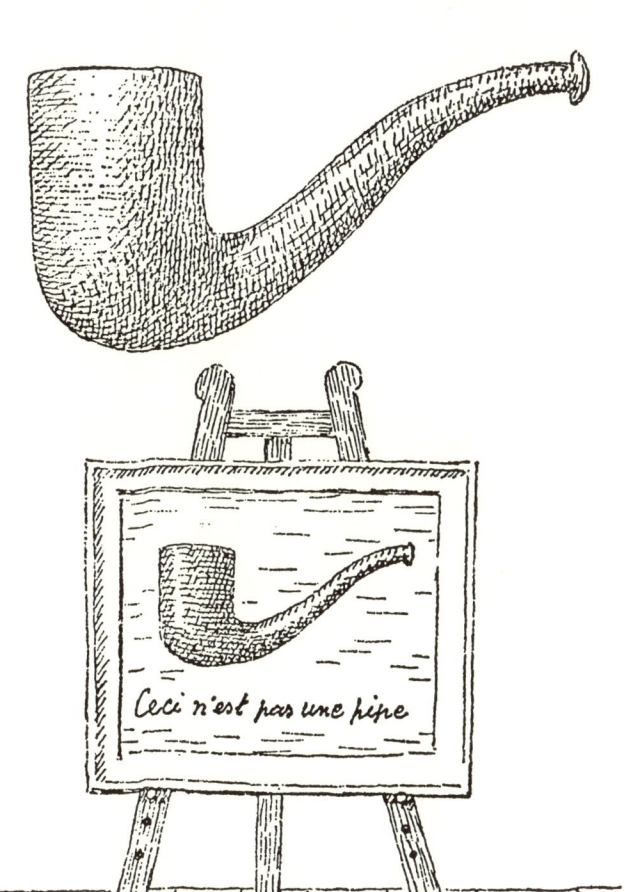

図　Magrite' Ceci n' est pas une pipe[2]

れる。人類学者はフィールドワークにおいて個別性に目を向けて「リアル」な異文化の全体像を描こうとつとめ、データを収集する。

　民族誌の背後にあるのは、イメージや音や触感なども含むような個別のデータからなる人類学者の異文化認識の像である。しかし、ひとたび言語化し民族誌に仕立て上げるときには、そこにある種の線条的配列の操作がおこな

われ、意味の継起的展開が想定され、両者の断絶や相互の接合は自明なものとして隠蔽される。

こうした操作の現場が「フィールドノート」である。フィールドノートは単なる覚え書きではなく、文化の客体化操作の現場となっている。さらに問題が集中的に現れるのが、フィールドノートに記録された図である。儀礼の場面の配置にせよ、家屋の図にせよ、記録された図はもはや儀礼や家屋そのものではない。しかも、その図を文字記号によって説明するときに、その継起的展開は儀礼そのものの展開とは別の次元で整えられている。

したがって、研究者が異文化をありのままに知るためにフィールドワークに行き、これをありのままに描いたと主張することはあまりに素朴実証主義的であろう。一方でフィールドに行かない安楽椅子の人類学者のように、民族誌の図像や文字化された「異文化」のみの分析から認識論的懐疑を生み出すことも困難である。ここにフィールドワークが懐疑の母である理由が見出される。

われわれが手段としてのフィールドワークを越え、方法としてのフィールドワークに向かうかどうかは、フィールドワークという実践が生み出すはずの困惑をどこまで受け止めることができるかどうかにかかっているのではないだろうか。さらに言えば、民族誌のテクストに描かれた異文化とは「異文化ではない」という懐疑をもつことによって、異文化と研究者の認識像と民族誌の関係についてのさらなる考察が開かれるのではないだろうか。

## 7. フィールドワークから文化情報リテラシーへ

私には、先に触れたマグリットの絵画は、これまでフィールドワークや社会調査において議論してきた認識論とはまったく別の認識への組み替えを暗示しているような気がしてならない。

これまでの人文科学はテキスト中心主義あるいはこれをロゴス中心主義といっていいのかもしれないが、すべての現象をいったん言語化し、考察の対象としてきた。さらに言えば、研究対象として認識するためには言語化しう

ること、中でもテキスト化された資料こそ検討すべき資料・データとして認識されてきたのである。これは歴史文書を主たる資料とした歴史学、あるいは文学テキストを対象とする文学研究の事だけを指すのではない。一見テキストから無縁に思えるフィールドワークにおいても、人々の語りはいったんテキスト化されインタビュー資料となる。その際に、一見したところ意味を持たない、語りにもならない言葉、言葉にもならない声は脱落していく。例えば、会話の中の相づち、ためいき、沈黙などがそうである。

　フィールドにおける参与観察も、それが言語化しうるものについてはフィールドノートに書かれるが、それ以外の非言語的なコミュニケーションや情報の多くは捨象されてしまう。しかし、フィールドは人類学者や社会学者が言語化し得ず、フィールドノートに書き込むことなく捨てさった「情報」に満ちている。

　今思えば、私が韓国のフィールドで感じたのは、そのような豊かな情報の存在を感じつつも、それを研究者として資料やデータとして認識できないことに対する困惑であろう。つまり、私は「見えないものを見えるように」する認識行為の一方で、「あるものをないものとする」といった、相反する認識行為を平行しておこなっていたのである。

　今や21世紀になり、かつての「未開」社会、あるいは「素朴な」村の人々は存在しない。すでに文化人類学者がわずか数年のフィールドワークでその文化を総合的に記述することは不可能になりつつある。もはや文化人類学者の伝統的な概念や手法は、今日の文化のダイナミズムの激しさを捉えることができなくなっており、やっと取り扱うことのできる文化現象はその一端しか扱っていないのではないか。

　ではいったいどうするか、これまで言語で捉えようとしてきた様々な異文化における情報をどのように捉えるのか。さしあたり、守旧派フィールドワーカーとしてのつぶやきから一歩前に踏み出すことが必要なのであろう。

注
1　レヴィ＝ストロース 1960「コレージュ・ド・フランス就任講義」(今村訳　「人類学の

認識論的諸問題」収録)
2　原画は Editions du Soleil Noir, Paris, 1966 所収フーコー 1987 扉絵より転載

**参考文献**
クリフォード＆フィッシャー(春日他訳)1996『文化を書く』紀伊国屋書店
エマーソン．フレッツ．ショウ．L(佐藤他訳)1998『方法としてのフィールドノート——現地取材から物語作成まで』新曜社
ガーフィンケル．(山田他訳)2004『エスノメソドロジー——社会学的思考の解体』せりか書房
グレイザー．ストラウス．1996『データ対話型理論の発見』新曜社
フーコー．(豊崎他訳)1987『これはパイプではない』哲学書房
今村仁司 1998「人類学の認識論的諸問題」『現代思想』6：60〜67 頁
ミルズ．(鈴木訳)1965『社会学的想像力』紀伊國屋書店
太田好信 1998『トランスポジションの思想』世界思想社
岡田浩樹 1989「韓国人｜都市に浮かぶ農村」佐藤浩司編『住まいにいきる』学芸出版社 209〜228 頁
ピーコック．(今福訳)1988『人類学と人類学者』岩波書店
佐藤俊哉 1992『フィールドワーク』新曜社
関本照夫 1988「フィールドワークの認識論」伊藤他編『文化人類学へのアプローチ』ミネルバ書房 263〜291 頁
シャッツマン．ストラウス．(河合隆男訳)1999『フィールドリサーチ　現地調査の方法と調査者の戦略』慶応義塾大学出版会
李仁子、金谷美和、佐藤知久編 2008『はじまりとしてのフィールドワーク——自分がひらく、世界がかわる——』昭和堂
ウエーバー．(富永・立野訳、折原補訳)1989『社会科学と社会政策にかかわる認識の「客観性」』岩波文庫

# 文化研究における映像の活用法―映像人類学の近年の展開について

分藤大翼

## 1. 映画前史と映像人類学の起源

「人類学が映像に対する関心を失ったことはない(MacDougall 1997)」。長年にわたって映像人類学を理論・実践の両面でリードしているDavid MacDougallが述べているように、人類学と映像の歴史には両者の関係が刻まれている。

まず、実用的な写真術であるダゲレオタイプの技法がパリの科学・芸術合同アカデミーで公表されたのと(飯沢 2009)、パリ民族学会が創設されたのが同じ1839年であるのは偶然だとしても、1859年にパリとロンドンで人類学会が創設され、1860年代に形質人類学の分野において「写真測定法」(photometric instructions)[1]が確立されたことには、人類学における人種の差異と同一性に関する問題意識(渡辺 2003)と写真術の展開とのつながりを見て取ることができる。そして、1870年代になって乾板が実用化され、写真の取り扱いが容易になったことで、人類学者による撮影がおこなわれるようになり(飯沢 2009)、またEdward S. Curtisなどの写真家によって異文化に生きる人々を対象とした人類学的な写真が撮られるようになってゆく(今福1999)。

静止画から動画へ、映画前史の発明としてよく知られているクロノフォトグラフィという装置は、フランスの生理学者Étienne-Jules Mareyによって1882年に公表された。1秒間に12枚の写真が撮影できるクロノフォトグラ

フィによって、Mareyは鳥の飛翔や跳躍する人の運動など、それまでは視覚的に捉えることのできなかった現象を記録し、解明した。そして、Mareyが1887年に開発したフィルムをもちいたクロノフォトグラフィによって映像人類学の端緒が開かれることになる。1895年にパリで開催された西アフリカ民族誌博覧会において、Félix-Louis Regnaultがクロノフォトグラフィを使ってセネガルのウォロフ族の女性が土器を作る様子を撮影したのである。そしてRegnaultは、このフィルムからひきうつした線描画を何枚か挿絵にいれて実験論文を書き、同年に出版した[2] (Brigard 1975)。そして奇しくも同じ年、フランスのリュミエール商会が撮影と映写が可能なシネマトグラフという装置の特許を取得し、「商業的な見世物」(松浦 2001) としての映画が誕生することとなった。この成功をうけて、リュミエール商会は興行と撮影のために世界各地に技師を派遣し、シネマトグラフは世界に普及していった。1897年には日本の人々の生活も撮影されており (古賀 1995)、そのおかげで私たちは当時の人、物、事の活き活きとした様子を見ることができる。

　人類学的な調査に初めてシネマトグラフが導入されたのは、1898年のことである。Alfred Cort Haddonが組織したケンブリッジ大学によるトーレス海峡人類学調査において、フィルムによる撮影と蝋円筒による録音が実施された[3]。当時撮影されたフィルムは数分間のものしか現存していないといわれているが (Brigard 1975)、このフィルムが映像人類学的な映画の起源、つまり民族誌映画 (ethnographic film) の嚆矢とされている (村尾 2006)。

　イギリスのHaddonの影響を受けて1901年にはオーストラリアのBaldwin SpencerとFrank Gillenが、オーストラリアの先住民を対象に写真と映画の撮影、蝋円筒による録音を実施した。また、オーストリアのRudolf PöchもHaddonらによる映画を見た後、1904年にニューギニアで撮影をおこなっている (Brigard 1975)。そして、アメリカではFranz Boasが1883年から1930年にかけて調査に写真と映画を取り入れている (Pink 2008)[4]。これらの先駆者たちの試行錯誤を経て、1930年代には人類学において映像を必要とする立場と不要とする立場が分岐してゆく (Brigard 1975)。一方においてHaddonに学んだGregory BatesonとBoasに学んだMargaret Meadがバリ島とニューギ

ニアにおいて、写真と 16 ミリフィルムによる本格的な調査をおこない、後に「写真を用いておこなわれた人類学において初めての体系的な研究」と評される成果を上げる[5]。他方において、映画は挿絵に過ぎず、研究にとって重要ではないと見なされるようにもなってゆく (Brigard 1975)。1920 年代にフィールドワークにもとづいて「民族誌を書くこと」が人類学を学問として制度化してゆく上での要件となり、また人類学者のアイデンティティーともなってゆくなかで、文房具よりも高価で扱いが難しい機器を使って「民族誌映画を作ること」は人類学の周辺へと追いやられていった[6]。

## 2. Principles of Visual Anthropology

　その後の大勢を理解する上では Mead が 1975 年に発表した「言葉の学問に分けいる映像人類学」という文章が参考になる (Mead 1975)。Mead は多くの人類学者が撮影を否定し、メモをとるという方法に固執しており、言葉に依存してきた先達は、若手が新しい道具類に手を出すことを非常に嫌い、また若手も時代遅れの方法に隷従していると指摘している。また、映像の制作には特別な技術や才能が必要だと思い込まれていることに対して、人類学者に小説家や詩人のように書くことを要求するのと同様に不当であると述べていたり、費用が高額になるためにフィルムの使用が拒まれている状況に対しては、天文学や物理学、遺伝学の例を挙げて、これらの学問分野は必要な費用を承認し調達することによって発展していることを指摘したりしている。さらに、映画作家であるとともに人類学者でもあるという人材をどのように養成すればよいのか、撮影される側の人々とどのように共同してゆけばよいのかという点についても提言している。Mead は消え去る運命にある行動様式を、その文化の担い手が継承し、われわれが人類の歴史と可能性を理解する上で参照するために記録しなければならないと主張している。またその上で、人類学者は体系的に撮影・録音をおこない、分析に耐える資料を収集しなければならないと述べている。

　この Mead の主張を単純で救済主義的であると批判するのはたやすい。し

かし、どのような行動様式をどのように記録し保存し活用するのかということは人類学の正当な課題であるといえるだろうし、あらゆる文化が消え去る運命にあることを踏まえれば、通文化的に体系的な記録をとっておくことの意義についても了解できるだろう。すでに書いたことやこれから書くことが、対象文化の視聴覚的な資料を収集・整理することと比べて、記録的にどれほどの価値があるのかということを真剣に検討する必要があるのではないだろうか。

　上記のミードの文章は『Principles of Visual Anthropology』という書籍の序論として収録されている。1975年に出版されたこの論文集は、1973年にアメリカのシカゴで開催された第9回国際人類学・民族学会議における発表がもとになっている[7]。この会議において、映像人類学における理論と実践が初めて包括的に議論されることになった。人類学において周辺化されていたとはいえ、映像人類学者たちによる試みが途絶えたことはなかった。むしろ、1952年の国際民族学・社会学映画委員会(Comité international du film ethnographique et sociologique)の結成や1956年にドイツのゲッティンゲンに科学映画研究所(Institut für den Wissenschaftlichen Film)が設立されるなど組織化の動きもあり、1960年代には撮影や録音の機器が小型化し扱いやすくなったことで(さらにビデオが登場したことによって)映像を活用する試みは盛んになっていた。またこの間、映像人類学者たちは国際的な映画祭への参加を通じて切磋琢磨しており(Pink 2008)、優れた民族誌映画が数多く制作されていた。これらの結果、1973年の時点では「国際民族学・社会学映画委員会の構成員たちは、それまでの苦労が新たに評価されつつあり、空前の成長過程にあることを認識した」(Brigard 1975)という域に達したのである。

　上記の会議ではJean Rouch[8]とPaul Hockingsを共同議長として「映像人類学に関する決議」が採択された。その内容を簡略に記すと次の6点になる。①世界規模で伝統文化の撮影をおこなうこと。②現存する民族誌映画を収集、保管、整理すること。③被写体となった人々が記録資料を活用できるように国際的な配給網を設けること。④調査者や被写体となる人々に撮影技術を習得させること。⑤開発途上国のニーズに留意し、世界各地に資料センタ

ーを設立すること。⑥世界規模の計画を統括し、映像資料の管理の標準化、研究・教育における利用を促進するための組織を確立すること。

この決議は直接、間接に影響力を持ち、アメリカではスミソニアン協会が国立人類学フィルムセンター（現 Human Studies Film Archives）を設立し、日本では民族誌映画が視聴できるビデオテークを備えた国立民族学博物館が設立されることになった。また、1970年代から80年代にかけて国際的な民族誌映画祭が新たに開催されるようにもなっていった[9]。しかし、その一方で上記の決議は十分な実現をみないまま1990年代を迎えた。この間の技術革新も映像と社会との関わりの変化も、まだ見過ごせる程度のものだったということだろうか。そして90年代、情報のデジタル化によって事態は大きく変化する。

## 3. 社会調査における映像の活用法

データをデジタル化する技術が90年代の半ばに普及し、映像制作機器が小型化し低価格で扱いやすくなったことで、様々な研究分野において映像が盛んに活用されるようになった。映像人類学においては、デジタルビデオカメラで撮影・録音し、パソコンで編集すれば民族誌映画が制作できるようになった。また、上映や配信、発表もプロジェクターやインターネット、CD-ROMやDVDなどによって容易におこなえるようになった。その後も技術の進歩は止まることを知らず、「映像制作機器の文房具化」とでもいうべき事態が進行しており、この状況を受けて2000年代に入って民族誌映画を手がける研究者が続々と現れている。これは世界的な現象であり、歴史的な出来事であるといえる[10]。

映像人類学の分野では、1990年代の末に出版された2冊の書籍が時代の変化を告げ、2001年に出版された2冊の書籍が、新時代の映像の活用法を幅広く紹介する役割を果たしたとされている (Pink 2008)。前者が Marcus Banks と Howard Morphy が編集した『Rethinking Visual Anthropology』(1997) と David MacDougall の単著『Transcultural Cinema』(1998) であり、後者が

Marcus Banks の『Visual Methods in Social Research』(2001) と Sarah Pink の『Doing Visual Ethnography』(2001) である。

　『Rethinking Visual Anthropology』は映像人類学が重視してきた写真や映画だけではなく、従来の映像人類学が軽視あるいは無視してきた対象を取りあげることを通じて、映像人類学の輪郭を描き直そうする試みである。そこでは、例えばテレビ番組を取りあげるにしても、イギリスの Disappearing World のような有名なドキュメンタリー番組ではなく、日本のクイズ番組が取りあげられていたり、ボディペインティングや庭園といった視覚文化や、コンピューター・ソフトウェアに関する表象に着目した研究などが収録されている。『Transcultural Cinema』は MacDougall が 70 年代から書いてきた主要な論文からなる一冊で、映像人類学の歴史と民族誌映画の可能性と課題を読み取ることができる。MacDougall は民族誌映画の特長は、個人を描くことによって、また文化間の差異よりも共通性に焦点を絞ることで、文化の違いを越えて人の経験の諸相を明らかにできるところにあると述べている。

　Banks は前掲の著作の後、2007 年には『Using Visual Data in Qualitative Research』(2007) を執筆している。両著ともに 2008 年に版を重ねており、調査研究における映像の普及に貢献している。また、Pink の『Doing Visual Ethnography』は毎年版を重ね、2007 年には改訂版が出版されている。これらの著作はいずれも内容が豊富なため、本章で手短に紹介するのは難しい。そこで、以下では民族誌映画制作の経験を踏まえて筆者なりに映像の活用法をまとめることにする。その上で確認しておくべきことは、正しい、あるいは成功が約束されているような活用法はないということである。あらゆる調査研究においてそうであるように、方法は研究の目的と調査の状況に応じて、そのつど見いだされてゆくべきものである (Pink 2007)。

　まず、調査にどのような映像制作機器をどのように持ち込むのかという問題がある。どのような機器であれ持ち込むことができない (持ち込みを拒否される等) 場合もあるだろう。また、初めからは持ち込めない場合も、その後の交渉によって持ち込めるようになることもあるだろう。これは調査の可否と同じことであり、交渉の過程に様々な発見 (調査者と被調査者の相互理

解等）があることはいうまでもない。付け加えると、映像は撮る側と撮られる側との関係を映すものでもあることから、映画ではそのような交渉（人間関係が深まってゆく過程）自体を作品化するという手法もある。どのような場合であれ、機器の選択や使用は調査の目的や調査の状況に応じて決めなければならない。

　調査に機器を持ち込める場合、実際に撮影・録音を始めると、調査者はそれまでに見聞きしてきた、あるいは現に見ている、聞いているはずの対象と「改めて」出会うことになる。機器を介して見聞きする世界は特別なものであり、通常の見え方、聞こえ方とは異なる。筆者の経験では、撮影と録音を通じて新たに獲得される「まなざし」や「ききみみ」というものがあり、それらによって調査地やそこに生きる人々が以前とは違ったふうに感じられ、人々への関心や人々との関わり方が変化する（分藤 2006）。また、視聴することは調査者だけではなく被調査者の記憶を喚起し、言動を誘引することにもつながる。例えば、写真やビデオといった視聴覚資料を被調査者に見てもらうことで、言葉によるインタビューでは聞き出しにくい事柄を話してもらえることがある。これは調査法として有名なエリシテーション（elicitation）という手法である（Banks 2001, 2007）[11]。さらに撮影や録音を実施していると、その過程で対象者が収録に興味を持ち、積極的に関わってくれるようになることがあり、撮影や録音を調査に取り入れることによって共同的な研究が実現することもある。

　これらの調査を通じて狙い通りの資料が得られれば研究の目的に適った発見が得られ論文を書くことができる。しかし、撮影・録音することの意義や可能性は往々にして狙いとは異なる資料が得られるところにある。このような資料は当面の論文執筆には役立たなくとも、記録資料として自分や他の研究者が、あるいは記録の対象となった人々が将来にわたって検討することによって思いがけない発見をもたらす可能性がある。

　記録資料に基づいて論文が書ければ、その視聴覚資料を添付すれば研究に説得力を持たせることができるし[12]、紙媒体に載せきれないようなデータがあれば、DVDやインターネットを使えば提示することができる。また口頭

発表において視聴覚資料を使うことで、発表を際立たせることも（ごまかすことも）できる[13]。次に記録資料で映画を制作した場合は、国内外の映画祭や上映会などで発表することができる[14]。また、論文であれ映画であれ、インターネット上で成果を公表することや、それに対して寄せられたコメントを受けて成果を練り上げることができる。今日ではモバイルが利用できれば、誰でもインターネット上の情報を入手し応答することができる。人類学をはじめ、ある人々を調査する研究は、成果がインターネット上で公開される傾向が強まるなか、研究内容を被調査者に知られないようにすることが難しくなってきている。このように調査者と被調査者との関係は未曽有の変容の過程にあり、それにともない成果の取り扱いや評価も複雑になりつつある。民族誌映画などは見る人によって感想が異なることが多く、立場によって評価が分かれる。この視聴者側のリテラシーは映像を研究に活用するうえで極めて重要であり、リテラシーの違いそのものを文化研究の課題として設定することもできるし、研究上不可欠なリテラシーを習得課題として設定しなければならないケースも出てくる。映像をめぐる議論がしばしば堂々巡りに陥るのは後者の課題がなかなか果たせないためである。

　以上のように、映像を活用した研究によって蓄積されつつある成果は、近年ではアーカイブ化することによって情報資源として共有化する動きもあり、情報を入手する側、つまり成果を還元される側の関心やリテラシーに配慮した公表方法が、電子メディアを使いながら模索されている（飯田 2005、Pink 2006）。

## 4. 映像の学術的な利用のひろがり

　本章の冒頭で引用した「人類学が映像に対する関心を失ったことはない」という MacDougall の文章は「問題は常にそれをどう扱うかということだった」と書き継がれている（MacDougall 2007）。むろん映像に関心を払ってきたのは人類学だけではない。映像は、その始まりから様々な分野（学問であるか否かにも関係なく）の関心と目的に応じて活用されてきたツールであ

る。したがって、問題は常に誰がどのような目的のために、どのように使用するのかということになる。

　第1節で記したとおり、映画前史において映像は生理学者のMareyの手になり、肉眼では捉えることのできない生物の運動を解明する目的で利用された。さらには、人の身体技法を解明する目的で利用された。現実を写し取ったかのような滑らかな映像を見せるシネマトグラフのことを、Mareyが「活動写真(photographies animées)」と呼び、それは「われわれ自身の瞳が見ることのできるものしかわれわれに教えてくれない」(松浦 2001)と評していることは、映像の可能性と限界について考える上で参考になる。

　近年、自然科学の分野において盛んになっている映像の利用も、「見ることのできなかった世界を見ることを可能にする」ツールとしての側面が強い。例としては海洋生物に映像機器を装着させて記録をとり、海中における生態を明らかにするという研究を挙げることができる。また、直接見ることのできない現象を映像化する試みも進んでおり、脳科学におけるMRI (magnetic resonance imaging)装置を使った脳機能の解明や、銀河系が2億年をかけて自転する様子を高性能コンピューターによって描く研究などが宇宙物理学の分野において進んでいる。また人文科学系では映像学が盛んであることはもちろん、社会科学系では人類学や社会学、文化研究などの分野において、社会と映像文化との関係の解明が進められている[15]。

## 5. 映像、世界、学問

　今日的な現象として、必ずしも映像人類学者を自認していない人類学者のなかに映像メディアや映像的な手法に関心を持ち活用を試みる者が増えているということがある(Pink 2004, 2008)。世界の様々な地域で調査をおこなっている人類学者は、各地で起こっている映像メディア環境の変化を実感し、映像について無関心ではいられなくなっているのである。

　筆者が調査をおこなっている中部アフリカの熱帯雨林地域でも、電力の普及にともない町でテレビを視聴する機会が増えている。また、筆者のような

者が映像機器を持ち込み、撮影や上映などをおこなうことによって映像体験が普及している。地域や個人による格差があることを承知で、多少おおげさに言えば、かつて人類がこれほどまでに映像に曝され、侵されつつ生きたことはないはずである(港 1998)。そうであるならば、今こそ人類が経験しつつある映像体験の内実が検討されなければならないだろう。これは真に学際的な研究になるはずである。膨大な映像が刻々と制作され瞬時に流通する現代においてこそ、映像文化を見極める新たな知性、リテラシーが必要とされているのである。

　このような状況において、映像人類学の理論と実践を具体的な社会状況の中で展開してゆかなければならない。『Visual Interventions』(Pink 2007) というタイトルを掲げて動き始めている研究は、その急先鋒といえるだろう。この個別で具体的な社会状況と切り結びながら試行錯誤を重ねている応用映像人類学 (Applied Visual Anthropology) という研究領域では、非学問的な活動も辞さないことがうたわれている (Pink 2006)。映像人類学が人類学の周辺にあって、その輪郭を描き直す試みを重ねてきたことが、他の学問分野も巻き込みながら、従来の学問の輪郭を問うところまできているということだろうか。

　今日、映像について考えないということは、もはや映像に深く浸透されている人々や社会について考えないということである。世界とともに映像が、あるいは映像とともに世界が変貌を遂げてきた 19 世紀半ばからの歴史と、映像人類学の取り組みを踏まえて、21 世紀を見据える視座を学際的に作り上げてゆかなければならない。

注
1　個体を識別するため被写体となる人の背景に等間隔に線を引いたグリッド板を設置して撮影をおこなった (飯沢 2009)。
2　レニョーは、その後も人間の運動に関する通文化的な研究のために映像を活用し、人類学的な映画のアーカイブズを組織することを提案している (Brigard 1975)。
3　大英図書館のウェブサイトで当時の録音を聞くことができる。

http://sounds.bl.uk/Browse.aspx?collection=Ethnographic-wax-cylinders

4　日本人では鳥居龍蔵が、1896年から1900年にかけて台湾の先住民族を写真によって撮影しており（飯沢2009）、1920年代からは宮本馨太郎や渋沢敬三らが民俗学的な観点から映画の撮影をおこなっている（北村2006）。

5　1936年から39年にかけて実施された調査では、Meadが文字による記録をおこない、Batesonが人々の行動や感情表現など言語化が困難な事象を映像によって記録した。これらの成果は、1942年に『バリ島人の性格—写真による分析』として出版され、映画は1951年より『いろいろな文化における性格形成』として公開された。

6　同時に人類学の周辺では人類学的な映画の教育への活用が進んでおり、大学、博物館での人類学教育、市民教育、そして植民地における教育などがおこなわれていた。また、商業映画の世界では異国趣味的な作品が人気を博しており、人類学にとって無視しえないはずの事態が進行していた（Brigard 1975）。

7　この会議には「日本でただ一人の映像人類学者」（牛島1985）である大森康宏や1960年代からテレビ・ドキュメンタリーを先導した牛山純一、市岡康子らが参加している。

8　フランスにおいてMarcel MaussやMarcel Griauleの影響を受けたRouchは、1946年にニジェールにおいて『黒い魔術師の国で』という民族誌映画を制作した。Rouchは16ミリカメラを三脚に据えず、自ら担ぐことによって現場の状況に応じて撮るという新しい撮影方法を確立した。また、1960年頃からはポータブル・テープレコーダーを使った同時録音もおこない、『ある夏の記録』など人類学をこえて映画史に残る作品をつくった。主に西アフリカ諸国で撮影をおこなったRouchは、現地の住民を技師として育成したり、撮影した映像を現地で上映するなど、民族誌映画を現地の人々とともに制作する「共有された人類学（shared anthropology）」を実践した（分藤2009）。

9　1977年にアメリカで始まったマーガレット・ミード映画祭（Margaret Mead Film & Video Festival）、1982年にフランスで始まったBilan du Film Ethnographique（2008年よりJean Rouch International Film Festivalに改称）。1985年に始まった英国王立人類学協会主催の国際民族誌映画祭など（分藤2006）。

10　人類学的な表象においては、これまで人類学者が一方的に描いていた人々が、自らの文化を表象するようになり、「先住民メディア」を形成するようになっていることが重要な変化である（MacDougall 1997, Wilson & Stewart 2008）。

11　この手法を使った試みとしてremo（NPO法人—記録と表現とメディアのための組織）が実施しているAHA! projectは特筆に値する。このプロジェクトは個人や地域が所有する8mmフィルムの公開鑑賞会を実施し、映像をめぐって鑑賞者が語り合う場を設けることによって、個人や地域を活性化させようとするものである。http://www.remo.or.jp/ja/project/aha/

12　むろん、逆の事態も想定できる。だからといって調査者の視聴覚的な経験を隠すのが妥当だとは言えないだろう。ここには研究に対する信頼の問題がある。調査者が経験に基づいて書いたものを信じるほかないという状況は撮影、録音機器の発明以前のも

13　視聴覚資料によるエリシテーション（誘出）は、研究会や学界発表の場において研究者の間でも効果を発揮する。
14　川村清志氏は調査地で撮影した映像をインターネット上で公開し、ブログ機能を活用して現地の人々からコメントを受けることによって、研究を深め、成果を共有する試みをおこなっている。http://minatukisannousai.seesaa.net/
15　2009年12月に開催された第13回京都大学国際シンポジウム「学術研究における映像実践の最前線」http://gaia.net.cias.kyoto-u.ac.jp/visual-media.practices/jp/index.html

**参考文献**

Banks, Marcus. 2001 *Visual Methods in Social Research*, Sage Publications.
Banks, Marcus. 2007 *Using Visual Data in Qualitative Research*, Sage Publications.
Brigard, Emilie de. 1975（1995）"The History of ethnographic film" In Hockings, Paul（ed）, *Principles of Visual Anthropology*, pp. 13–43, Berlin, New York; Mouton de Gruyter. ［P・ホッキングズ・牛山純一（1979 編）・石川栄吉他（1979 訳）『映像人類学』日本映像記録センター.］
分藤大翼 2006「世界の映像人類学事情」北村皆雄・新井一寛・川瀬慈（編）『見る、撮る、魅せるアジア・アフリカ！—映像人類学の新地平—』新宿書房，pp. 232–238.
分藤大翼 2006「『他者』としての私を撮る カメルーン、森の民とともに」北村皆雄・新井一寛・川瀬慈（編）『見る、撮る、魅せるアジア・アフリカ！—映像人類学の新地平—』新宿書房，pp. 106–123.
分藤大翼 2009「映像と記録」日本文化人類学会（編）『文化人類学事典』丸善，pp. 300–301.
古賀太 1995「カメラが捉えた日本『明治の日本』から『リュミエール映画日本篇』へ」吉田喜重・山口昌男・木下直之（編）『映画伝来シネマトグラフと〈明治の日本〉』岩波書店，pp. 25–43.
飯田卓・原知章（編）2005『電子メディアを飼いならす—異文化を橋渡すフィールド研究の視座』せりか書房．
飯沢耕太郎 2009「写真と民族誌」日本文化人類学会（編）『文化人類学事典』丸善，pp. 224–225.
今福龍太 1999「映像人類学—ある時間装置の未来—」伊藤俊治・港千尋（編）『映像人類学の冒険』せりか書房，pp. 21–34.
北村皆雄 2006「始まりの日本映像民俗学・映像人類学」北村皆雄・新井一寛・川瀬慈（編）『見る、魅せるアジア・アフリカ！—映像人類学の新地平—』新宿書房，pp. 204–231.
MacDougall, David. 1997 "The Visual in Anthropology" In Banks, Marcus, and Morphy, Howard（eds.）, *Rethinking Visual Anthropology*, pp. 213–226, Yale University Press.
MacDougall, David. 1998 *Transcultural Cinema*, Princeton University Press.
松浦寿輝 2001『表象と倒錯—エティエンヌ＝ジュール・マレー』筑摩書房．

Mead, Margaret. 1975 (1995) "Visual Anthropology in a Discipline of Words" In Hockings, Paul (ed). *Principles of Visual Anthropology*, pp. 3–12, Berlin, New York; Mouton de Gruyter. [P・ホッキングズ・牛山純一 (1979編)・石川栄吉他 (1979訳)『映像人類学』日本映像記録センター.]
港千尋 1998『映像論―「光の世紀」から「記憶の世紀」へ』日本放送出版協会.
村尾静二 2006「映像人類学の現在」村山匡一郎 (編)『映画は世界を記録する―ドキュメンタリー再考』森話社, pp. 246–270.
Pink, Sarah and Kurti, Laszlo and Afonso, Ana Isabel (eds), 2004 *Working Images: Visual Research and Representation in Ethnography*, Routledge.
Pink, Sarah. 2006 *The Future of Visual Anthropology: Engaging the Senses*, Routledge.
Pink, Sarah. 2007 (First Edition 2001) *Doing Visual Ethnography*, SAGE Publications.
Pink, Sarah (ed). 2007 *Visual Interventions: Applied Visual Anthropology*, Berghahn Books.
Pink, Sarah. 2008 "Visual Anthropology" In Bennett, Tony and Frow, John (eds). *The SAGE Handbook of Cultural Analysis*, pp. 632–653, SAGE Publications.
牛島巌 1987「日本の大学における映像人類学の現状：映像制作へ踏み込んだ一人の人類学者の試行と提言」『族』3号, 筑波大学歴史人類学系民族学研究室, pp. 1–18.
渡辺公三 2003『司法的同一性の誕生―市民社会における個体識別と登録』言叢社.
Wilson, Pamela and Stewart, Michelle (eds). 2008 *Global Indigenous Media: Cultures, Poetics, and Politics*, Duke University Press.

# 淡路人形浄瑠璃の伝承の場—淡路三原高等学校郷土部の活動を中心に—

古川　史

## 1. はじめに

　本章は、淡路島の伝統芸能であったとされる淡路人形浄瑠璃が、現在どのように伝承されているのかを考察することを目的としている。その事例として、兵庫県立淡路三原高等学校[1]郷土部の活動をとりあげる。このことによって、現代における民俗芸能の伝承とは何かについて考察を行うことになる。

　淡路人形浄瑠璃は、兵庫県淡路島、特に南あわじ地域を中心に受け継がれている伝統芸能である。伝統民俗芸能として、国家の文化政策の対象にもなっており、文化庁による「ふるさと文化再興事業」などふるさとを資源化する試みからも分かるように、伝統文化に対する関心を高め、都会への人口流出を食い止めようとする動きがある（岩本 2007: 241）。

　淡路島においても、文化を生かした地域おこしの側面が見られ、現在、淡路地域では「淡路まるごとミュージアム」という、淡路に固有の文化を発展させ、地域を活性化させようとする構想があり、文化を生かした地域おこしの側面が見られる。その中でも淡路人形浄瑠璃は文化的な地域固有の文化的な資源の1つとして重視されている。

　文化庁は民俗文化財を、「衣食住、生業、信仰、年中行事等に関する風俗慣習、民俗芸能及びこれらに用いられる衣服、器具、家屋、その他の物件など人々が日常生活の中で生み出し、継承してきた有形・無形の伝承で人々の生

活の推移を示すもの」であるとしている。さらに重要なものを指定し、地方公共団体による、無形の民俗文化財の保存・伝承事業、民俗文化財の活用事業などに対しても助成を行っている[3]。また、演劇、音楽、工芸技術、その他の無形の文化的所産で我が国にとって歴史上または芸術上価値の高いものを「無形文化財」という。無形文化財とは、人間の「わざ」を体得した個人または個人の集団によって体現されるものである。国は、無形文化財のうち重要なものを重要無形文化財に指定している[4]。

齊藤は、重要無形民俗文化財は、日本人のこれまでの生活の推移を示すのに欠かすことのできない民俗芸能を良好に継承していくために指定されるものであると述べている (齊藤 2007: 50)。

このように、文化の保存に関して、伝承という言葉は当たり前のように登場する。しかし、伝承というものが何で、どのようなものであるかについてはあまり考えられていないのではないだろうか。

それでは、民俗学において伝承はどのように考えられているのだろうか。

平山によると、伝承という言葉は、伝達・継承の略語であり、(平山 1988: 59) 民俗学においては、民俗という言葉と、伝承という言葉は同じ意味として使われている (平山 1996: 7)。すなわち、民俗は伝承であるということである。

また、伝承が伝達・継承する行為の中には動作や所作、参加し組織する行動や、話す、語ること、さらに五感の働きまで含まれる (平山 1996: 11)。そのため民俗学の研究の中には、説話の伝承といった、口頭での伝承も研究対象とするものが多い。

小池は、これまでの民俗学においては、『「伝承とは何か」という問いかけに対して、伝承する行為と伝承する内容とを併せて伝承と呼ぶ、といった問題を棚上げするようなかたちでの解説でやり過ごしてしまうことが少なくない』(小池 2002: 53) と問題提起している。

では、人類学においては、伝承について、どのように考えられているのだろうか。

小林 (1995) の研究では、伝承をどのようにとらえたらいいのかが論じられ

ている。彼は、レイヴとウェンガーの学習に関する「正統的周辺参加」という概念が、伝承によって繋がれた技能、個人、社会という関係論と基盤を同じくしていると考えた。伝承を実践共同体内での相互学習と位置づけることで、ただ何かを伝えるというだけではなく社会を組織化する活動という広い文脈におくことができると述べ、そうすることで、伝承は社会を組織化する活動としてとらえることが可能になるとした（小林 1995: 209–210）。

さらに、伝承が生じる場においては、その場特有の資源の配置、個人と個人の関係、さらにそれらを発動させる媒介物といったヨコの状況であるその社会と文化に特有の有り様が存在しており、こうした状況が視野に入ったとき、はじめて伝承という事態は了承される、技能の伝承を解明するためには、個別の技能だけに注目しても、そこで何が起こっているのか明らかにすることができなくなるからだ、と述べている（小林 1995: 211–222）。

その例として、広島県の室尾地区における三味線の伝承をあげている。室尾の三味線の伝承は、地域内の生活の中に三味線と三味線に薄目ついた活動がふかくくみこまれていたことにあり、三味線が交際の場での不可欠な道具として用いられていた事実に目を向けた（小林 1995: 230）。

橋本（1995）は、レイブとウェンガーの「実践共同体」への参加概念を前提として、福井県の宮代弥美神社の祭礼で行われる「王の舞」という民俗芸能を例に挙げて、演技を習得する／させる過程に注目している。今日では、少子化の問題など、演技の共同体を維持してきた社会的背景が変化したことにより、演技の習得に参加する過程が揺らいでいることから、「実践共同体」概念の有効性は比較的安定した構造を維持している共同体を前提として論じられていることを指摘している（橋本 1995: 199）。

これらの研究は、伝統芸能、民俗芸能の伝承において、伝承されていることよりも、どのように伝承されているのかを示しており、伝承が行われているという現象のとらえ方の視点を示している。

生田（2007）の研究は、教育的な観点から、伝統芸道の中で、「わざ」がどのように習得されているかに注目している。ここでの「わざ」とは、「単に身体技術あるいはそれを個人の能力として立体化した身体技能としての「技」

に限定されているわけではなく、そうした「技」を基本として成り立っているまとまりのある身体活動において目指すべき「対象」全体を指し示す」(生田 2007: 8) ものである。この研究では、わざ習得の過程において、どのように習得者が教育され熟練していくのか、そのプロセスに着目している。そこでは、模倣や型や間の習得が重要になっていることが述べられている。

また、そのプロセスの中でも第4章「わざ」世界への潜入や、第5章「わざ」言語に着目しているところも本章の研究にとって重要である。「わざ」世界への潜入とは、始めは師匠の動きをひたすら模倣していただけの弟子が、師匠のわざの形をとりいれながら自分の形を客観的にとらえ、当該芸能の世界全体の意味の連関を自ら作り上げていくことであると説明している (生田 2007: 89)。

淡路人形浄瑠璃は伝統民俗芸能として、国家の文化政策の対象となっている。1952年には兵庫県民俗無形文化財に選定され、1976年には国の重要無形文化財に指定されている。1998年には淡路人形座の鶴沢友路師匠が義太夫三味線の人間国宝に選ばれた。

伝統芸能、郷土芸能を伝承することが重要視されているこのような動きの中で、伝承の場においてなされていることを具体的に記すことで、地域芸能の伝承とは何であるかとらえることが可能になると考える。

かつて淡路には南淡路地域を中心として約40座があった。しかし現在では「淡路人形座」が唯一のプロ団体として南あわじ市にある大鳴門橋記念館で毎日公演を行っている。

このプロの人形座とは別に、後継者団体と呼ばれる学生のクラブ活動やその卒業生を中心とした団体においても淡路人形浄瑠璃の伝承が行われている。

後継者団体の中でも、淡路三原高等学校郷土部が創立57年と、もっとも歴史が長い。部員の中には、小学校から淡路人形浄瑠璃を演じ続けている生徒や、中学校の部活動から始めた生徒もおり、淡路人形浄瑠璃と関わっている期間が長い生徒が多い。さらに、高校生ではあるが、淡路島島内での公演に加え、全国高校総合文化祭など島外での公演、また海外での公演の経験もあ

る。淡路人形浄瑠璃を広く発信する役割を担っていると言えるだろう。また、郷土部出身者の中には、現在の淡路人形座の座員もおり、その意味で後継者を養成する団体とも考えられている。

　西郷は、自分たちの住んでいる地域の民俗芸能を学校の活動の中で習得するという試みは、地域の芸能に児童生徒が取り組むことで、その芸能の保存会やPTAなど地域の人々からの支援してもらい、学校と地域の関係が生まれ、さらに後継者を育成するメリットもあると述べている（西郷 2002: 135）。最近の学校教育の中で民俗芸能を取り上げる動向について挙げ、学校教育で民俗芸能を教えることと、「伝統芸道的」「徒弟制的」な場とのあいだには決定的な違いがあるとしている（西郷 2002: 137）。地元の小中学校において教育のカリキュラムに組み込まれているという岩手県の七頭舞という伝統芸能では、その稽古が整然としていて、「足は「く」の字に曲げる」「手は60度くらいに上げる」といった具体的な指示がなされていると述べており、この方法がとられる理由として、学校という場で大勢の人たちに教えること、遠方から短期の日程で習得に訪れた他地域の人々に教えることなどを通して生み出された工夫であると分析している（西郷 1996: 129–130）。

　淡路人形浄瑠璃の場合も、実際に「子供会・小・中・高校のクラブ活動や青年研究会などの後継者育成活動が」（兵庫県三原郡三原町教育委員会 2002: 38）と表現されるように、後継者を育成するという表現が使われている。

　郷土部は、確かに学校教育の一貫である部活動という形態をとっているが、西郷の言う学校教育的な民俗芸能の扱い方とは異なることが、彼らの練習を見て明らかとなった。しかし、日本においての伝統的な芸能を学ぶ場として一般的である徒弟制的というわけでもない。学校教育と、徒弟制、どちらとも完全に異なるわけではない。また、そこでは小林（1995）の言うような伝承における関係性にも注目すべきであろう。

　このような彼らの活動は、「淡路人形浄瑠璃の伝承が行われている」という言葉でまとめられがちであるが、彼らの活動の内部における伝承にも目を向ける必要があるのではないか。つまり、実際に彼ら自身ではどのようにして芸を伝えているのか知ることが、淡路人形浄瑠璃の伝承をとらえる上で不可

欠なのではないだろうか。すなわち、郷土部の内部においての伝承が行われ続けているからこそ、淡路人形浄瑠璃を発信し得る存在になっているのではないか。

郷土部の活動実態を取り上げている論文としては、長坂（1997、2006）の研究がある。2006年の「淡路人形浄瑠璃を受け継ぐ高校生たち」では、2章「郷土部の主な活動実績と地域に果たした役割」や、3章「現在の郷土部」、4章「郷土部の活動に対する部員たちの思い」とあり、インタビューから得た淡路人形浄瑠璃に対する郷土部員の思いがまとめられている（長坂 2006: 54–61）。

しかしながら、郷土部員が現在の淡路人形浄瑠璃の伝承に欠かせない存在になっていると結論付けながらも、部活動の内部でどのような伝承がなされているかついては述べられていない点に問題があると考える。

以上のように考え、部内での伝承が行われている過程に注目し、集団で行う芸能の練習の場を第一に注目することにした。練習の中でも、先輩が後輩に伝えるときに使われる言葉遣いに着目した。その内容をくわしく記述することで、淡路人形浄瑠璃の伝承において重要である郷土部の活動の一側面について示し、地域に根ざした芸能の伝承はどのように受け継がれているのかについて考えたい。現代における伝統芸能の伝承に関する新たな視点を提示することができると思われる。

## 2. 淡路人形浄瑠璃と伝承

### 2. 1. 淡路人形浄瑠璃の概略

淡路人形浄瑠璃に関する先行研究では、新見（1972）の『淡路の人形芝居』や、新見の著作も踏まえながら2002年に出版された三原町教育委員会（2002）による『伝統芸能 淡路人形浄瑠璃』などがある。これらは、淡路人形浄瑠璃の起源から、歴史や人形座の変遷、演出の方法や外題、特色など、淡路人形浄瑠璃が全体的に理解できるような内容である。本章を執筆するにあたり、主に第1節の淡路人形浄瑠璃の歴史の部分や、第2節の後継者団体

の創立に関する資料などは、これらの著作を参考にしている。

　南あわじ市市三条所在の三条八幡神社には、「淡路人形浄瑠璃発祥の地」の碑がある。敷地内には発祥の伝説に出てくる百太夫の像やえびす神の像が祀られた祠堂もあり、毎年正月には奉納踊りが演じられる。

　淡路の人形芝居の起源に関しては諸説あり、伝説が数々残っている。前述した伝説は、兵庫県西宮にある西宮神社から、傀儡子[5]の百太夫が全国を巡業中に三条村（現在の南あわじ市三原町市三条）に留まって木偶操りの技を伝えたのが起源であるという伝説である（兵庫県三原郡三原町教育委員会 2002: 36）。その後、浄瑠璃と人形芝居が結びつき淡路人形浄瑠璃として発展していった。

　元禄時代（1688年〜1704年）のころには、淡路の人形遣いは阿波（現在の徳島県）領内をはじめ、西日本各地に興行していた（同 : 33）。淡路人形浄瑠璃は巡業が主であり、西日本や関東以北にも巡業し、現在でも、淡路系と伝えられている人形芝居が各地に見うけられるという（同 : 37）。

　浄瑠璃と人形操りの歴史は異なり、これらがいつ頃提携したかについては諸説があるが、1592年から1600年ごろに操浄瑠璃と結びついたのが有力な説である（同 : 56）。

　淡路人形浄瑠璃の芝居興行を行う単位は、「座」である。座によって行われていた興行については次節に詳しく述べる。

　享保（1716〜36年）のころ、人形浄瑠璃は三人遣いが完成した。このころ淡路には人形座の数が40余りあり、享保6年（1721年）には人形遣いの数は930人いたという（同 : 37）。

　このように、人形遣いの数も多く、日本全国へ広がっていった淡路人形浄瑠璃であった。しかし、40余りあった座元の数も、明治20年（1887年）には20座、昭和11年（1936年）には7座、昭和（1950年）には5座と減っていった（同 : 37）。

　もともと淡路の人形浄瑠璃を演じていた人々は、農閑期に収入を得るために始めた農民たちであったという話[6]もあり、当時の三原郡賀集において玉

ねぎの集団栽培に着手したのが 1920 年であるため、座の数が減っていったことの理由の一つに、淡路人形浄瑠璃を演じていた人々の生活の変化が挙げられるのではないだろうか。現在では吉田傳次郎座を引き継いだ淡路人形座と、市村六之丞座の道具類が保存されている淡路人形浄瑠璃資料館の 2 つが、かつての座から形成されたものとして残っている（同 : 37–38）。

　1926 年に座の数が 7 座になり、その流れから 1933 年に淡路人形芝居保存協会が設立された。第二次世界大戦後にはさらに淡路人形浄瑠璃保存運動の必要性が叫ばれ始めた（同 : 273）。1958 年には、淡路人形はソ連でも公演を行っている。1964 年に常設館である淡路人形座が三原町に開設された。1971 年には兵庫県重要無形民俗文化財となる。この年には国からも「記録作成等の措置を講ずべき無形重要文化財」に選定され、淡路人形浄瑠璃青年研究会、福井子供会人形浄瑠璃部、市小学校郷土文化部も発足している。

　1977 年には淡路人形協会と淡路人形座が合併し財団法人淡路人形協会となる。淡路人形協会によって、現在も後継者団体に助成金を送り団体の活動が行われ続けていくためのサポートが行われている。

　また、淡路人形座の座員を公務員化するという動きもあった[7]。身分を保障することで、座員を確保しようとする動きである。これは、全国で初めてのことであったと言う（同 : 275）。

　この他に後継者団体と呼ばれる淡路人形浄瑠璃を演じている団体が 7 つある。学校でのクラブ活動や、クラブ活動の卒業生たちが立ち上げたアマチュア団体である（南あわじ市立市小学校郷土文化部、福井子ども会人形浄瑠璃部、南あわじ市立三原中学校郷土部、同市南淡中学校郷土芸能部、兵庫県立淡路三原高等学校郷土部、淡路人形浄瑠璃青年研究会、芸舞組）。それぞれ、島内や国内、さらには海外公演まで行っている。

　パペットフェスタというこれらの後継者団体の発表会も、2009 年現在までに 26 回行われている。この会は、淡路人形浄瑠璃のすべての後継者団体が集まって自分たちの練習の成果を発表する機会である。出演者の家族や友人が淡路人形浄瑠璃を目にする機会にもなっている。このパペットフェスタについては第 3.3 節で詳しく述べることとする。

## 2. 2. 淡路人形浄瑠璃―座における伝承

　さて、本節では、現在の淡路人形浄瑠璃の伝承についての考察を行うが、以前の伝承はどのようであったのだろうか。

　淡路の人形芝居は、浄瑠璃と結びついて淡路人形浄瑠璃となり発展していった。その興業の方法は日本各地への巡業であった。

　淡路人形浄瑠璃は一体の人形を3人で動かすことが基本である。人形の足、左手、頭と右手、という3つの担当に分かれている。人形遣いは、まずは足を動かす足遣いから始まり、修業を重ねていくと主遣いになることができるようになる。

　人形遣いになろうとする者は11～12歳で座元の家に年期奉公として雇われる。入座当時は、荒物方という上演に必要な小道具などを準備する係として働き、3年後には新入りの荒物方の指導をしながら、人形の足を使うことを稽古する。20歳から25歳までは足遣いが専門で、26歳から30歳になって左手遣いにまわるようになり、そのあと人形のメインである頭を動かす主遣いになり、初めて本格的な人形遣いになることができたという（新見 1972: 147–148）。

　人形に加えて、淡路人形浄瑠璃は太夫と三味線が語り、演奏する。かつて座で興行がされていたときには、太夫と三味線は一定の期間、他から雇うのが普通であったという（新見 1972: 150）。

　では、座での興行はどのようなスタイルで行われていたのだろうか。先ほども述べたように、淡路の人形浄瑠璃は、常打ちの劇場を持たず、日本各地へ巡業を行っていた（兵庫県三原郡三原町教育委員会 2002: 116）。

　このように、淡路人形浄瑠璃は座において伝承が行われ、何年もかけて初めて一人前に演じることができるようになる芸能である。しかし、現在では様変わりし、常設館で公演を続ける淡路人形座と、学校での学生たちのクラブ活動があるのみである。

## 3. 淡路人形浄瑠璃　伝承の現場

　ここでは、現在南あわじ地域において、淡路人形浄瑠璃がどのように伝承されているかについて述べる。

### 3. 1. 淡路人形座の活動

　淡路人形座は、淡路人形浄瑠璃の中の唯一のプロ集団である。1985 年 4 月に淡路人形座は、南あわじ市福良にある「大鳴門橋記念館」において、毎日興行することになってから、現在まで公演を続けている。

　1961 年 10 月、当時の三原町市三条にあった吉田傳次郎座の人形の頭、道具を譲り受け、1964 年 4 月に三原町公民館で淡路人形浄瑠璃座の常設館を開設した。しかし経営難に陥り、1968 年、福良港に移転。淡路人形座の本格的な常設館興業の形ができた。当時の座員は 9 名で、公演外題は 2 つであったという (兵庫県三原郡三原町教育委員会 2002: 279)。

　現在の淡路人形座の見物客は、ほとんどが島外から来る観光客であり、地元の人々が見に来ることはあまりない。

　人形座の座員も「地域の人々に対してもっと公演活動を行わなければいけない」と考えているが、毎日公演しているため実現は時間的・経済的に難しいと話す[8]。もっとも淡路人形が盛んだった当時は家々を回り野外で小屋掛け芝居をするスタイルであったが、現在の淡路の人は、淡路人形浄瑠璃をよく見物する人、ほとんど見ない人、というように分かれているようである。

　現在、淡路人形座は、島内の小学校を回り、淡路人形浄瑠璃に関するレクチャーを行っている。このレクチャーでは、淡路人形浄瑠璃について紙芝居で紹介し、三味線や、人形の動かし方を体験できるようなプログラムを組んでいる。

　このレクチャーは、保護者が集まる参観会の機会に行われることもあり、子どもたちだけではなく大人にも見せる場になっているという。淡路にいても淡路人形浄瑠璃を見たことがないという人もいるため、淡路人形浄瑠璃に

ついて知ってもらうよい機会になっている。

「この淡路の伝統芸能を知るっていうことと、やってみようと思ったら中学校で部活動でやれるというそういう環境があるっていうのは子供たちにはすごくいいんじゃないんですかね」と座員が述べているように子どもたちが淡路人形浄瑠璃に親しむきっかけづくりになっている。このレクチャーを行ってから、中学校の郷土部では三味線を希望する生徒が増えているという。その理由としてレクチャーで体験した三味線が楽しかったから中学校に進学してから郷土部で三味線をしたくなったと話しているということである[9]。

このように淡路人形座は、毎日観光客に向けて公演を行いながら、淡路人形浄瑠璃のプロとしてクラブ活動への指導も行っている。その指導している学校のクラブが現在、淡路地域の老人ホームや幼稚園の慰問を行っているのである。

## 3．2．後継者団体の活動

淡路人形浄瑠璃にはプロである淡路人形座以外にも、淡路人形浄瑠璃を演じているいくつかの「後継者団体」と呼ばれる団体が表1のように7つある（さらに図1も参照）[10]。

表1　後継者団体（創立年順）

| 団体名 | 創立年 | 部員数 |
| --- | --- | --- |
| 淡路三原高等学校　郷土部 | 1952年 | 21人 |
| 市小学校　郷土文化部 | 1971年 | 45人 |
| 福井子供会　人形浄瑠璃部 | 1971年 | 12人 |
| 淡路人形浄瑠璃　青年研究会 | 1971年 | 27人 |
| 南淡中学校　郷土芸能部 | 1983年 | 35人 |
| 三原中学校　郷土部 | 1983年 | 24人 |
| 淡路人形　芸舞組 | 2006年 | 11人 |

団体の所在地はいずれも南あわじ市である。

小学校から高等学校まで淡路人形浄瑠璃のクラブが創設されていること

で、一貫した後継者づくりが可能になっていると考えられている。(兵庫県三原郡三原町教育委員会 2002: 275)

現在の淡路人形座の座員は、17人中、福井子供会に所属していた座員が4人、市小学校が1人、三原中学校3人、南淡中学校9人、三原高校7人である[11]。

淡路人形座の座員は小学校、中学校、高等学校の淡路人形浄瑠璃のクラブの技芸指導も行っている。大抵、座員の出身校が指導の担当になる。自分が学生の当時は淡路人形座の師匠から教わっており、今度は自分が教える立場になる。ある座員は当時の師匠が教えてくれたときに分かりにくかったことを思い出しながら教えたり、励まされて力になった言葉を今の生徒に伝えていると話す[12]。

子どもたちが淡路人形浄瑠璃を演じることは、その親や家族も淡路人形浄瑠璃を目にする機会を得ることになる。その発表の場として「パペットフェスタ」がある。次の第3.3節ではパペットフェスタについて述べる。

淡路人形浄瑠璃の伝承の場―淡路三原高等学校郷土部の活動を中心に― 55

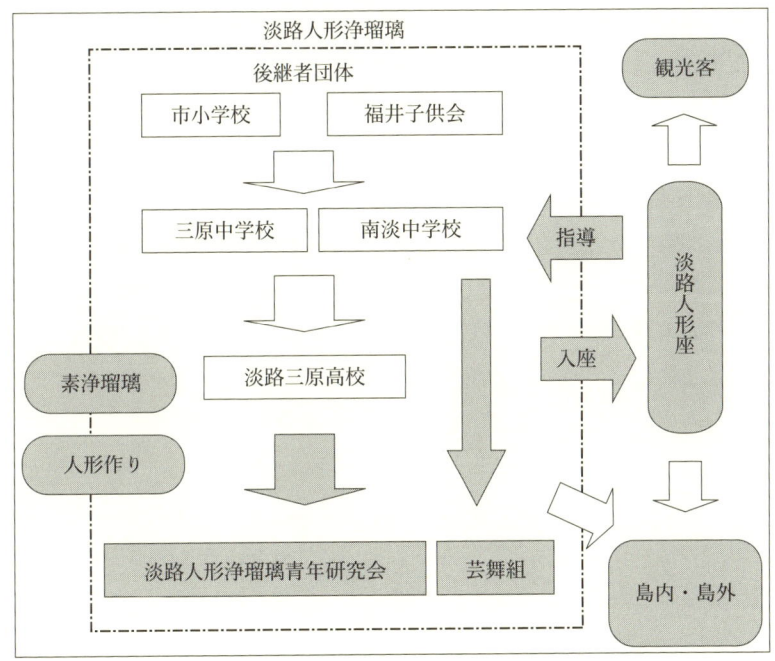

図1 淡路人形浄瑠璃団体関係図[13]

## 3. 3. 後継者団体発表会　パペットフェスタの観察から

　第2節で紹介した後継者団体の発表会が「パペットフェスタ in 淡路島　淡路人形浄瑠璃後継者団体発表会」である。この発表会は1984年から「お互いの練習の成果を発表することにより、郷土の伝統文化を守っていくことの大切さを学び、淡路島民のみなさんにより多く淡路人形浄瑠璃を理解していただくため」(兵庫県三原郡三原町教育委員会 2002: 299)という目的で開催されており、2009年までに26回行われている。

　2009年の発表会は7月19日に行われた。

　三原中学校・南淡中学校・淡路三原高校の三味線合同演奏や市小学校郷土文化部による浄瑠璃などが初めに行われ、そのあと後継者団体への助成金贈呈や「淡路人形浄瑠璃」フレーム切手の発売報告、淡路人形座の竹本友喜美氏が義太夫節の保存団体の太夫に認定されたことの報告などもなされた。

午後からは、12時から3時まで約3時間で6組の後継者団体が公演を行った。会場は、淡路人形浄瑠璃の座が多くあったとされる三原の公民館のホールである。

当日は、プログラムの初めから見物している観客もいたが、出演者が変わるごとに出入りする観客が多かった。発表会は午前10時から15時まで行われる長時間のプログラムが組まれているため、10時に会場に入っている客は少なかった。

小学生から高校生も発表しているため、出演者の家族らしき観客が多かった。中学生の公演の時には、同世代の観客も会場に入ってきていた。

人形座の座員の話によると、自分の子供が出演しているときだけ見学するという保護者が多いということであった。

学校の団体の中には、揃いの黒いTシャツをユニフォームにしたり、制服のまま演じたりしており、顔が見えるようになっている。淡路三原高校出身の座員に黒子と黒子ではないときの理由について尋ねると

「高校生は、大事な時だけ黒子になります　全国総文[14]だったり　大きな舞台の時は黒子で　それ以外は制服で」と話した。

後継者たちの公演は、観客に向けて伝統芸能を演じているのが誰であるかを示すという意味を持っているのである。

## 4. 郷土部の伝承

　この節では、郷土部の活動について兵庫県南あわじ市において、淡路人形浄瑠璃を伝承している兵庫県立淡路三原高等学校の練習の様子、南あわじ市内にある老人ホームでの依頼公演の様子について詳しく記述する。

### 4.1. 郷土部の概略

　兵庫県立淡路三原高等学校郷土部は、1952年に創立された。この年は、淡路人形浄瑠璃が兵庫県民俗無形文化財に選定された年と同じ年であり、保存活動の必要性がさけばれはじめたころであったという（兵庫県立三原高等学

校郷土部 2002: 17)。当初は、郷土研究や野外活動を行うことを目的として作られた部活で、人形浄瑠璃の練習は、淡路人形芸術協会から、人形浄瑠璃の指導者、人形などの道具を借りて、創部の翌年から始められた。この年の文化祭では、初めての淡路人形浄瑠璃の公演を行っている (同 : 59)。

三原高等学校の文化祭は、1950 年当時には三原郡内最大の文化行事で、多くの観客が詰めかけたといい、地域の文化活動の振興に大きな影響を与えたという (同 : 18)。創部から 4 年後にはテレビ番組の取材がきており、その後は島内の海開きや老人会などで公演、1958 年には、初めて淡路島を出て、名古屋で公演を行った。同じく 1958 年には淡路人形浄瑠璃のソ連公演に郷土部の部員が参加している。

1960 年代後半には年間 10 回以上の公演を行う。TV 番組でも紹介され、県内を出て仙台や長野での公演や老人ホームなどでも演じている。1978 年には第 2 回全国総合文化祭に特別出演し、それ以後数回出演している。

1985 年には、初めて郷土部の卒業生が淡路人形座に入座している。この頃には年間を通して 20 回程の公演を行うようになった。1996 年には、初めて海外で公演し、その後も数度海外公演を行っている。昨年は、フランスで公演を行った。

また 1971 年には、郷土部卒業生により淡路人形浄瑠璃青年研究会が設立されており、後継者団体として現在まで活動を続けている (同 : 40)。

現在でも、年間に 20 回程度の公演を、島内の地元老人ホームや幼稚園などから依頼され公演している。

筆者は郷土部が 2009 年 8 月初旬に行った淡路島内にある老人ホームの慰問公演を見学した。郷土部がこの老人ホームで公演を行うのは今回が初めてである。それまでは、2007 年に閉校になった兵庫県立志知高校のだんじり唄の部活動が出し物として選ばれていた。2008 年に、老人ホーム館長が入所者とともに昨年の淡路三原高校文化祭で郷土部の公演を見学した時に、この夏祭りに出演を依頼することを決めたという。

郷土部の部員たちは公演の前日から人形など道具類を運搬できるように準備し、それを会場まで運ぶ。老人ホームには人形芝居用の舞台はないため、

机を並べて、舞台を組み、演じる。

　今回の公演外題はめでたい演目であることから「戎舞」を館長が依頼したという。

　戎舞には、えびすが願い事をしながら酒を飲むシーンがあるが、その時のセリフは演じる場所によってアドリブで変えられることがある。たとえば、今回の老人ホームの公演では「祭の開催を祝って」「新型インフルエンザに誰もかからぬよう」といったように変えられていた[15]。

　筆者は、この老人ホームでの公演を郷土部による淡路人形用瑠璃の地域への伝承と位置づけ見学し、老人ホームの入所者たちは、人形浄瑠璃を見て、懐かしむ、楽しむ、見慣れているなどの反応があるかと予想していた。

　しかし、観客の反応は出し物の一つとして見学しているようにしか見ることができなかった。その日の公演の観客である老人ホームの入所者たちはほとんどが南あわじと洲本の出身者であるが、彼らが淡路人形浄瑠璃を見ることは久しぶりのことではないかと館長は話す。館長自身も、三原高校に通っていたときに文化祭で見て以来、前年の文化祭が久しぶりの見物であるという。

　郷土部の公演が始まっても、場の賑やかな雰囲気は静まらず、後列の方になると声も聞きとりにくい状況であった。しかし、郷土部の部員たちは特に場に影響されることなく、前日の練習と同じように演じきっていた。公演の直後には、2人の生徒がえびすの人形を持ち観客の間を回って人形と観客を握手させていた。

　このように、淡路三原高校郷土部は、地域の人々に対しても公演を行っている。それは淡路人形浄瑠璃を発表する場にもなっているのである。

　2009年8月には部員の数は21人であった。そのうちのほとんどが中学生の時から淡路人形浄瑠璃を演じており、高校から始めた生徒が1人、小学生から行っている生徒は2人である。人形遣いが13人、太夫3人、三味線が5人である。練習日は週に4日、放課後に行われ、そのうち人形座から師匠が教えに来る日が1日ある。生徒たちは毎日放課後2時間程度、練習を行う。この時演じることができる外題は「増補大江山戻り橋の段」、「傾城阿波の鳴

門巡礼歌の段」、「戎舞」の3つである。

　このように、郷土部は淡路人形浄瑠璃の後継者団体の中でも最も歴史が長い。プロの人形座員も輩出しており、卒業後に人形座の座員になることも期待されている。2009年4月には、郷土部卒業後1人が淡路人形座に入座している。

　次の第4.2節では、彼らの活動を可能にしている練習の様子について述べる。

## 4. 2. 先輩から後輩への伝承の場

　郷土部の練習場所は、南あわじ市市円行寺所在の淡路三原高校内にある「人形会館」である。

　人形会館は1982年に建てられ、普段は練習場所として使用されている。100名程度の観客を収容できる広さであり、文化祭の時には舞台として利用されている。

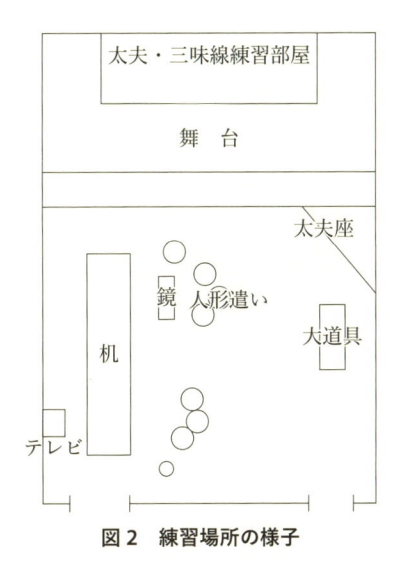

**図2　練習場所の様子**

　部屋の中はホールのようになっていて、奥には舞台があり、舞台の右手に

は太夫・三味線の太夫座も設置されている。

舞台の前の左端には、普段から使っている人形が8体ほど置かれている。

会館の左側の壁に沿って、郷土部の公演を記録したビデオと、テレビが置かれている。このビデオ[16]を再生して、それを見ながら動きを学ぶ練習方法もとられている。

その前に長い机が3台置いてある。この机は、人形遣いが練習する際に、舞台に見立てられる。向かって右側には公演で使う大道具なども置かれている。

両側の壁には「伝統文化ポーラ地域賞」「全国総合文化祭」「淡路文化協会文化賞」などの賞状と記念写真が額に入れられ飾られている。中には1998年に義太夫三味線の人間国宝に認定された淡路人形座の鶴沢友路師匠の写真もあった。舞台の裏の部屋で太夫三味線の練習、客席部分で人形遣いの練習が行われる。

2009年8月の部員の数は21人。3年生9人、2年生3人、1年生が9人所属していた。そのうちのほとんどが中学生の時から淡路人形浄瑠璃を演じており、高校から始めた生徒が1人、小学生から行っている生徒は2人である。人形遣いが13人、太夫3人、三味線が5人である。練習日は週に4日、放課後に行われ、そのうち人形座からの師匠が教えに来る日が1日ある。生徒たちは毎日放課後2時間程度練習を行う。

練習の観察を行った日は、パート練習では「増補大江山　戻り橋の段」[17]という外題、合わせ練習では公演で行う「戎舞」の練習をしていた。

初めに30分ずつ「大江山」の練習を人形遣い、太夫・三味線の2つに分かれて練習し、その後、次の公演である老人ホームで演じる別の外題の合わせ練習を行い、もう一度「大江山」の練習を分かれて行う。全体で1時間45分くらいの練習量であった。

パート練習と合わせ練習の外題が違う理由としては、2日後に島内にある老人ホームで慰問公演があることのほか、その公演で3年生の部員が引退するため「大江山」の演じ方について3年生が下級生に自分たちのこれまで演

じてきた中で得た知識を教えるという事情があったからである。

　人形遣いは、パート別の練習では音楽がないので、大江山の浄瑠璃を、人形を持っていない部員が横で歌い、それに合わせて練習している。登場人物は侍、女性、鬼の３体の人形で、その３体に分かれて練習をしている。舞台は使わずに、客席の部分で練習をしている。
　人形遣いの３年生の部員Ａが、後輩部員Ｂが動かす武士の人形の動きを見ながら

　　「もうちょい左足出して」
　　「一歩一歩、ちゃんと踏みしめるように」
　　「ちょっと前足が出すぎる」

などと指導をしている。

　　「だいぶ足を前に出しとるから、無駄な動きが多いように見えてしまうねんな。ほんとにちっちゃくていいねん男の足は。ちょっと出す。引くのはできるだけやけど」

　指導されるだけではなく後輩部員同士でも、足の動きについてどう動いたらいいか自分の考えを話し合っている。
　人形を動かしていない部員の１人が人形の横で自分の記憶を頼りに唄い、それに合わせてほかの生徒が動かしているので、「あれ、今「月の光に」を飛ばさんかった？」「まだやろ」といった、語りの内容はどうだったかを思い出す場面も見られた。
　武士と鬼との戦いで、武士が刀を使うシーンの指導では、先輩Ｃが人形の頭を押さえて
　　「この角度で切って」と指示する。
　刀を抜くところでは

「刀見てへん！」と、人形の目線が刀に向いていないことへの注意もあった。
　Ｃの指導でも
「下がる、押す、下がる、ちょっと下げて、おして」
「もうちょっとだけ…あげすぎ」
「もうちょっともうちょっと（左手を上げる動き）」

という発言があった。
　女性の人形は、女子部員が動かしている。目の前に全身鏡を置き、自分の動きを見ながら練習している。先輩部員Ｄも人形の前に立って、人形の小道具である扇子を持って、動きを自分の体で演じて見せている。扇子の角度は、数度の違いである。こちらが見ていてわかる範囲ではない角度を先輩部員Ｄが
「もうちょっと」「前にちょっと出す」
と手で人形の持つ扇子の角度を変える。
　前から見ている先輩が人形の腕の角度なども、手で持ち上げ直していく。
「下からちょっと救う感じで、日をよける感じの形で」
といった例え方や、
「金魚をすくって落とさないように動かして最後落とす」
というような比喩表現もあった。金魚をすくう例え方は数人の先輩部員が口をそろえて言った。

　両手を合わせる動きを指導するときには「マクドナルドのマークのように」動かすと指導する。
　動きに関して指導する際に時に見られたのは、先輩同士では口で言わずともわかるところを後輩に指導するときに、説明する言葉を見つけることができない場面であった。

　女の人形には鬼の顔に変わるからくりが付いている。題目の中で鬼の顔に

変わる瞬間を練習している。

　「ギッてにらんだ方がええわ」

と鬼の顔のコツを教えている。

### ●太夫・三味線の練習
　太夫・三味線の練習は、舞台裏の準備室で行われる。部屋の中には一段高くなっている太夫座があり、そこに３年生が座り下級生の太夫に稽古をつける。三味線の部員たちはそれに合わせて音を鳴らし練習する。
　太夫の３年生部員Ｅは、後輩部員Ｆの唄を一通り聞いて、その時気になったことを、時に自分がお手本で語ってみせながら後で指摘する。
　教え方はあいまいなニュアンスを用いながら行われる。

　「もうちょっと張った感じ「そらをーかすみてーやえひとえー」って」
　「もうちょっとメリハリがなかったら聞きよってだーるい感じすんの」
　「綺麗にやらなあかんねんけど、ぬいていいわけじゃないから」
　「ひとことひとことが雑(ざつ)いんよね」
　「なんかな、初めの音はおうとるねんけど、次の言葉に行く時の間になんかちょっと上ずった声がでるねんな。そこをきちんとおさえとかんと聞きよってなんか震えよるみたいな」
　「高いところは大体出よるねんけど、まだちょっと弱すぎるのよ。なんかきれいに出さなあかんし、なんていうの、がめつく出したらあかんねんけど、ただ弱くするのとは違うんよ。」

といった、聞いていて全体的に受けた印象からの指導や、

　「セリフがちょっっとだけ遅いかな。早すぎではない遅すぎでもないねんけど、もうちょっとだけはやてもいいかもしれん」

「『ええ』のびっくりの仕方がちょっと中途半端やから（Eが語ってみせながら）『ええおーぉこれはこれはお武家さま』くらい」
「ちょっと低い」「ちょっと雑」「0.5秒くらい早い」

といった細かい個所への指導もあった。

　三味線の部員たちは、三味線だけで合わせることはなく、太夫の練習箇所に合わせて弾いていた。太夫の部員Eは、全体を聞いているので、注意すべき箇所について、
「あそこほんまに合えへんかったら聞きよってなんていうの、耳触りというか合えへんなっていうの誰にでもわかるとこやからそこはきっちり合わせとかんと」「掛けあいは何回も何回も練習しときよ」と指導していた。

　「大江山」は娘（姫）に化けた鬼が武士を脅す物語である。太夫は、侍、娘、鬼の3役を一人で行うため、声を分けることが難しいようである。
　鬼であることを隠している姫なので
「鬼的要素がない」
といった注意や、
「大江山の姫はもともとが鬼だから騙しよるつもりで」という演じている登場人物の特徴を押さえた細かな指導もあった。鬼は難しい役であるようで、
「ドツボはまんねん、一回やったらなこれでいいんかなーと思ってもな師匠に直されんねん。どれがどれだかわからへん。好きなようにやったらええんちゃう？」
「迫力出とったらそれでいいよ。鬼んとこはな、おがりすぎてもあかんねんけど、でも迫力なさ過ぎてもあかんねんな。」
「とにかく練習練習、やってやって舞台慣れもしてきたら、むっちゃ自分の鬼ができあがってくる。人によって違うから、これ完璧に真似しなくてもええと思う。」

しかし、師匠に言われたことは守るように、と先輩E自身の体験から指導する場面も見られた。

これらの指導の際には、後輩Fや三味線の生徒たちにはメモなどする様子は全く見られなかった。

以上の記述では、郷土部の練習において、彼らが後輩に対して指導するときにどのような言葉で説明し、指導しているのかを中心に記述した。

人形使いの練習では、人形の動きの特徴である視線を人形の手と合わせるとか、「ちっちゃくていいねん男の足は」という発言からもわかるように、守るべききまりごとに対する注意と、1つ1つの動きごとの手の角度についての注意が多い。角度については先輩部員が正面から人形を見て、「もうちょっと」という角度であり、具体的な数字は説明されないのが特徴であった。

太夫・三味線の練習も同じく、先輩が後輩の語りを聞いて注意するといった練習方法であった。ここで主に指導されたことは、「ちょっと低い」「ちょっと雑」「0.5秒くらい早い」という発言からもわかるように、音の高低や、強弱、速さについてであった。

## 4.3. 考察

レイブとウェンガーは、徒弟制にもとづく正統的周辺参加の考え方においては、状況的な見方である学習と、学校教育の効率性は異なると述べている（レイブ・ウェンガー 1997: 16）。また、西郷も近年の学校教育の中で民俗芸能を取り上げる際の特徴として、整然とした稽古が行われ、どう演じればいいか具体的な指示がなされており、従来の徒弟制的な伝統芸能の教え方とは違うことを述べていた（西郷 1996: 129–130）。

郷土部は部活動であり、学校という場所で行われている伝承である。しかし、彼らの練習の中では学校教育の特徴である効率的な、教科書のような教え方は用いられていない。

南あわじ市による「淡路人形浄瑠璃の学校課外活動における技芸指導に関する実践研究」において、人形座座員が郷土部部員に教える際にどの点に注

意して教えているか述べられているか報告がなされているが、そこで挙がっている指導の工夫点も「小道具の使い方を細かく指導した」「構えや腕の高さや肘の位置などを細かく注意した」(2008: 35) とあり、系統だった効率的な教え方がされているわけではなく、部員だけでの練習は、プロの座員である師匠の教え方に倣ったものであると理解できる。

　生田は、伝統芸道の教授法は師匠を真似することから始まる「模倣」が中心となっていると述べている (生田 2007: 10)。郷土部の稽古は伝統芸道の教え方教わり方に近いことがわかる。学習者はひたすら自らの身体の動きを師匠の動きに似せようと努めるのみで、稽古の最中に自分の疑問を言葉にして口にすることはない (同 2007: 11-12) ということは、郷土部の下級生部員にも見られたことである。

　前節に詳しく記述した練習の様子からもわかるように、郷土部の伝承の中で最もよく聞かれた言葉が「もうちょっと○○」という言葉であった。人形が動いている最中の扇子の「もうちょっと」の角度や、台詞が「ちょっとだけ早い」といった言葉である。また、「ぎっと睨む」や「鬼的要素」といった独特の言い回しで教えられていることも「もうちょっと」という言葉に表されるような感覚であるだろう。

　後輩部員は「もうちょっと」に関して、「それは何音くらいか」とか「何センチくらいか」などとは聞かず、そのまま受け入れる。郷土部の伝承において感覚を共有していくことが重要であることが理解できる。疑問を一度も口にすることはなく、曖昧な表現で教えられていることを、ただ実践しているのである。

　以上の「もうちょっと」の感覚を共有してきたこと、学校でありながら徒弟制的なわざの学習を行ってきたことが、郷土部の伝承における特殊な点であると言えるだろう。この特殊性によって、郷土部が淡路人形浄瑠璃を発信しうるほどの存在になり得ているのではないだろうか。

## 5. おわりに

　ここまで、淡路人形浄瑠璃の現在の伝承について、後継者団体である淡路三原高等学校郷土部に着目して視察を行ってきた。

　かつてのように40座以上あった座での伝承は、現在では無くなった。しかし、毎日公演している淡路人形座に加えて、淡路三原高校郷土部のように部活動の限られた練習期間に島内外で公演を行うことができるほどの芸の習得がなされている。

　かつて三原高校の文化祭が郡内最大の文化行事で地域の文化活動の振興に大きな影響を与えた（兵庫県立三原高等学校郷土部 2002: 18）という地域との関係が密接だったことに加えて部内での伝承が着実に行われてきたから、今日のように淡路人形浄瑠璃を発信する存在になれたのではないだろうか。彼らはもちろん人形座座員の師匠に教わって練習しているが、それは毎日のことではなく、中学生、もしくはそれ以下の年齢から淡路人形浄瑠璃を演じてきた積み重ねと、教わったことを後輩へ、後輩へと伝え続けていくことが成功しているから今日の郷土部の伝承が成り立っているといえる。

　郷土部出身の人形座座員は、

> 「高校の時とかは適当に好きな時に弾いていたら語りも語ってくれたんですけどここ（人形座）だったら、ちょうどいい間でテンと弾くとか難しいんですよ」「今までやってきたのはなんやったんやというくらい　根底から覆るような（違いがある）。」「姿勢からして違うんですよね。」

と、郷土部の部員だった時と、プロである現在とでは、演じる方法も、練習も全く違うと答える。

　しかし、郷土部の部員たちは部活動に所属している数年間で、国内や海外で公演を行うレベルまでに至っていることも事実である。

　このように淡路島の伝統芸能と考えられている淡路人形浄瑠璃の伝承に

は、演じている当人と、全く関わっていない淡路島民では大きなギャップがあるという現実もある。パペットフェスタや文化祭など、市民が郷土部の公演を目にする機会に友人が見に来たことがあるか座員に尋ねると、「友人は人形浄瑠璃には興味がないようであった」という答えが返ってきた。また、第4節で取り上げた、郷土部が公演を行った老人ホームの所長は「これまでほとんど淡路人形浄瑠璃を目にすることはなかった」と話し、またある南あわじ市民は「淡路人形浄瑠璃はマニアックな世界で、関わらない人は全く関わらない」と話す。

　老人ホームでの公演後、3年生の部員に、卒業後にも淡路人形浄瑠璃と関わりたいかと尋ねると、「受験が終われば見に来たい」「卒業後に島外に出てもみんな淡路が好きだから夏に戻ってくるだろう」と答えた。「私は淡路人形浄瑠璃が好きだから、なくなってほしくないですよ」と語った部員もいた。

　淡路人形浄瑠璃が今後伝承され続けていくには、関わる人、関わらない人のギャップの問題をはじめ様々な課題があるようである。それは、地域社会で伝承されていく伝統芸能について考えていく上で重要な課題でもあるのではないか。

注

1　2007年に兵庫県立三原高校と志知高校と統合してできた高校である。郷土部の創部当時は兵庫県立三原高等学校であった。(兵庫県立三原高等学校ホームページ)
2　この構想は「自分たちの住んでいるところにすでにある地域資源(宝)や地域に埋もれている「宝」を、地元の人たちで改めて、発掘・再発見し、宝の"いわれ"、"魅力・美しさ・すばらしさ"などを確認することで、自分たちの地域に誇りを持ち、それを保全・伝承・発展させていく運動で、淡路島全体を博物館としようというもの」であり、「宝を活用し交流が活発化することで、地域の経済が活性化する」というように考えられている。(兵庫県庁ホームページより)
3　http://www.bunka.go.jp/bunkazai/shurui/minzoku.html
4　http://www.bunka.go.jp/bunkazai/shurui/mukei.html
5　人形を操る人。
6　三原に住む住民の話より。
7　現在は公務員ではなくなっている。

8　座員Aの話より。
9　座員Cの話より。
10　2009年7月のデータである。
11　1つの団体だけではなく複数に所属していた座員もいる。
12　座員Cの話より。
13　聞き取り調査と［兵庫県三原郡三原町教育委員会 2002］をもとに筆者が作成。
14　全国総合高等学校文化祭。
15　大抵は、顧問の教師がその部分のセリフを決めているという。（郷土部顧問の話より）
16　このビデオは、「数年前に上手かった先輩」の公演を録画したものだという。
17　渡辺綱という武士が都を警護中、戻り橋で美しい娘に出会うが、その娘の正体が鬼だと分かり、最後には激しい戦いになる外題である。以下、「大江山」と記す。

**参考文献**
生田久美子　2007『「わざ」から知る』 東京大学出版会
岩本通弥　2007「現代日本の文化政策とその政治資源化」山下晋二編『資源人類学2　資源化する文化』弘文堂
小池淳一　2002「伝承」小松和彦・関一敏編『新しい民俗学へ』せりか書房
神戸新聞淡路総局　2001『淡路の20世紀』のじぎく文庫
小林真理　2004「第3章　我が国における文化法の現状」『文化圏の確立に向けて　文化振興法の国際比較と日本の現実』勁草書房
小林康正　1995「伝承の解剖学」福島真人編『身体の構築学　社会的学習過程としての身体技法』ひつじ書房
西郷由布子　2002「芸の教え方・覚え方―学校的社会と芸能」演劇学論集40号 pp.127～141
西郷由布子　1995「芸能を〈身につける〉―山伏神楽の習得過程」福島真人編『身体の構築学　社会的学習過程としての身体技法』ひつじ書房
齊藤裕嗣　2007「重要無形民俗文化財（民俗芸能）の保護について―「現状変更」との関わりから―」植木行宜『民俗文化財　保護行政の現場から』岩田書院
清水拓野　2005「教育を再文脈化する」山下晋司・福島真人編『現代人類学のプラクシス』有斐閣
東京国立文化財研究所芸能部　2000「学校教育と民俗芸能」
長坂由美　2006「淡路人形浄瑠璃を受け継ぐ高校生たち―兵庫県立三原高等学校郷土部の活動」音楽研究実践ジャーナル　vol.3 no.2
長坂由美　1997「淡路人形浄瑠璃の伝承システムにみる教育の役割―地域の学校や子ども会活動における郷土芸能の伝承と発展―」
新見寛次　1972『淡路の人形芝居』 角川書店
橋本裕之　1995「「民俗芸能」における言説と身体」福島真人編『身体の構築学社会的学習

過程としての身体技法』ひつじ書房
橋本裕之　2000「民俗芸能の再創造と再想像―民俗芸能に係る行政の多様化を通して―」
　　　香月洋一郎・赤田光男編『講座日本の民俗学 10　民俗研究の課題』雄山閣出版
平山和彦　1988「柳田国男の伝承観」桜井徳太郎編『日本民族の伝統と創造』弘文堂
平山和彦　1996「民俗学的発想」鳥越皓之編『民俗学を学ぶ人のために』世界思想社
兵庫県立三原高等学校郷土部　2002『郷土部の半世紀―淡路人形浄瑠璃の総合的伝承をめ
　　　ざして―』
兵庫県三原郡三原町教育委員会　2002『伝統芸能淡路人形浄瑠璃』
南あわじ市地域人材の活用による文化活動支援事業実行委員会　2008　2007「淡路人形浄
　　　瑠璃の学校課外活動における技芸指導に関する実践研究」
福本武子　1968「郷土芸能淡路人形浄瑠璃の研究［兵庫県文化財資料レポート-3-］」甲南
　　　大学文学会論集
レイヴ、ウェンガー　佐伯胖訳　1997『状況に埋め込まれた学習―正統的周辺参加―』産
　　　業図書

**参考ウェブサイト**
兵庫県立淡路三原高等学校　http://www.hyogo-c.ed.jp/~awajimihara-hs/
兵庫県立三原高等学校　http://www.hyogo-c.ed.jp/~mihara-hs/
文化庁ホームページ　http://www.bunka.go.jp/

# 文化研究への文化情報リテラシーの駆使の試み―淡路人形浄瑠璃における「伝承」を対象に―

金田純平

## 1. はじめに

　本章では、文化情報リテラシーの文化研究に対する適用例として、文化現象の動態を、複数の特徴項目に分けそれらの時間的推移の記述を統合して捉える、拡張マルチモーダル分析（EMA）の導入を提案し、実例を紹介しながら説明する。今回実例として分析を行ったのは、兵庫県立淡路三原高校郷土部での淡路人形浄瑠璃の練習における 3 年生から下級生への「伝承」[1]の様子である。

## 2. 文化情報リテラシーと文化研究

### 2. 1. 動的対象をとらえる

　例えば舞踊における動きや、フィールド調査におけるオーラルヒストリーといった語りは、その「内容」（内容情報）を分析するだけでなく、その動きや語りそのものを対象として、例えば動きや語りがどのようなムード―「楽しそうに」「悲しそうに」「たどたどしく」―で行われているかを分析する必要がある。語りについて考えると、声の調子（韻律）や手の動きや身振り、視線、表情といった語りの内容に並行して進行するするパラ情報 parainformation や、時には場の雰囲気といったメタ情報 metainformation がそのムードを読み解く手がかりとなる。動きや語りのように、内容情報と並

行するパラ情報が存在し時間に添って変化するものを「動的対象」と呼ぶとすれば、これの分析手法を考えることが、文化情報リテラシーとして必要になってくる。

### 2.2. 動的対象の記述

動的対象の最大の特徴は、時間—場合によってはミリ秒単位—に添って時々刻々と起こる状態遷移を持つことである。そこで動きについて成果を上げている人文研究の1つとして、エスノメソドロジーを基調とするインタラクション（やりとり）研究を参考にしてみることにする[2]。

前者のインタラクション研究は、主にコミュニケーションについて、発話内容のほか、話者間の関係、声の高さや声質、視線・ジェスチャといった非言語行動などについて、その動きや状態の変化に応じて、時間の区間ごとに細かく記述していくもので、コミュニケーションの構造を解析することに役立っている。文化研究においても、例えば、民俗芸能をテーマにした研究でも、インタラクション研究は、菅原ほか（2007）による西浦田楽の世代間継承の研究のように、文化上の現象を読み解くことための動的対象として捉える枠組みとしてすでに援用されている。

## 3. 文化のマルチモーダルアノテーション分析へ向けて

### 3.1. 分析における2つの次元

そこで、文化情報リテラシーを用いた文化研究の実践例として、インタラクション研究で用いられているアノテーションによるマルチモーダル分析を取り入れていくことを考えることにする。

インタラクション研究では、たえず進行する人間の動き・発話などについて、細かい時間単位（例えば、一般的なビデオカメラであれば1/30秒）に、開始時点と終了時点のある区間（セグメント）を設定し、そのセグメントごとに記述を行う。また、記述は、聴覚情報である発話（発話内容だけでなく声の高さ、声質などの韻律情報、話者、相手、話者間の関係といったメタ情報

を含む）と視覚情報である動き（視線・ジェスチャなど）のように、モダリティ（知覚インタフェース）ごとに分けて行われる。そこから、時間の次元とモダリティの次元に基づいて記述された情報を総合し、全体的な動きを捉えるという手法をとる。この手法における重要なポイントは次の2つに収斂される。

- 時間に関連付けて短時間における状態を記述すること
- 複数の分析項目に分けて記述を行うこと

## 3.2. アノテーション

　動的対象を時間軸に関連付け、その局面ごとの短時間における状態（様相・動作状態）を記述することをアノテーション annotation と呼ぶ。アノテーションの手続きとしては、①ある状態が持続する時間区間（始点・終点）を設定し、②その区間に対して、状態の記述（アノテーション）を行う―平たく言えば、図1のようにフィルム上のあるコマからあるコマ目までの範囲に、付箋を貼り付けてメモ書きする―ことであり、状態が変化するごとにこれを繰り返して、複数のアノテーションを時間軸に関連付ける[3]。最終的に、一連のアノテーションの時系列の遷移から、部分・全体の動きを捉えることがアノテーションによる動的対象の分析である。

**図1　アノテーションのイメージ**

　記述の内容であるが、例えば、「右手が顔の高さまで上がる」という現象は、イベントそのものとして「右手が顔の高さまで上がった」と記述する。必要なのはイベントや状態遷移を捉える観察者側の時間分解能であり、数値情報としては時間（始点・終点）が最も重要である。また、イベントを「右

手」「上がる」「顔の高さ」と述語（動作・状態）と変数（対象・位置）に分けて記述しておくと、後で検索や抽出などデータベース的に活用するときに役立つ。

　アノテーションには客観性が求められるのは当然であり、特に動きや位置については可能なら数値化したいところであるが、実験室を離れたフィールド調査では、計測器を参与者全員の身体のあちこちにつけて調査を行うのはそうそう容易なことではない（技術面だけではなく倫理面も含めて）。また、人間の行動について記述する場合は、何をしようとしているのかをその人の視座に立った主観性も必要であり（cf. 岡本 2009: 201）、さらに、フィールド調査での場における雰囲気といった、数値化のしようのない、観察者の主観や印象による記述も重要な資源であり、それらはいずれもアノテーションとして記述できる。そういった意味でもアノテーションは文化研究に取り入れやすい手法であると言える。

### 3. 3. マルチモーダル分析

　マルチモーダル性とは、発話と身体の動きからなる複数モダリティ（知覚インタフェース）を取り扱うことであり、これを用いた分析手法がマルチモーダル分析である。

　マルチモーダル分析を文化研究に取り入れるメリットは2つ挙げられる。1つは、複数のモダリティに分けて観察を行うため、総合的・全体的な観察では見落とす可能性のあることにも注目が行くこと、もう1つは、あるモダリティと他のモダリティの間に、特徴の共起や連鎖を見出すことにより、モダリティ間の関係を捉え、動きに潜む「何か」を読み解くカギにしていくことにある。

### 3. 4. 拡張マルチモーダル分析（EMA）

　以上、文化研究におけるアノテーションの有用性と、複数の分析項目を見るマルチモーダル分析のメリットを紹介したが、実際にこれらを文化研究に応用するためには、もう少し拡張が必要である。マルチモーダル分析は、本

来、聴覚と視覚など当事者のモダリティ（知覚インタフェース）に分けて分析することであるが、文化研究では人間を対象とするとは限らず、例えば、コンサートホールを対象にするなら、舞台上の様子、演者の様子、聴衆の動態・様子、場面の変化、演目内のパート、スポットライトの向きなどに分けるといったことが必要になる。つまり、ヒトのインタラクション行動におけるマルチモーダル性を、文化研究における動的対象の分析では、様々に知覚できる複数の特徴項目に分析するという意味で再解釈する必要が生じる。

そこで、文化情報リテラシーを用いた文化研究手法の１つとして、動的対象を複数の特徴項目に分け、時間軸に関連付けて記述（アノテーション）し、最終的に統合して分析するという手法を「拡張マルチモーダル分析 Extended Multimodal Analysis（EMA）」を本章は提案する。次節ではこの拡張マルチモーダル分析を文化研究へ応用することの有用性を、実際に淡路人形浄瑠璃の「伝承」の分析に適用して確認する。

## 4. 文化情報リテラシーの駆使──淡路人形浄瑠璃の「伝承」を対象に──

### 4.1. 概要

本節では、兵庫県立淡路三原高等学校（兵庫県南あわじ市市円行寺）郷土部のクラブ活動における淡路人形浄瑠璃の練習の「伝承」の様子を、実際に拡張マルチモーダル分析（EMA）を行い、「伝承」の場で何が行われているのか、そしてそこから何が読み取れるのかを実際に試しながら紹介する[4]。

今回使用するデータは 2009 年 8 月 6 日・7 日、郷土部の練習場所である淡路三原高校人形館にて収録したものである。対象は部員による「増補大江山戻り橋の段」における太夫と三味線、および人形遣いの練習風景で、うち分析に使用したのは約 12 分である。撮影は古川史氏、アノテーションは筆者が行った。

### 4.2. 方法

記述および分析は、フリーソフトウェア ANVIL[5] を用いて行った。ANVIL

は動画に対してフレーム単位にアノテーションを行うツールである（図2）。

映像とアノテーションボードのカーソルは同期し、フレーム単位にアノテーションが行える。また、モダリティ（分析項目）を各トラック（層）に割り当てることで個別に記述を行い、時系列上での共起や連鎖を視覚的に捉えることができる。編集したアノテーションデータはXML形式で保存され、それを加工すればすぐにデータベースとしても活用できるので、時間情報や位置情報を数値として取得したり、記述内容を検索したりできるなどのメリットがある。

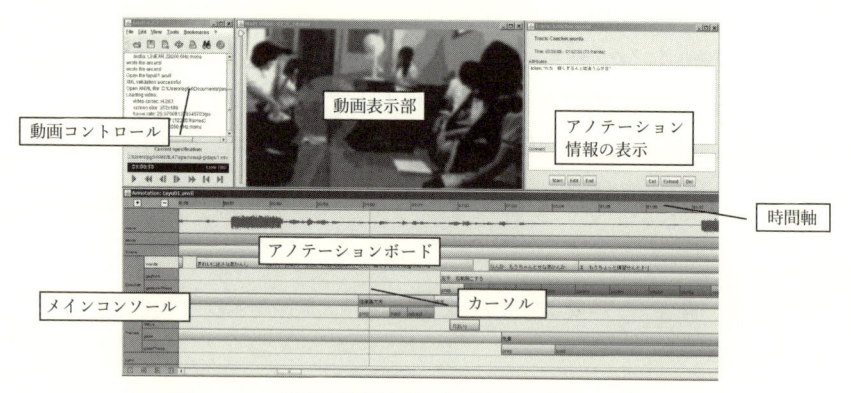

図2　ANVILのインタフェース

## 4. 3. 実例1：「伝承」はどのように行われるのか

まず、淡路人形浄瑠璃の「伝承」について、「増補大江山戻り橋の段」の太夫の語りの練習（6分30秒）、および人形遣いの練習（3分30秒）について、まず、「伝承」では何が行われているのか、次に何が「伝承」されたのかについて、EMAを使って読み解いていくことにする。

### 4.3.1. 太夫―「語り」の「伝承」のから―

図3 太夫の《伝承》の場の様子
中央奥が3年生A、右側背を向けているのが下級生B

　まず、人形浄瑠璃における物語の進行の中心を担う太夫による語りの「伝承」について、EMAを行った。参与者は指導者である3年生A、指導を受ける下級生Bと4名の三味線弾きであり、今回は太夫であるAとBの行動に限定して観察した。このときの練習箇所は、娘が鬼に豹変し渡辺綱に襲い掛かる場面の語り（鬼の台詞）であった。部屋および各参与者の配置をカメラアングルにて図3に示す。

　映像クリップは、図2のアングルが基本で、全員着座した状態で基本的に動きは頭・両腕・上体に限定される。特徴項目（拡張モダリティ）は表1の通りに設定した。

**表 1　太夫の「伝承」の分析項目**

| 特徴項目 | 記述内容 | 記述例 |
| --- | --- | --- |
| Mode | 指導の様子の場面 | 「3年生による手本」「レクチャー」 |
| Scene | 指導の対象になっている語りの箇所（3分割） | 「〜大音声」「〜悪鬼なり」「〜ありさま」 |
| A. Word | 3年生Aの語り以外の発話（ポーズ区切り） | 「初めの音は合うとんねんけど」 |
| A. Gesture | Aのジェスチャを含めた手の動き | 「ビート」「右手で髪を触る」 |
| A. Gaze | Aの視線がどの方向を向いているか | 「床本」「下級生B」「三味線」 |
| B. Word | 下級生Bの語り以外の発話およびうなずき | 「はい」 |
| B. Gaze | Bの視線がどの方向を向いているか | 「床本」「3年生A」「三味線」 |
| Lyric | 浄瑠璃の語り（原則文節・ポーズ区切り） | 「眼」「怒らし」「大音声」 |

　Word, Lyric は、音声をもとにした文字起こしであり、中でも Lyric は床本（浄瑠璃の台本）の内容を参照して、語られている箇所と時間情報を関連付けた。Gesture, Gaze は映像をもとにした記述項目であるが、特に視線の向きにおいて判断がつけられないような場合は「不明」を設定した。また、特徴項目には、これらの映像・音声を基にした行動の記述—仮に、基礎記述と呼んでおく—の項目だけでなく、後から基礎記述の上位に、比較的大局的に場面を捉えた総合的な二次的な記述項目（表1の Mode, Scene に相当）を用意しておくと便利である。ANVIL の画面上の様子は、図4のように横に時間軸、縦に特徴項目ごとの層が表示され、長方形で区間、その内部に値を示している。

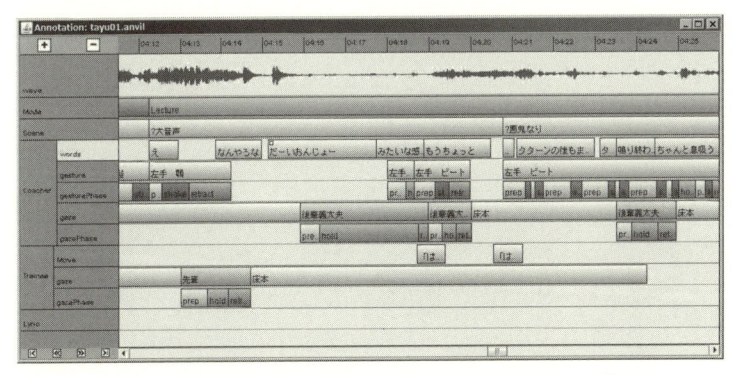

**図4 ANVIL による太夫の「伝承」アノテーションの例**

　これより、EMA で得られた情報を挙げていく。まず、練習の流れについては Mode と Scene の遷移で具体的に表示される。指導法はパート別練習であった。まず、下級生 B が語りを通しで行い、続いて 3 年生 A が問題点を述べ、実際に語りを示し、アドバイスを加えて、もう一度下級生に語らせて、再度、問題点とアドバイスを提示するという流れで進行していく。

　次に、指導におけるインタラクションに注目すると、下級生 B は「はい」と頷くだけであり、3 年生 A に教えを請うことや質問を行わないスタイルの稽古付けである。また、下級生が語っているときの A の視線の向きはほぼ床本（時間にして 91.8％）であり、語りの内容を目で追いながら、聴覚つまり語りの声の様子やタイミングの出来で診ていた。

　以上挙げたことは、確かにアノテーション分析を行わなくても映像を観察するだけで十分に得られる情報であるが、作業しながらそれが視覚的に帯状に表示され、また時間情報から数値化できる点でメリットがある。数値情報は、出力ファイルに記録されているので、それを取り出して表計算ソフトなどで処理すれば簡単に求めることができる（図5）。

```
    <el index="76" start="398.26385" end="398.63089">
      <attribute name="token">
        から
      </attribute>
    </el>
    <el index="77" start="399.69861" end="401.4003">
      <attribute name="token">
        ほな　そろそろ終わるか
      </attribute>
    </el>
    <el index="78" start="402.93518" end="404.103">
      <attribute name="token">
        また後でやるし
      </attribute>
    </el>
  </track>

  <track name="Coacher.gesture" type="primary">
    <el index="0" start="9.07572" end="13.01298">
      <attribute name="token">
        右手こめかみ
      </attribute>
    </el>
    <el index="1" start="14.74804" end="15.18181">
      <attribute name="token">
        振り向き顎刻み
      </attribute>
    </el>
    <el index="2" start="20.25353" end="21.9886">
      <attribute name="token">
        右手鼻
      </attribute>
    </el>
    <el index="3" start="22.98959" end="23.32326">
```


| | | | | | |
|---|---|---|---|---|---|
| Coacher.words | primary | 66 | 296.79599 | 297.5968 | まあ　あれやけど　その |
| Coacher.words | primary | 67 | 297.5968 | 299.66553 | それは　また　合わせて練習してって |
| Coacher.words | primary | 68 | 300.23276 | 301.76761 | あとは　ふーん |
| Coacher.words | primary | 69 | 301.83435 | 302.93546 | もっかいやっとく |
| Coacher.words | primary | 70 | 386.4187 | 387.38632 | まだその |
| Coacher.words | primary | 71 | 387.38632 | 389.28824 | 「ありさま」がちょっと速すぎるから |
| Coacher.words | primary | 72 | 394.72699 | 395.99493 | ってここできめといて |
| Coacher.words | primary | 73 | 395.99493 | 397.06265 | 次「ハッ」って入っていくから |
| Coacher.words | primary | 74 | 397.06265 | 397.66324 | 「ありさま」が |
| Coacher.words | primary | 75 | 397.66324 | 398.26385 | 早すぎる |
| Coacher.words | primary | 76 | 398.26385 | 398.63089 | から |
| Coacher.words | primary | 77 | 399.69861 | 401.4003 | ほな　そろそろ終わるか |
| Coacher.words | primary | 78 | 402.93518 | 404.103 | また後でやるし |
| Coacher.gesture | primary | 0 | 9.07572 | 13.01298 | 右手こめかみ |
| Coacher.gesture | primary | 1 | 14.74804 | 15.18181 | 振り向き顎刻み |
| Coacher.gesture | primary | 2 | 20.25353 | 21.9886 | 右手鼻 |
| Coacher.gesture | primary | 3 | 22.98959 | 23.32326 | 首動かし左上 |
| Coacher.gesture | primary | 4 | 37.03694 | 38.03793 | 右手エンブレム |
| Coacher.gesture | primary | 5 | 38.03793 | 43.61016 | 右手ビート |
| Coacher.gesture | primary | 6 | 61.62813 | 68.33482 | 左手　右前腕こする |
| Coacher.gesture | primary | 7 | 70.16998 | 71.23771 | 床本ゆるめる |
| Coacher.gesture | primary | 8 | 71.23771 | 73.57337 | ページめくり |
| Coacher.gesture | primary | 9 | 73.57337 | 74.27407 | ページ戻し |
| Coacher.gesture | primary | 10 | 74.27407 | 75.4419 | ページめくり |
| Coacher.gesture | primary | 11 | 75.4419 | 76.4429 | ページめくり |
| Coacher.gesture | primary | 12 | 80.1466 | 81.28106 | ページめくり |

**図5　アノテーションデータ（左 XML 形式）および表計算ソフトでの読み込み例（右）**

では、EMA の特長を生かしてわかることにはどんなものがあるか。先ほどAの視線について触れたが、レクチャーモードの時においても多くは視線を相手の下級生Bに合わせず床本を見ていた（79.8%）。しかし発話中にBと視線を合わせることが時々あり、回数にして12件あった。視線を合わせることについて、ケンドンは、話者が相手に視線を合わせるとき、ターン（発話順序）の交替が多いと述べている（Kendon 1967）が、ここから考えれば、Aによる視線合わせはBの頷きの機会を用意する、つまり「Bにこの部分をよく聞いてほしい」という態度を読み取るヒントになる。

3年生Aが下級生Bの方を向いたときの発話内容を見ると、事例（1）・（2）のようにはっきりと問題点を指摘する場合に多く現れた（12回中9回）。事例中の下線部は3年生Aが下級生Bの方を向いている区間である。

（1）01:　A　なんか一言一言が　ちょっと<u>なんていうの</u>
　　02:　　　<u>ちょっと雑いんよね　言い方が</u>［6 要するに
　　03:　B　　　　　　　　　　　　　　　　［はい
（2）01:　A　まあ　高いところはだいたい出よんねんけど
　　02:　　　まだちょっと<u>弱すぎん</u>のよ　なんか　きれいに出さなあかんし：
　　03:　　　なんて言うの　がめつく出したらあかんねんけど
　　04:　　　ただ　<u>弱くするんとは</u>違うんやな
　　05:　B　はい

逆に、アドバイスやよくできている箇所の褒めの発話では、視線合わせがそれぞれ2回、1回と少数であり、事例(1)の「なんか　一言一言が…」のように考えながら問題点を述べるところではBの方を見ることは今回観察されなかった。

　以上のことは、この場での3年生Aの指導法が問題箇所の指摘を優先するものであることを示すものでしかない。しかし、芸道にみられる、問題箇所の指摘しか行わない指導法[7]を基準に考えれば、むしろ、アドバイスや褒めが時に強調されることは、現代的な指導法であるとして、高校のクラブ活動での芸能伝承の特殊性を明らかにするカギとなる。このことは、Aの何気ない視線合わせの行動が「伝承」を読み解くヒントになるという点で、発話と視線という違ったモダリティ（特徴項目）を扱うEMAの有用性を示している。

### 4.3.2. 人形遣い─「動き」の「伝承」から─

**図6　人形遣い練習の様子**
（左から主遣いD、足使いE、左手使いF、3年生C、G）

　次に、人形遣いの「伝承」について、EMAを行った。人形は、頭・上体・右腕を担当する「主遣い」、両足を担当する「足遣い」、左腕を担当する「左遣い」の3人によって操作されるが、今回は最も指導が多く見られた主遣いに焦点を絞り、同じく主遣いを勤めてきた3年生Cと指導を受ける主遣いの下級生Dのインタラクションを中心に分析を行う。現場での様子は図6の通

りである。

　先ほどの太夫とは違って、全ての参与者がたえず移動するためカメラアングルが一定ではない。また、人形の具体的な動き（それは同時にDの腕の状態でもある）も記述の対象となり、複雑であるため、今回の「伝承」観察において中心的であった主遣いのCとDの動きに焦点をおき、それ以外の参与者（下級生の足遣いE、左手使いFのほか、同じく指導する3年生G・H）の行動については補助的な記述にとどめた。

　分析対象は、武士の渡辺綱（わたなべのつな）が悪鬼に掴まれたところを反撃し腕を切り落とすクライマックスのシーンにおける綱の人形の動きで、1回目と2回目の練習を観察した。この場面の実際の上演時間では約30秒の場面ほどである。分析の特徴項目は表2のように設定した。

表2　人形の《伝承》の分析項目

| 特徴項目 | 記述内容 | 記述例 |
| --- | --- | --- |
| Mode | 指導の様子 | 「レクチャー」「指示」「接触指導」「指摘」 |
| Scene | 指導の対象になっている場面（4分割） | 「鬼の攻撃にひるむ」「鬼に掴まれ引きずられる」「腕を切り落とす」「キメ」 |
| C.Word | 3年生Cの発話（ポーズ区切り） | 「かしら見てへん」「45度で掴まれて行って」 |
| C.Action | Cのジェスチャを含めた行動 | 「扇で右を差す」「接近する」「人形の顎を触る」 |
| P.Total | 人形の全体的な動き | 「前進」「後退」「挙上」「正面に向ける」 |
| P.U_Body | 人形の上体（下級生Dの左前腕） | 「前傾」「起こし」 |
| P.Head | 人形のかしら（頭部）の向き（Dの左手） | 「右に回転」「うなだれ」「うなだれ修正」 |
| P.R_Arm | 人形の右腕（Dの右手）・刀の動作・状態 | 「上げる」「下げる」「斬り落とす」 |
| D.Gaze | Dの視線の向き | 「人形」「3年生」 |
| Misc | その他特記事項（G・Hの発話など） | G「これやったん1回だけやで」 |

人形の「伝承」では、物理的な動きがその対象になるので、人形の動きを、全体の移動と主遣いが担当するか̇し̇ら̇（人形の頭部）、上体、右腕の部分の動きに分けて記述した。

まず、Scene・Mode に着目して全体の指導の流れを見ると、前節の太夫よりも細かい場面を単位に演技操作を行わせてリアルタイムに指導や指摘を行うという手法をとっていた。また、出来が良くない場合はその場面を反復練習させるケースも見られた。次に、3年生 C の行動に対する二次的記述として、指導のモードを見た。発話の有無・人形や人形遣いへの接触の有無に注目して「観察」「レクチャー（説明）」「指示」「（問題箇所の）指摘」の、「接触（指導）」「実演指導」に分けて分析したところ、その時間分布は図7のようになった[8]。

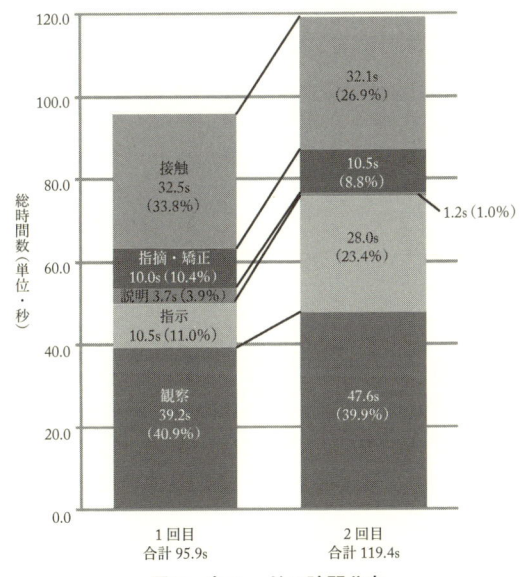

**図7　各モードの時間分布**

「観察」は1回目・2回目とも一番多く、また割合もほとんど同じであった。また、1回目では「接触指導」が優勢であったのに対し、2回目では言語による指示が大きく増えていた。接触の割合が減ったということは、1回目が動きをとにかく覚えさせることを主眼にしていたことが伺える。

また指導の中で行われる3年生Cの行動として、かしらに関する注意が顕著に見られた。そのときの、かしらの様子を見ると、顎が下がり、正面を向いていないように見えるという状態（本章では「うなだれ」と呼ぶ）であった。指摘は1回目10件、2回目9件と目立った。実際、淡路人形浄瑠璃のかしらは筆者も触れる機会があったが約3kgとかなり重く、意識していないとすぐにうなだれが起こる。短い時間の中で、Cがこれだけ多くのうなだれを指摘しているということは、顔の向きを常に注視していると考えられる。実際の舞台でもかしらは最も目立つ部分であることからも、主遣いにおける基本的かつ重要な訓練のポイントになっていると言えよう。

最後に、うなだれの指摘と修正において、気になった場面があったので紹介しておく。1回だけであったが、Cの手が近づいてくるときに下級生Dが一度修正を試みる動きがあった。しかしそれは不十分だったようで、実際この直後Cにかしらの顎を突かれてさらに修正していた（図8）。

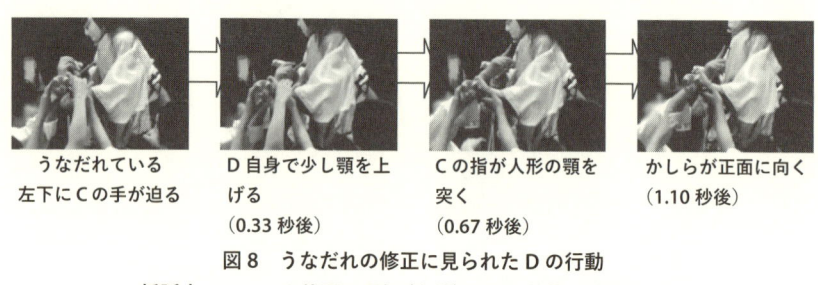

| うなだれている 左下にCの手が迫る | D自身で少し顎を上げる （0.33秒後） | Cの指が人形の顎を突く （0.67秒後） | かしらが正面に向く （1.10秒後） |

**図8 うなだれの修正に見られたDの行動**
括弧内のフレーム位置は最初（左端）の図の状態を基準とする

このわずかな時間での出来事は、DがCの手の動きを見て指摘されると思って修正したのか、自発的に行ったのかは定かではないが、少なくともD自身のかしらに対する意識を垣間見るヒントにはなる。時間単位を細かく設定して行うアノテーションが、こういった一瞬の動きを容易に捉え、読み解きの対象にすることに役立つという好例である。

## 4.4. 実例2：何が「伝承」されたのか

最後に、3年生の指導前後において下級生の動きに変化があったのかを見て、短期的な「伝承」の成果についての分析例を紹介する。まず、太夫の語

りであるが、3年生Aが指摘した箇所を1つ取り上げて見てみよう。

(3) 01　A: で:(0.66)タターン(筆者注：三味線の音)の後もまだ早いから．
　　02　　　　タタン成り終わってから　ちゃんと息吸うて終われば
　　03　　　　「我は愛宕の」って言って　落ち着いて言うて

この事例は、二度鳴る三味線に続いて「我は愛宕の…」へ入るタイミングの問題であり、アノテーションを使って確認することができる。Bの指導前・指導後の、2回目の三味線が鳴ってから「我」の始まりまでのオフセットを比較したところ、指導の前後で0.76秒から0.83秒へと少しタイミングが遅れるように変化していた。

次に、動きの分析である。主遣いが渡辺綱と悪鬼の殺陣の場面における悪鬼の武器(杖)をどのように動かしていたかについて、下級生Iの指導前後および、3年生による実演を比較した。対象となるシーンは、鬼が綱を攻撃しようと杖を振り上げたとき、不意に綱が足をめがけて斬りかかってくるのを杖で受け止める場面である。

ANVILには、任意の時点の、動画上の任意の点に対して位置情報を手動でマークする機能があるので、これを使って対象のだいたいの動きを捉えることができる。ファイルの位置の数値情報を用いて、主遣いの右手と杖の先端の軌跡をPC上で再現した(図9)[9]。カメラアングルは人形を追っているため一定ではないので、杖の向きや線の間隔が表す速さでイメージしていただきたい。

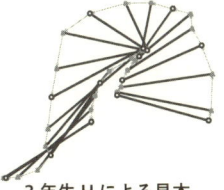

| Anvilでのプロット | 指導前のIの操作 | 3年生Hによる見本 | 指導後のIの操作 |

図9　悪鬼の杖の動きの軌跡
（1/15秒単位、●が主遣いの右手、▲が杖の先端の軌跡、白抜き○は0.2秒ごと）

指導前の下級生Iは、杖を上げて振り下ろすだけであったが、指導後には、3年生Hの実演のように、高く挙げたときに腕を止め手首のスナップを

利かせて杖の向きを変え、そこから一気に振り下ろすという動きができていた。

以上2つのケースは「伝承」に成功した箇所であったが、太夫における声の高さの指摘について、筆者の聴覚印象では指導前後で大きく変化しておらず声の響きに事欠いていたこと[10]や、主遣いのうなだれの問題がなかなか改善されなかったことを考えると、身体部位の持続的な制御に関わる「伝承」にはより多くの訓練を要することがわかる。

### 4.5. まとめ

以上、淡路人形浄瑠璃の「伝承」について、EMAによる分析手法を用いて、指導する側と指導される側のインタラクションに注目した場の情報の読み解きと、指導前後における動きの変化の評価を実際に行い、活用できることを示した。

しかし、もうお気づきかもしれないが、実のところ今回行った分析は、淡路三原高校郷土部における淡路人形浄瑠璃のきわめて限定的な「伝承」について記述を行っただけで、何ひとつその特徴を明らかにしたわけではない。当たり前であるが、他の日の練習や、師匠による稽古など、他の場面と分析し、また、インタビューや文献資料の内容と比較・統合してはじめて特徴を引き出すことができるからである。EMAは、そういった比較・統合のための検証項目を掘り出す、いわばデータマイニングdata miningの手法にほかならない。

## 5. おわりに

### 5.1. 結論にかえて

本章では文化情報リテラシーを駆使した文化研究の提案として、淡路人形浄瑠璃の「伝承」について拡張マルチモーダル分析（EMA）を取り入れた記述を行い、その有効性を確認したが、同時に、文化研究に対するEMAが、動的対象の詳細な記述を通じて検証項目となる情報を取り出す手法、つまり

データマイニングであることを確認した。マルチモーダルアノテーション分析は、静的なテキストとは異なる動的対象を捉えデータマイニングを行うためのリテラシーであり、その意味で、文化情報リテラシーとは、文化を対象に（時系列）データマイニング的発想・手法を取り入れることであると言える。

## 5. 2. アノテーションのススメ

一から ANVIL を使用すると、項目のカスタマイズや動画フォーマットといった入り口で躓くおそれがある。まず、アノテーションを用いた分析を始めるのであれば、とりあえず「マルチモーダル」は一旦忘れて、とにかく時間に関連付けた記述を行うことから始めよう。PCで動画や音声クリップを再生し、何か気付いたことがあれば、その箇所の時間（始点と終点の両方を秒単位で）と合わせて、テキストエディタや表計算ソフトで記入するだけで十分アノテーションができる。慣れてくれば、何に対する記述かという次元を導入することで拡張マルチモーダル分析になる。また、より精緻な時間情報の取得が必要であれば今回使った ANVIL や ELAN[11] といったフリーのアノテーションツールを導入するのも1つの手である。

## 5. 3. 落とし穴

しかし、実際に拡張マルチモーダル分析での記述を行うには、いくつかのハードルがある。

まず、手法上の問題として、分析項目の設定、アノテーションの記述基準、そしてセグメントの設定の単位の問題がある。インタラクション研究では、これらについてのガイドラインが提唱されている（cf. Bunt 2006; 坊農・高梨（編）2009）のだが、文化研究へ応用する場合はガイドラインも無いので、研究者自身で妥当な基準を整備しなければならない。

また、今回 ANVIL を用いた淡路人形浄瑠璃の「伝承」の記述においても、合計わずか12分のデータ対し15時間以上を要したが、不用意に項目を増やすことは作業を膨大にすることにつながり、工夫して項目を設定する必要が

ある[12]。

## 5.4. 文化研究と文化情報リテラシーの展望

今回、実際に淡路人形浄瑠璃の「伝承」を対象に分析してみて筆者が感じたことは、スキルサイエンスとしての伝承の研究と、人形浄瑠璃の上演そのもののインタラクション研究への応用可能性である。

かしらのうなだれ防止や、語りの発声法といった、経験的に獲得される持続的な知的／身体活動（「わざ」あるいは身体知）の伝承をスキルサイエンスの観点で捉える。スキルサイエンスは主にモーションキャプチャなどによる動きの計測に基づく工学的なものが中心であるが、諏訪（2009）のように「わざ」の習得におけるメタ認知に注目した研究があり、今回 EMA でもすこし触れた練習における意識を捉えることが重要になってくると思われる。

また、人形浄瑠璃の上演における演者間のインタラクションがどのようになっているのかも興味深いテーマである。芝居は指揮者や監督なしで、太夫の語りを中心に進行するのであるが、三味線に太夫がタイミングを合わせたり、あるいは主遣いの「ハッ」という合図もあったり、また、3人で行われる人形遣いもお互いに軽く接触することで合図を送るなど、複雑なインタラクションによって成立している。さらに、開演の口上やカゲ（拍子木を板に打ち付けて動きに伴う音を出す役）や太鼓などの鳴り物、幕の開閉も含めて捉える必要がある。

このような研究には、EMA を含めた時系列データマイニングが不可欠であり、文化情報リテラシーが今後ますます要求されることを如実に示している。

### 注

1 本章で使用している「伝承」という表現について少し断っておきたい。まず、これは単なる「指導」ではなく、郷土部が特定の外題を年々継承させていること、しかも収録時期が3年生の引退直前で、多くの時間を下級生への指導に充てていたことから、

むしろ3年生から下級生への伝承である。また鈎括弧を付けて「伝承」と表記したのは、この伝承が、淡路人形浄瑠璃一般というよりは淡路三原高校郷土部内の、しかもごく限られた場面を対象にしていることから、あくまで今回観察した個別・限定的なものとして、一般的な伝承とは区別するためである。
2 他には、モーションキャプチャを用いた動きの分析がある。民俗芸能については廣田ほか（2006）の研究などがある。
3 また、状態の持続だけでなく、ある状態から別の状態への推移（例：あるジェスチャを行う準備として手をある位置へ移動する）というミクロな「動き」も重要になる場合もある。
4 淡路人形浄瑠璃および淡路三原高校郷土部の詳細については、本書古川論文「淡路人形浄瑠璃伝承の場―淡路三原高等学校郷土部の活動を中心に―」参照されたい。
5 http://www.anvil-software.de/
6 発話中に他の参与者が発話し始めたときの位置を［で表す。
7 生田（2007）で引用されている4代目竹本津大夫や7代目鶴沢寛治の著書・インタビューによると、稽古は「ダメだ」「違う」といった叱責を師匠から受けるだけで、何がどういう理由でダメであるのかの説明はまれであるという（2007: pp. 9–10, 17）。
8 今回の分析した部分では、3年生Cが実際に人形を操作して下級生に見せる「実演指導」は見られなかった。
9 軌跡は表計算ソフトMicrosoft Excel 2007の散布図を用いてプロットした。
10 このことは、中山ほか（1997）、Fujisawa et al.（2000）を参考にして、音響分析でピッチやスペクトルなどを見て比較しても確かめられたのであるが、説明にページを要するため割愛する。
11 http://www.lat-mpi.eu/tools/elan/
12 そのほか、素材となる動画や音声のPCへの取り込み・編集・フォーマットの変換などのコンピュータリテラシーもある程度必要である。インフォーマントや被写体のプライバシーや肖像権、人格権への配慮や、データ漏洩に対する予防対策、法令遵守は言うまでもない。

**参考文献**

生田久美子．2007．『わざから知る』（新装版、コレクション認知科学6）東京大学出版会．
岡本雅史．2009．「実践：漫才対話のマルチモーダル分析」坊農・高梨（編）、pp. 187–202．
諏訪正樹．2009．「身体的メタ認知：身体知獲得の認知的方法論」古川（編）『スキルサイエンス入門―身体知の解明へのアプローチ』pp. 157–185．オーム社．
中山一郎・天野文雄・上畠力・河内厚郎・小島美子・小林範子・杉藤美代子・高木浩志・柳田益造．1998．「日本の「声の音楽」の諸相―共通の歌詞を用いた邦・洋楽の歌唱表現法の比較の試み―」『音楽情報科学情報処理学会研究報告』98 (14)、pp. 93–100．
廣田律子・長瀬一男・海賀孝明・岡本浩一．2006．「モーションキャプチャを使った芸能比

較研究の試み」『人類文化研究のための非文字資料の体系化3』pp. 181-212. 神奈川大学.
坊農真弓・高梨克也（編）．2009．『多人数インタラクションの分析手法』オーム社．
Bunt, Harry. 2006. "Dimensions in Dialogue Act Annotation," In *Proceedings of the 5th International Conference on Language Resources and Evaluation (LREC2006)*, pp. 919-924.
Fujisawa, N., Yamada, M. and Nakayama, I. 2000. "Fluctuation in frequency of Japanese pressed voice, Dami-goe." In *Journal of Acoustical Society of Japan*, Vol.21 (6), pp. 365-367.
Kendon, Adam. 1967. "Some functions of gaze-direction in social interaction", In *Acta Psychologica*, Vol. 26, pp. 22-63.

# 第2部　マルチメディアとコミュニケーション研究

「マルチメディアとコミュニケーション研究」と題された第2部では、文化研究のうち、特にコミュニケーションの研究に関する4編の論文を収録しています。

近年の技術革新により、話し手がしゃべったことばの文字部分だけでなく、声や表情、姿勢なども、記録し、再現し、観察・分析すること(そして必要に応じて変更することさえも)がますます容易になってきています。こうした流れがコミュニケーション研究を従来よりも華々しく、賑やかなものにしつつあることは疑いありません。

が、実はそれだけではないようです。研究法のハイテク化・マルチメディア化は、現実のコミュニケーションの姿をこれまで以上にリアルに研究者に意識させ、結果として、コミュニケーションに対する私たちのイメージを変える力を持っているようです。4編の論文は、背景や目的や手法こそさまざまですが、先進的な研究技法を論じ、あるいは実践して、これまで圧倒的な力を持っていた古典的なコミュニケーション観の再検討という問題に関わっている点では共通しています。

人類学者・木村大治氏の「インタラクションを捉えるということ」では、コンゴ民主共和国でのフィールドワークの中で木村氏が実際に直面された問題や、機器使用の問題点、さらに研究の真髄に触れることの難しさが取り上げられています。より具体的には、日常的なインタラクション研究における「異化経験」の意味と、実際のデータ取得における現象の切り分け方、映像編集の危険性、そしてインタラクション研究が陥りがちな3つの危惧すべき方向性が論じられています。その中心は、コミュニケーションの中核をなすインタラクションという現象じたいではなく、インタラクション「を捉えるということ」にあるのですが、ここで取り上げられているボナンゴ(より一般的には投擲的発話)という現象が、「コミュニケーションとはキャッチボールのようなメッセージのやりとりだ」という「常識」的なコミュニケーション観では説明できない、まさしく投擲(つまり槍を投げる)ような現象だということにも私たちは注意する必要があるでしょう。「相手もなしにしゃべるということなら、日本でも駅などで時折見かけるが、これはちょっとあぶない

（?）人の病理的な行動ではないか」などと読者は思われるかもしれませんが、ボナンゴはそれとは明らかに一線を画したものです。そのことは、木村氏が自身のホームページに貼り付けられているボナンゴの動画を視聴すればすぐに分かっていただけると思います (http://www.africa.kyoto-u.ac.jp/~kimura/co_presence/index.html)。この動画は、マルチメディアの効果を活かしたフィールドワークの好例と言えるでしょう。

　情報処理・心理学・言語学の背景を持つニック＝キャンベル氏の「マルチモーダルな会話データの収集と処理」では、この10年にわたる氏の日本での研究プロジェクトが概観され、さらに今後ダブリンで率いられる研究プロジェクトの展望が論じられています。キャンベル氏自身が断られているように、氏の研究は技術開発という一面を併せ持っていますが、それだけに、ここで述べられている氏の研究の進展には、近年の技術の革新と、それに伴う、コミュニケーションに対する考え方の変化が直接に感じ取れるようです。キャンベル氏はおよそ10年前に、感情を含んだ音声のコンピュータ処理技術を開発するというプロジェクトを始められたのですが、やがてキーワードを「感情音声」から、人間関係に着目した「関係音声」へと変えられました。これは最近ではさらに、コミュニケーションのマルチモーダルな環境に着目した「環境音声」へと進化しているようです。この論文でも、「コミュニケーションとは情報伝達だ」という常識からすれば無意味なはずのさまざまな発話が、いかに人間関係に貢献しているかが、大規模な自然会話コーパスを用いて論じられ、音声に頭部・胴体部の動きを加えたマルチモーダル化、そして日本―アイルランドというコミュニケーション文化差の検証へという、新プロジェクトの構想が紹介されています。

　定延利之「音声コミュニケーションに関する研究交流のために」は、基本的には木村論文と同じく、いかに研究するかを中心に論じたものですが、そこで念頭に置かれているのは、分野あるいは学派を超えた共同研究です。言語学を学問的背景とする筆者が冒頭で「マレービアンの数字」を批判的に紹介して、言語しか扱わないコミュニケーション研究を擁護しているのは、そうした共同研究に背を向け、この論文集の趣旨に逆らっているように思われ

るかもしれませんが、そうではありません。この論文は、分野あるいは学派を超えた共同研究にとっておそらく何よりも警戒しなければならないもの、すなわち、自分とは異なる分野・学派への理解不足を相手にしたものです。自分の分野・学派の理念や方法論を絶対視して、「○○を考慮に入れない研究は無価値である」「そのようなデータを使ったのでは何をやっても意味はない」と他分野・他学派を叩くほど容易なことはありません。「マレービアンの数字」の批判的紹介に続いて、「非言語を考慮に入れても全てが観察できるわけではなく、これこれこのように限界がある」「完全なデータというものはない。データは分野・学派によって異なる（現にいま、これこれこのように異なっている）」という論が同論文で展開されるのも趣旨は同じで、自分の分野・学派の枠組みを相対化してみることの重要さを少しでも考えていただければと思います。

　モクタリ明子・ニック＝キャンベル「人物像に応じた個人内音声バリエーション」は、定延論文の末尾で触れられている問題意識に関わっています。コミュニケーション研究において、現象を説明する際に目的論が導入されるということは、分野・学派を問わずよく見られることですが、グライスの「自然的意味」に関わる現象の場合、この目的論的な説明（つまり「常識」）は破綻しているというのが、定延論文で述べられていることです。モクタリ・キャンベル論文はこれを言葉のバリエーションという現象に特化して検討したものと言えます。一人の話し手の言葉や音声、表情や仕草がさまざまに変化することについては、「話し手は発話内容や相手、状況に応じて、自分の発話が最大の効果をあげるよう、その場その場で最適なスタイルを選び発話したのだ」という形で目的論的に説明されるのが相場ですが、このように目的に応じて意図的に切り替えられる「スタイル」とは別に、意図的に切り替えられないもの、いや、本当は意図的に切り替えられるけれども、意図的に切り替えられないことになっているもの、それが切り替えられていることが露見すれば、見られた方も、見た方もきまりが悪いというものが、私たちのコミュニケーションの根底にありはしないか。たとえば、いつも『乱暴者』のはずの或る人物の、「とても同一人物とは思えない」ほどの、思いがけない優し

い一面が明るみに出てしまった時に、(倫理的には何ら問題はないにせよ)それを見る側も、見られる側も何か気まずいということがありはしないか、といった問題意識のもと、一人の話者の声が「別人の声」と知覚されるほど大きく変動する現象を音声科学の実験的手法で調べたのがモクタリ・キャンベル論文です。一人の話し手による 30 発話を「話者別」に分類するよう実験参加者に指示したところ、参加者全員がその 30 発話を複数の話し手の声に分類し、さらにアンケートでは年齢層・外見などを全く異にする複数の人物像を想定したという結果は、目的論的な発話観(ひいてはコミュニケーション観)に基づく「スタイル」一辺倒の現象説明の限界を示していると言ってよいのではないでしょうか。

　なお、これら 4 編の論文のうち、木村論文はシンポジウム「文化情報リテラシーと今日の文化研究」(2008 年 10 月 4 日、神戸大学)での講演、キャンベル論文は国際ワークショップ「キャラクタの文法と音声文法」(2009 年 12 月 19 日、けいはんなプラザ)での基調講演をもとにしたものです。これらの催しはともに、神戸大学で実施された、文部科学省の大学院教育改革支援プログラム「文化情報リテラシーを駆使する専門家の育成」の主催でおこなわれました。後者については、神戸大学大学院国際文化学研究科の研究教育プロジェクト「グローバル化する世界における文化情報リテラシーに関する研究」、日本学術振興会の科学研究費補助金(基盤研究(A))による研究プロジェクト「人物像に応じた音声文法」(課題番号：19202013、研究代表者：定延利之)の共催でおこなわれましたこと、併せて付記しておきます。(定延利之)

# インタラクションを捉えるということ

木村大治

## 1. はじめに

「インタラクションを捉えるということ」という持って回った表題をつけてしまった[1]。ずばり「インタラクションを捉える」とすればすっきりしていたのだろうが、そう言い切ってしまえないのは、私の中にさまざまな思い——「インタラクションを捉えるということ『は面白い』」しかし「インタラクションを捉えるということ『は難しい』」といった——があるからである。

本章では、私自身のひとつの調査体験を素材として、この「面白さ」そして「難しさ」について考えてみたい。

## 2. ボナンゴというインタラクション

### 2.1. 絶叫おじさん

2009年11月2日午前4時50分、アフリカ・コンゴ民主共和国ワンバ村。私たちは4時過ぎに起きて昨夜の残り物の朝食をとり、まだ暗い村の中の道を森へと急いでいた。ボノボ[2]が樹上のベッドから出て遊動を始める前に、彼らの泊まり場まで行かなくてはならないのだ。先を歩くのはトラッカー[3]の二人。その後に、ボノボ調査に携わっている坂巻哲也さん（京大霊長類研究所）、私、そして初めてコンゴに来た京大大学院生の坂梨健太君が続く。

道に沿ってぽつぽつと、土壁の家が建てられている。家の前の広い庭に、

一人の老人が立っているのが見えた。暗くて顔はよくわからないが、大きな声で、手を横に広げながら熱心に何か喋っている。しかし彼のまわりには誰もいない。「──これが『絶叫おじさん』か」私は思った。ビデオに撮りたいところだったが、ほかの人を待たせるのも悪いので、またの機会に、と思い、そのまま歩きすぎた。

「絶叫おじさん」というのは、2008 年にはじめてボノボの調査に入った、京大霊長類研究所の辻大和さんがつけた呼び名である。調査基地のすぐ近くに、早朝一人で大声で叫ぶおじさんがいて、うるさくてたまらなかった、というのである。「木村さん、あれは何ですか？」飲み会の席で辻さんに聞かれ、私は手を打って喜びたくなった。

「おじさん」のしているような発話は、現地語で「ボナンゴ」と呼ばれ、この地に住むボンガンドの人々の間で日常的におこなわれていた。私は 1980 年代の調査でこの発話形態に心を引かれ、その後、博士論文を含むいくつかの報告を書いてきた (Kimura 1990; 木村 1991a)。私のインタラクション研究の原動力のひとつが、この「ボナンゴ」をどう理解したらいいのか、という疑問であったと言ってもよい。しかし 1990 年代に入ってコンゴ民主共和国（当時はザイールと呼ばれていた）の国内情勢が悪化し、ボンガンドの調査は中断せざるを得なくなった。1997 年、ザイールのモブツ政権は崩壊し、国名もコンゴ民主共和国と変わった。しかしその後も内戦状態は続き、私が調査を再開できたのは、16 年後の 2005 年になってからだった。

懐かしい村に帰って、やはり気になったのは、彼らはいまだにボナンゴをやっているのだろうか、ということだった。こういったインタラクションの形式は、彼らの文化の深い部分に根ざしているだろう、そういう直感はあった。しかし外部社会との接触が密になるにつれ、急速な文化変容が起こることもまたしばしばなのである。村に入ってみると、たしかにボナンゴ的な構えの発話はよくおこなわれていた。しかし、私が 1980 年代に記録したような「鮮やかな」ボナンゴは、あまり観察されてなかったのである。一緒に調査に入った黒田末寿さん（滋賀県立大学）も、「このごろボナンゴはあんまりやらなくなったな」という感想をもらしていた。そんな時、辻さんに「絶叫

おじさん」という話を聞き、そして彼がそれに対して非常なインプレッションを感じたということを知って、私は「ボナンゴ健在！」とうれしくなったわけである。

## 2. 2. 投擲的発話

　前置きが長くなったが、以下ではこのボナンゴに代表される、ボンガンドの人たちの独特な発話形態を素材にして、インタラクション研究に関する私の考えを述べてみたい。以下の文章は、私が「共在感覚」（木村2003）に書いた、「鮮やかな」ボナンゴの例である[4]。

> 村の中ほどの広場で、男が叫んでいる。ヒットラーの演説を思わせる、はげしい身振りだ。どうにも収まりのつかない鬱憤を投げ出しているかのように見える。私は尋常でないものを感じて家の外へ飛び出す。何か大きな事件が起こったのではないか。しかし村内にはわずかな人影が見えるだけだ。
> （中略）
> 1987年に、私がボンガンドの村に滞在していたときの体験である。この発話もボナンゴである。ボナンゴは、語る人だけを見ていると間違いなく「演説」と形容できるのだが、奇妙なのは聞き手の態度である。ボナンゴが語られているとき、そのまわりはおろか、村の中にほとんど人の姿が見えないことが多い。熱心にボナンゴを語っている人の横を、語り手がまるで透明人間ででもあるかのように、すたすたと通り過ぎていく人もいる。私はしばしば、そばにいる人に「彼は何を言っているんだ？」などと質問したものだが、それに対して彼らは、まるで答えることを恥ずかしがるような態度を取ることが多かった。

　いったい老人は誰に対して語りかけているのか。そして聞き手は、なぜそれをあたかも「聞いてない」かのような態度で受け流せるのか。このような疑問にとらわれ、私の発話に対するイメージは揺らいでいったのである。

私に、そしておそらくはこの話を読んだ人たちに強い印象を残すこのボナンゴという行為形式なのだが、そのインパクトの源とは何なのかということを考えてみる。結局のところそれは、インタラクション（の理想型）とは、「相手の行為にきちんと答えることである」という、西欧的・近代的な範型に対する強烈な反例が示されている、ということだろう。「聞き手のことを考えながら話す」そして「話し手のことを考えながら聞く」ことが絶対ではないのだ、という、ある種の断ち切るような潔さが、そこには見えるのである。そのようなことから私は、ボナンゴに代表される彼らの発話様式を、「投擲的発話」という名で呼んだ（木村 2003）。

## 3. インタラクション研究における「日常性」と「異化」

　私はこのような、直感的に「面白い」と感じられる、別の言い方をすれば「変な」「わけのわからない」インタラクションを素材として研究をおこなっている。そういった素材に着目するきっかけは、フィールドにおける「違和感」であった[5]。たとえばボンガンドの場合、フィールドにいる私は、彼らのけたたましさ（それは物理的音声のみならず、いわば「インタラクション的に」けたたましいわけだが）にいつも困惑している。これは私だけの印象ではなく、ボンガンドとつきあったことのある日本人なら必ず感じることのようである。前回の調査で初めてボンガンド社会に入った坂梨君も、「濃いですね…」と彼らのつきあいの印象を語っていた。このような違和感、つまり観察しているインタラクションと、自らが常識としているそれとの差異を手がかりとするやり方は、文化人類学における定石であるともいえるだろう。昨今の文化人類学の「自己批判」において、このような違いの感覚から出発するのをはばかるような風潮があるが、「違和感」を手放してしまっては、人類学はその存在基盤を自ら掘り崩してしまうことになるだろうと私は考えている。

　しかし、インタラクション研究自体は、そのような「一見して変な」インタラクションのみを対象にしているわけではない。たとえば、会話分析

(conversation analysis) の対象の多くは、我々がごく日常的におこなっている会話であるし、そもそも、会話分析の基盤となっているエスノメソドロジー (ethnomethodology) の「エスノ」という言葉には、「ごく普通の」「日常の」という含みがあるのだ。

そういった、我々がどっぷりと浸かっている、「あたりまえの」インタラクションの研究と、私のような、異文化の中で違和感に悩みながらの研究と、その両者はどのような関係にあるのだろうか。もちろん私は、あたりまえのインタラクションの研究の重要性を否定しているわけではない。しかしそこで思うのは、インタラクション研究においては、日常性を何らかの方法で「異化する」というプロセスがはさまれている必要があるのではないか、ということである。ここでいう「異化 (alienation)[6]」とは、あたりまえの日常を何らかの方法でずらし、「見慣れないもの」とするプロセスのことである。

ボンガンド研究においては、彼らのインタラクションは、わざわざ「異化」されるまでもなく、最初から私にとって「異」なものであったわけだ。しかし我々が慣れ親しんだインタラクションは、魚が水を意識しないように、そのままでは研究の対象としては立ち現れて来にくいものである。日常性のベールを引きはがし、それを対象化するために、インタラクション研究者たちはさまざまな仕掛けを用いてきた。よく知られているガーフィンケルの違背実験は、意図的に「異化」を引き起こすという試みであった。また会話分析における執拗な「言われているままの形」での転記 (transcription) や、ビデオを用いた1/30秒単位のジェスチャー分析においては、超高速度撮影で見るような、日常とつながってはいるが、しかし普段は意識することのない世界が見えてくるのである。そのような回路を通してこそ、日常的インタラクションは「面白い」そして「わからないもの」になりえるだろう。

このように書くのは、昨今、日常的なインタラクションが研究対象として注目されるにつれ、あたりまえのことをあたりまえに記述してそれで OK、という研究が増えているように思われるからである。もちろん、我々は日常生活においては、いちいち経験を異化していては身が持たないわけだが、ことインタラクション研究においては、何らかの形の異化のプロセスは必須で

あるように私は思う。

## 4. パラメータの選択とカテゴリー化の問題

次に、インタラクションのデータを取るときに遭遇する困難について考えてみよう。

私は、冒頭に記したような、ボンガンドの人々の日常的な発話[7]に驚かされ、何とかそれを記述・分析したいと思った。しかしそこで頭を抱えたのは、それらの声を聞いた私自身の経験を、どうやって記述したらいいのかという問題だった。

記述にはいくつかのやり方があるだろう。自身の体験を文章で書き記す、というのがひとつの方法である[8]。もちろんそこでは、筆力、文学的才能といったものが必要であり、言ってみれば、誰にでもできることではない。また、近年比較的簡単に使えるようになった、ビデオによる記録を用いる、というやり方もある。私はボンガンドの研究においてそれらの方法も用いたのだが、博士論文を理学研究科に提出しなければならなかったという事情もあり、人々の発話の数量的なデータ取得に力を注ぐことになった。

さて、発話の数量的なデータと言っても、何を見たらいいのだろうか。そこには実にさまざまなパラメータが存在する。発話者のカテゴリー（男か、女か、大人か、子供か、社会的な地位はどうか…）、声の大きさ、誰に向けて話されているか、内容はどういったものか、発話は「会話」なのか、歌や叫び声なのか、等々。いざデータを取ろうとしたとき、私は記録しなければならないことの多さに困惑してしまった。

その上、彼らの大声の発話は、村の中に居て耳で聞く分にはよく聞こえるのだが、それを録音して再生してみると、ほとんど聞こえない場合が多かったのである。とくに夜は、「リーリーリー」という虫の声にかき消されてまったくだめである。望遠マイクを使ったり、傘を逆さにして簡易パラボラを作ったり、あるいはイコライザーで高い周波数をカットするなどの工夫をしてみたが、あまり状況は変わらなかった。つくづく、人間の耳の働きの精妙さ

に感心させられたものだった。そういうわけで、ボンガンド発話のサンプリングは、リアルタイムにおこなわざるを得なかったのだが、その場合、パラメータが多すぎると、記録のスピードが間に合わないのである。

　帰国の日がだんだん近づいてきたので、データを取らなければ、と思うのだがなかなか思い切れず、ずるずると日が経ってしまった。何度か試行錯誤を繰り返した後、ある日とうとう、パラメータを「発話者のカテゴリー：大人の男／大人の女／子供」、「発話の大きさ：大きい声／普通の大きさの声」「発話のアドレス状況：特定の相手に宛てている／特定の相手に宛ててない」の3つに絞ることを決心した。そして、15秒ごとに1秒間のサンプリングをおこない、その1秒に耳に入った発話のすべてについて、上記の3つのパラメータを記録する、ということを始めた。具体的には、以下のようなカテゴリーを定めた。

- 「相手を特定しない普通の声の発話」をカテゴリー1
- 「相手を特定した普通の声の発話」をカテゴリー2
- 「相手を特定しない大声の声の発話」をカテゴリー3
- 「相手を特定した大声の声の発話」をカテゴリー4

　たとえば「大人の男が相手を特定しない大声の発話をした」のと「子供が相手を特定した普通の声の発話をした」のが同時に聞こえた場合、フィールドノートに「M3, I2」と記したのである。この経験から言えるのは、インタラクション現象から取れるデータは沢山あるが、むしろ思い切ってパラメータを削減しないとデータ取りそのものが難しくなるし、その方がものごとがクリアに見えてくる、ということである。削減するまでに何度か予備的なデータを取ってみて、それで何か見えそうだ、という感触をつかめれば、それに越したことはないわけだが。

　さて、そうやって始めたリアルタイムのサンプリングだが、それは非常に苦しいものだった。というのは、15秒ごとに、耳に入った声が「大声か大声でないか、特定の相手に宛てているのかいないのか」を判断しないといけな

いからである。「う〜ん」と考えているとすぐに次のサンプリングの時間が来てしまう。聞こえてくる発話が3つとか4つになると、パニック状態になってしまう。そこで、精神衛生のため、次のような手法を考えた。手法というのも大げさなのだが、要するに「AかBか」をきちんと分けて記録するのではなく、「AとBとの中間」というカテゴリーも許すことにしたのである。ある大人の男の大声の発話が、相手を特定しているかしていないか、判断に迷うとき、それは「M3/4」と記録し、最終的な分析では、カテゴリー3とカテゴリー4にそれぞれ0.5ポイントずつを加算して集計をおこなった。こういったやり方は、難しく言えば、ファジイ集合とかプロトタイプ理論といった議論につながるのだろうが、本章ではそこまで話を広げる余裕はない。

　インタラクションという連続体をどのように切り、カテゴリー化して記述するのかというのはつねに難しい問題である。それは「こうすればOK」という決め打ちの回答があるわけではなく、その場その場で苦労しながら考えなければならない問題なのだが、ここでは1つの例として、私がフィールドでおこなった工夫のいくつかを紹介させてもらった。

## 5. 機器の使用について

　次に、インタラクションを捉える方法論のひとつとしての、機器の使用について書いてみよう。

### 5.1. コンピュータの使用

　私は、日本のアフリカ研究者としてはおそらく最初にフィールドにコンピュータを持ち込んだ人間ではないかと思う[9]。それは1987年のことだったのだが、私の入った村には電気がないので、同時に太陽電池の設備を一式持っていき、それで発電をおこないながら、当時発売されたばかりのNEC PC-98LTというラップトップマシンを使った[10]。前節に書いた発話データを始めとするさまざまなデータを、私はリアルタイムでコンピュータに打ち込み、分析し、そしてその結果をまた調査方法にフィードバックするというや

り方で調査を進めたのである。

　今でこそ、フィールドにコンピュータを持参するのはごくあたりまえのことになっているが、当時私のいた京都大学理学部人類進化論研究室では、それはあまりいい評判を呼ばなかった。「木村はフィールドでコンピュータを使わずに帰ってきたら成功やな」などという意見もあったのである。それはその頃としては、ある意味でもっともな意見だったとも言える。というのは、当時のコンピュータに対しては、パンチカードに無味乾燥な数字を打ち込んで計算する、などといったイメージが強かったからである。人類学者はフィールドで、感性を最大限に開いて、あらかじめ決め打ちができない何かをつかみ取ろうとする努力をしなければならない。そこに「あらかじめ定められた数値化」などというものを持ち込もうとすれば、見えるものがそこに限定されてしまうだろう。そういう心配を、研究室の人たちはしてくれたわけである。

　そういった意見に対して、私はかなりの反発心を覚えていた。私の感性はコンピュータを使うことによって規格化されるようなやわなものじゃない、そういう気持ちがあったのである。コンピュータはしょせん機械である。フィールドワーカーだって、双眼鏡を使っているではないか。双眼鏡を使えば、肉眼ではよく見えない遠くの鳥が見える。だからといってフィールドワークは双眼鏡に使われているわけではない。見る主体はあくまでフィールドワーカーなのであり、双眼鏡は、そしてひいてはコンピュータは、その感覚を拡大する「道具」なのだ。私はそのような思いを抱きつつ、フィールドへ旅立った。

　これに関連して1つの話題がある。私が大学院で指導していた内藤直樹君（現在は国立民族学博物館機関研究員）は、大学院に入った当時、沖縄県久高島でフィールドワークをおこなっていた。久高島では伝統的な漁法だけではなく、魚群探知機などを使った新しい漁法が積極的に取り入れられている。そういった新しい技術の導入が、一般に考えられているように、人々と自然のかかわりを希薄化しているのかどうか、というのが内藤君の立てた問いだった。彼の結論は、魚探によって漁師の知覚は拡大されるのだが、それによ

って、見える範囲は違ってきこそすれ、見るという行為自体が楽になるということはまったくない。そこで漁師たちは「新たな自然」に対して工夫を重ねているのだ、ということだった（内藤 1999）。

　さて、私がフィールドで、久高島の漁師のように、コンピュータを道具として使いこなせたか、それとも私はコンピュータに使われたのか。その当否は私の仕事を読んだ読者の判断に任せるしかないわけだが。

## 5.2. 映像機器の使用

　フィールドワーク、インタラクション研究における映像の問題については、最近「学術研究における映像実践の最前線」[11]というシンポジウムの開催にかかわったこともあり、いろいろと考えさせられることが多い。

　このシンポジウムでは、生態学、脳科学、天文学といったいわゆる理系の分野と、人類学、社会学など文系分野の双方おける映像使用についての発表がおこなわれた。理系においては映像を用いることによって、対象——それは動物の見る世界であったり、脳の活動であったり、太陽のプロミネンスであったりなのだが——への理解が格段に深まる、という、いわば映像と学術の幸せな関係が提示された。視覚というモダリティを経由することによって、対象の全体を一気に捉えることが可能になるわけである。

　一方、文系における映像と調査との関係には、さまざまな問題性が含まれいることが示された。たとえば、撮るものと撮られるものの関係性は調査における倫理・プライバシーの問題を引き起こすし、映像を撮るときの、現実からの切り取り（＝フレーミング）が、ある種のフィクショナリティを生じさせるという点も、しばしば議論されているところである。私自身、某放送局の撮影につきあったとき、撮った映像を恣意的につなぎ合わせて、現地で見たものとはまったく別の物語が作られ放映されるのを見て驚いたことがある。しかし、できあがった映像のみを見た人には、それはごく自然な物語として映っていたのである。またそのように作為があるわけではないが、たとえば私が、ボンガンドの「ボナンゴ」の動画を見せるとき、それが見る人に「ボンガンドの人たちは常にこんなふうな発話をしているのだ」という誤っ

た印象を与えてしまわないかということは、私も気にかけているのである。

映像はたしかに、インタラクションを分析する上で非常に強力な道具である。しかしもし、その使用が無批判に、「リアル」を提示することになると信じている研究者がいれば、私は「ちょっと待て」と声をかけたくなるのである。

## 6. インタラクション研究の陥穽

最後に、私が最近考えている、インタラクション研究の「危うい点」について書いておきたい[12]。近年、インタラクションという現象に対する関心はつとに高まっており、それはとても喜ばしいことなのだが、そこにある種の停滞、あるいは誤った方向性が含まれているように思われるからである。以下、それらを3つの事態に分類して考えてみよう。

まず、インタラクションという現象がそもそもどういうもので、それがなぜ面白いのかということを考えてみよう。まず踏まえておかねばならないのは、ある固定的な足場に頼って何かが起こっているのでは「ない」現象がインタラクションと呼ばれる、ということだろう。足場がない状態で、個体同士がお互いに作用し合い、そこで何かにわかに予測し難い「変なこと」が起こってる、それがインタラクションなのである。逆に言うと、そういった足場が固定されている場合、それはインタラクションとは呼べない。この「足場」という呼び名で具体的に何を考えているかというと、それは代表的には、社会生物学 (sociobiology) における「遺伝子」である。生物のインタラクションが遺伝子に還元されて説明されると、その途端にその面白さ、精気といったものは払拭されてしまう。また、社会科学における「文化」とか「規範」とか言った概念も、しばしばそういった「固定的な足場」になってしまいがちである。こういった事態は近年、「本質主義」という名で批判されているわけだが、それに対抗するものとして持ち出される「構築主義」において、「構築」という概念は実はインタラクションそのものだと言ってもよいのである。

しかしたとえ「構築主義」的な立場に立ったとしても、たとえば以下のような事態が待ち受けている。ある論文でインタラクション的な現象を扱ったとき、最後の結論のところで「この現象はインタラクショナルに起こっているのである。以上。」という形で終わりになってしまう。これは非常によく見られるパターンであるように思う。そこでは、実際に起こっているインタラクションそのものが（実際それを分析するのは非常に難しいわけだが）、結局のところ問われてないのである。これでは、「インタラクション」という語が、清水義範の「インパクトの瞬間」（清水1988）に出てくる「パワー増幅接頭語」[13]になってしまってはいないか、という危惧を抱かざるを得ない。

　最後に、「インタラクションは本当に『研究』できる対象なのか」という深刻な疑問について触れておこう。この問いは、我々がインタラクションがわからない、ということではなく、逆にそれが「わかってしまう」ことに起因している。たとえば、サルの行動のビデオを見ていて、「これは遊んでいるな」ということがわかってしまう、ということがある。研究者は、その直感をいかに形にするかということに腐心するわけだが、しかし多くの場合、そのビデオを見れば他の人も、「これは遊んでいるな」ということは納得されてしまう。同様に会話分析で、ある断片を分析しているとき、「これは皮肉だ」ということがわかる。分析者にも、分析を聞いている人にも。──この場合、それ以上分析することがあるのだろうか？　そういう疑問が湧いてきてしまう。インタラクションの「研究」ではなく、インタラクションを「生きている」状況、それはとりもなおさず我々の日常なのだが、そこでそういった「我々は○○している」という共通の納得がなければ、日常性というものはそもそも成り立ち得ない。そしてインタラクション研究の多くにおいても、実は、このような「見たらわかる」という共通の理解がベースとなっているように思われるのである。「研究」とは何らかの形で、「その理論枠組みだけで現象を説明できる」そういった枠組みを構築することだとするなら、インタラクション研究において、「わかってしまう」という共通理解を隠蔽して、理論のみで現象を説明したかのように記述するのは、やはり問題ではないだろうか。しかしこの問題──大きくいえば、インタラクション研究における認識

論にかかわる── に関しては、私自身、いまだ定見を持っているわけではない。ここではとりあえず問題を提示した段階で、筆を置くことにしたい。

## 7. おわりに

ボンガンドの投擲的発話の話から説き起こして、インタラクション研究について私が最近考えたことを述べてきた。インタラクションの研究というのは非常に面白く、私も自分自身の研究の中心としてやっていきたいし、本書の読者のみなさんにも、ぜひ興味を持ってほしいと思っている。しかし書いてきたように、そこには独特の難しさがある。それを踏まえ、いろいろな意味で安易に流れないように研究を進めていくことが肝要だと思っている。

**注**

1 本章は、2008年10月4日に神戸大学でおこなわれた、シンポジウム「文化情報リテラシーと今日の文化研究」における発表をもとに書いたものである。
2 コンゴ民主共和国に生息する、チンパンジーと近縁な大型類人猿。
3 調査対象を追跡する、現地人の調査助手。
4 私のホームページ http://jambo.africa.kyoto-u.ac.jp/kimura/http://jambo.africa.kyoto-u.ac.jp/kimura/ に、ボナンゴの様子をストリーミング動画で掲載してあるので、興味のある方は参照願いたい。
5 「違和感」については（木村2006）の中で論じている。
6 ドイツの劇作家ブレヒトの用語で、原語は "Verfremdungs" である。
7 相手が特定されていない場合もあるので、「会話」とは総称できない。
8 人類学においては、コリン・ターンブルの「森の民」(Turnbull 1961) がそのような記述的な民族誌として著名である。
9 この節の内容は、（木村1998）に詳しく書いている。
10 この経験を、学会誌「アフリカ研究」に書いたが（木村1991b）、これが私がこれまで書いた論文の中で一番世の中に役立っているものではないかと思う。
11 第13回京都大学国際シンポジウム。http://gaia.net.cias.kyoto-u.ac.jp/visual-media.practices/jp/index.html 参照。
12 この節は、「インタラクションの境界と接続」（木村、中村、高梨編2010）の第1章に書いた内容と一部重複している。

13 「インパクトの瞬間」では、まず「ジンクピリチオン効果」という言葉が出てくる。ジンクピリチオンとは、シャンプーなどに配合されている化学物質なのだが、その「効果」とは次のようなものである。

 ジンクピリチオンが何であるのか、つまり、動物なのか、鉱物なのか、植物なのか。
 (中略)
 ジンクピリチオン配合。
 虚心に、この言葉だけに耳を傾けなければならない。そしてそうすれば、あなたは必ずこう思うはずなのである。なんだか、すごそうだ。その心の声こそが、この言葉を聞いたときの正しい反応なのである。

このあとに「セラチオペプチターゼ」「塩化リゾチウム」「デュラムセモリナ百パーセント」などといった言葉が並べられ、さらに「新」「超」「ポスト」、そして遠赤外線の「遠」といった「パワー増幅接頭語」の話が続く。

**参考文献**

Kimura, D. 1990 "Verbal interaction of the Bongandoin central Zaire: With special reference to their addressee-unspecified loud speech" *African Study Monographs* 11–1 pp. 1–26.
木村大治 1991a「投擲的発話―ボンガンドの『相手を特定しない大声の発話』について」『ヒトの自然誌』(田中二郎,掛谷誠編) pp. 165–189 平凡社.
木村大治 1991b「フィールドにおける太陽電池の利用について」アフリカ研究 39 pp. 59–64.
木村大治 1998「フィールドでのコンピュータ利用(フィールドワークの道具講座)」エコソフィア創刊号 p. 149.
木村大治 2003『共在感覚―アフリカの二つの社会における言語的相互行為から』326pp. 京都大学学術出版会.
木村大治 2006「フィールドにおける会話データの収録と分析」『講座・社会言語科学第 6 巻「方法」』pp. 128–144 (伝康晴,田中ゆかり編) ひつじ書房.
木村大治,中村美知夫,高梨克也(編著) 2010『インタラクションの境界と接続―サル・人・会話研究から』昭和堂 445 pp.
内藤直樹 1999「『産業としての漁業』において人―自然関係は希薄化したか:沖縄県久高島におけるパヤオを利用したマグロ漁の事例から」『エコソフィア』4号 pp. 100–118.
清水義範 1988「インパクトの瞬間」『永遠のジャック&ベティ』講談社.
Turnbull, C.M. 1961. *The Forest People.* Simon and Schuster, NewYork.

# マルチモーダルな会話データの収集と処理

ニック＝キャンベル

## 1. はじめに

　人間のインタラクションを計量的に分析する研究は、エリオット・チャプル (Chapple 1939) にまで遡ることができる。チャプルたちは、手動のタイプライター（ワープロの前身で、主に手紙を書くための機械）に紙のロールや小型電動モーターを取り付け、被験者が何か動作をするたびにキーが打たれて記録できるようにして、談話における2人の人間の行動がどのようにつながっているかを調べた。人間の談話行動の連鎖分析としては、記録に残っているものではこれが最古のものであろう。（より早い研究の中にも、同じような観察をしているものはあるが、それらは確率的な行動データを得るためのもので、連鎖じたいを分析対象とはしていない。）

　発話どうしの重複や、1人の発話における沈黙部分まで捉えることはチャプルの時代には困難であった。だがそれらがもはや問題ではないということは言うまでもない。さらに、近年の技術は、マルチモーダルという新しい形で、インタラクションの科学的研究を可能にしようとしている。本章は、筆者のここ10年の日本での研究を振り返り、これから始まろうとしている新たな研究プロジェクトを展望しながら（写真1）、このことを具体的に述べるものである。

写真1：“FASTNET”プロジェクト（後述）の実験の1シーン。ビデオカメラ5台、モーションキャプチャー6台、マイク10本、全包囲カメラ2台が記録に使われ、大規模なデータが収録されつつある。UCD（ユニバーシティ・カレッジ・ダブリン）やスウェーデンのKTH（王立工科大学）の研究者も参加している。

## 2. 言語中心主義からの離脱

　言語（文字に書けるテキスト部分）だけでなく、音声や身体の動きも含めてマルチモーダルにインタラクションをとらえることは、単にこれまであまりよく知られていなかった音声や身体についての知見を深める以上の意味を持ち得る。

　アダム・ケンドンは「人間を動物行動学（エソロジー）的に研究するにはまず、体系的な記述を志す必要がある。人間がどのような『行動の構造』を持っているかを見ることから始めなければならない」「その際、最善の方法は、人間の言語の諸側面のうち、他の動物にも見られそうな面から始めるのが最も良いだろう」「言語の詳細な分析も最終的には人間の行動学におさまるが、それを出発点とするのは最善とは思えない」と論じている（Kendon 1990:

201)。本章もケンドンと同じ立場をとり、人間の行動の諸側面のうち、言語の面よりも、言語以外の面を重視する。

これは後述するように、コミュニケーションに関して、言語が主につかさどっている意味内容伝達よりも、韻律や声質、仕草に現れるきもちなどを重視するということである。科学の文脈において、「コミュニケーションのほとんどあるいは全ては意味内容の伝達にある」と考える伝統的な考えからすれば非常に大きな転換が、マルチモーダルな観察によって進められようとしているということを、本章は具体的に示す。

## 3. 技術開発の観点

人間の行動の連鎖については、会話分析あるいは談話分析的な研究でも以前から興味深い研究がなされてきている。しかしながら、筆者の研究はそれらとは少し違う方向性を持っている。

筆者の研究は、「社会生活を送ろうとする者が他者との出会いの中で『相互に批准された参与』に進むことを可能にしている、体系的で社会的に構成された手続き」(cf. Goffman 1961)、より最近ではケンドンが「フレーム調整」(frame attunement)と呼んだもの(Kendon 1990)に関わっている。だが、研究の目的はあくまで、それらを観察するための「技術開発」にある。会話音声におけるそれらの手(move)を捉える技術の開発である。

この技術は、たとえば、人間と共在するロボットのような機械に人間の動作を観察させ理解させる技術の開発とも言える。ロボットを動かすような技術の開発のためには、会話分析や談話分析的な研究以上に、一般化が重要になる。

## 4. ESP プロジェクト

科学技術振興機構の資金援助を受けて日本でおこなった、5年間に及ぶ大規模な ESP プロジェクト (Expressive Speech Project, 2000 年度〜2004 年度)

では、手作業で転写され検索情報を付された、1,500時間の自然会話コーパス(ESPコーパス)を作ることができた。日々の社会的インタラクションの中でふつうの人々がどのように音声を使っているかという問題に、このコーパスを使って取り組むことができるようになった。ESPコーパスの一部分は、電話対話データから成る。これは面識のない2人の人間に毎週30分、3か月の間、電話で会話をさせたもので、話題には特に制限を設けなかった。

　この電話対話データを調べた結果、いくつかの驚くべき結果が得られた。その1つは、日常会話には、断片的なことばが目立たない形で、大量に存在しているということである。転写されたものが非常に読みにくいのもそのためである。日本語を母語とする話者の中には、断片的なことばの多さに驚く人もいるが、これはまぎれもなく日本語である。対話中によく現れた上位100発話は(表1)、そのことをよく示している。

表1 ESPコーパスの電話対話データによく現れている上位100発話。発話の前の数字は現れた回数を表している。「@S」「laugh」「@K」「@E」はそれぞれ鋭い呼気（空気すすり）、笑い、洟すすり、咳を表している。

| | | | | | | | |
|---|---|---|---|---|---|---|---|
| 10073 | うん | 467 | ズーー | 228 | ううん | 134 | へー.ーー |
| 9692 | @S | 455 | スー | 227 | えっ | 134 | はい.はい.はい.はい |
| 8607 | はい | 450 | んーー | 226 | へ.ーー | 134 | そう.です |
| 4216 | laugh | 446 | うーーーん | 226 | ハハハ | 133 | @E |
| 3487 | うーん | 396 | ねー | 225 | う.ん.ー | 133 | あ.そう.な.ん.です.か |
| 2906 | ええ | 395 | あ.ーあ | 200 | そうですね | 130 | そう.な.ん.です.か |
| 1702 | はーい | 393 | はい.はい.はい | 199 | ほ.ーー | 129 | は.ー |
| 1573 | うーーん | 387 | あー.はい | 193 | ハー | 129 | い |
| 1348 | ズー | 372 | ねえ | 192 | その | 127 | ほ.ー |
| 1139 | ふん | 369 | ふーーん | 190 | え.えー | 125 | ハハハハハ |
| 1098 | あのー | 369 | だから | 188 | あ.あーー | 119 | はい.はい |
| 1084 | あっ | 368 | あー.ん | 187 | ね | 119 | は.ーーー |
| 981 | はあい | 366 | ああ | 180 | ん.はい | 114 | ハハ |
| 942 | あの | 345 | あの.ーー | 180 | あの.ーーー | 113 | は |
| 941 | ふーん | 337 | なんか | 173 | ん.ん | 113 | で.ー |
| 910 | そう | 335 | え | 172 | アハハハ | 113 | て |
| 749 | えー | 311 | でも | 168 | はい.ー | 112 | はあー |
| 714 | あーー | 305 | スーー | 164 | う.うーん | 110 | フフフ |
| 701 | あ | 274 | うん.うん.うん | 161 | は.ーー | 110 | そのー |
| 630 | あーーー | 266 | ハハハハ | 160 | @K | 110 | もう |
| 613 | あ.はい | 266 | て.ー | 159 | そう.です.ねー | 109 | ふーーん |
| 592 | うん.うん | 266 | え.ーー | 151 | あ.ーーーー | 108 | はあ.ーー |
| 555 | あー | 258 | で | 143 | だから.ー | 106 | そうですね.え |
| 500 | ん.ー | 248 | う | 139 | アハハハハ | 105 | ん.ー.ー |
| 469 | ん | 242 | へー | 137 | そう.そう.そう | 104 | いや |

　表1を見れば、第1位の「うん」以下、命題的意味の希薄なことばが並んでいることがわかる。日本語は難しいとよく言われるが、この第100位までを覚えれば、会話の半分ぐらいには参加できるだろう。

　さらに、対話する2人の発話の時間的な現れ方は、図2のような形に視覚化できている。

**図1 対話する2人の発話の時間的な現れ方の視覚化の例**

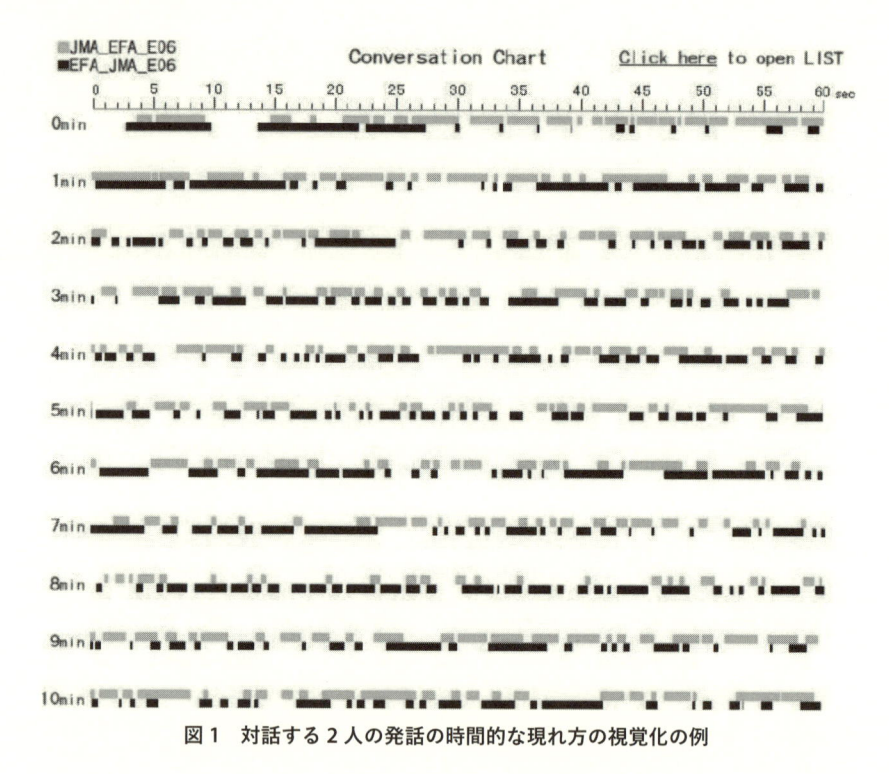

　図1では、JMAとEMA(略称については後述)が或る時に交わした対話のうち最初の10分間について、JMAが発話した時間帯がアミ部分に、EMAが発話した時間帯がスミベタに色分けして示されている。この視覚化によって、対話の発話の時間的分布の様子が簡単につかめるようになった。たとえば図2の対話では、4分目以降、アミ部分のJFAがスミベタのJMAを相手にメインでしゃべっているが、図3の対話ではスミベタのJFCがアミ部分のJFBを相手に、ほぼ独占的にしゃべっていることがわかる。

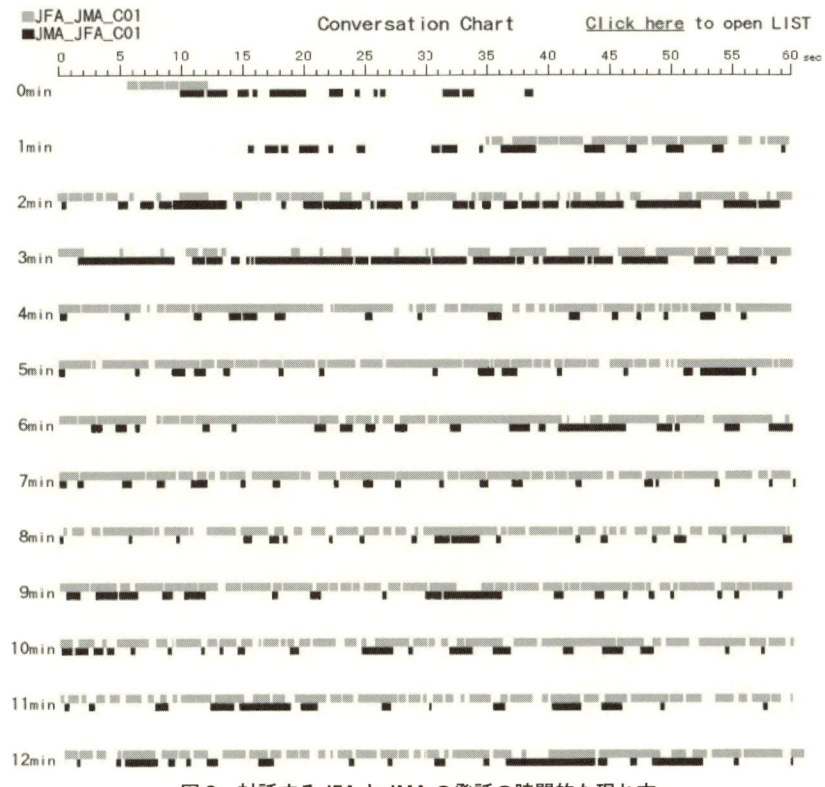

図2 対話するJFAとJMAの発話の時間的な現れ方

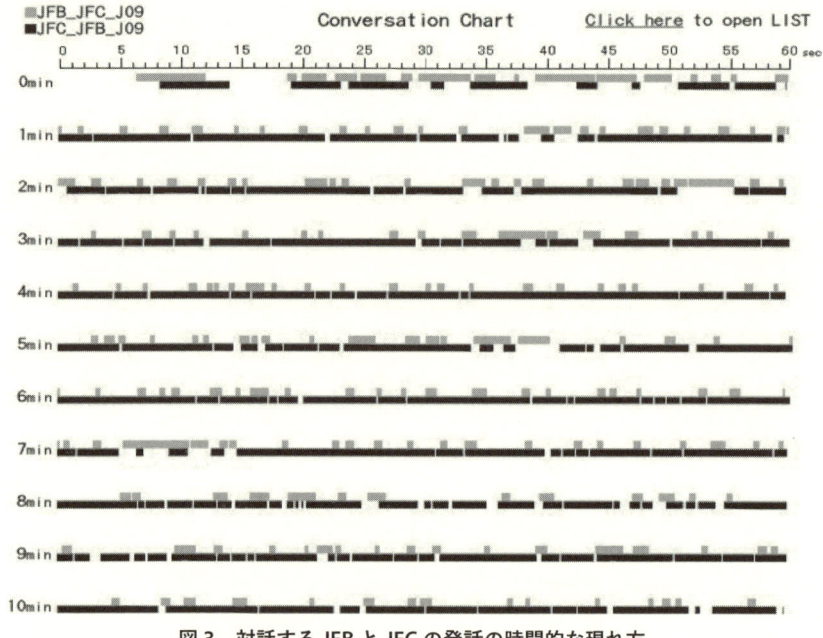

図3 対話する JFB と JFC の発話の時間的な現れ方

　なお、ここで話し手の略称についてかんたんに説明しておくと、略称はアルファベット3文字の連鎖で構成されており、1人1人皆違っている。最初の文字は、その話し手が日本語母語話者か (J)、英語母語話者か (E)、中国語母語話者か (C)、を示している。2番目の文字は、その話し手が男性か (M)、女性か (F)、を示している。3番目の文字は所属グループを示している。たとえば、JFC とは日本語を母語とする女性の、C グループに属する話し手を指しており、EMA とは英語を母語とする男性の、A グループに属する話し手を指している。さらに詳しい説明はキャンベル (2010) を参照されたい。(もちろん、上述した、日本語対話における断片的なことばの多さは、略称が C や E で始まる日本語学習者の発話を除外した上で述べている。)

　話す相手によって話し方が違うということも、「あ、あー」「でも」などの断片的なことばの数という形で、ESP コーパスで見えてくることである。たとえば、表2が示しているのは、JFA が6人の相手 (CFA, CMA, EFA, EMA,

JFB, JMA）にそれぞれ行った対話において、「あ、あー」「あの」「でも」「えー」「はい」「うん、うん」を発した回数である。

表2　各対話において JFA が「あ、あー」「あの」「でも」「えー」「はい」「うん、うん」を発した回数

| JFA: | CFA | CMA | EFA | EMA | JFB | JMA |
|---|---|---|---|---|---|---|
| a, a- | 143 | 145 | 88 | 89 | 138 | 170 |
| ano | 224 | 277 | 221 | 176 | 209 | 266 |
| demo | 42 | 24 | 31 | 17 | 89 | 134 |
| e- | 48 | 51 | 37 | 25 | 74 | 94 |
| hai | 2932 | 2234 | 2181 | 3239 | 72 | 33 |
| un, un | 1029 | 546 | 585 | 1190 | 909 | 1037 |

　この表（特に枠でくくった箇所）を見ると、英語母語話者（EFA, EMA）を相手にした対話では「あ、あー」が少ない。また、日本語母語話者（JFB, JMA）を相手にした対話では「でも」が多く、「はい」が少ない（いずれも統計的に有意である）。

　相手との親しさの一端も、断片的なことばに注目することで、ESP コーパスから計量的に見ることができる。JFA と JFB の 10 回の対話を見ると、最初の対話では「はい」は 26 回現れたが、2 回目の対話では 13 回と、親しくなるにつれて「はい」が減っている。

　以上はほんの一例に過ぎない。断片的なことばを通じて、他にもさまざまな観点から人間の話し方を見ることができる。

　これらの断片的なことばは、会話の中で、さまざまな韻律で出てくる。ESP コーパスには、電話対話データとは別に、1 人の被験者（関西方言話者）の 5 年間の生活発話 600 時間を収録したものがある。その中に「ほんま」ということばは約 3600 回現れたが、韻律は（もちろんタイプ分けは可能だろうが）1 つ 1 つ微妙に違っている。この中のどの韻律の「ほんま」がどういう発話状況にふさわしいのかという問題は、人間のコミュニケーションを考える上で最も重要な問題の 1 つだろう。この問題に対する十分な答をつかめば、すばらしい合成技術を開発できる。

会話が交わされる時、つまり音声コミュニケーションが行われる時、そこではしばしば、命題情報がやりとりされ、その命題情報は文字でもうまく表現できる。たしかにこの点ではテキストは重要なものである。

だが、人間の音声コミュニケーションは文字コミュニケーションとさまざまな点で違っている。最も大きな違いは、音声コミュニケーションではイントネーション、話速、声質を通じて、話し手の、聞き手や談話に関する状態、態度、意図が示されるということである。音声コミュニケーションでは、言語情報の伝達よりも、社会的インタラクションに本質があると言える。そこでは、対人関係が表されたり、感情や愛情、関心が表出されたりといった、人間の社会的ネットワーキング行動が重要な位置を占める。

このことからすれば、音声コミュニケーションにおける処理の基本単位は語句ではなく、行動であると考えるべきだろう。文字コミュニケーションと音声コミュニケーションは性質が大きく違っているのであって、しゃべるということは、単純にテキストを音声に変えて発音するといったことではない。

しかしながら残念なことに、発話音声技術は現在、依然としてテキストベースで考えられてしまっている。フォーマルで書き言葉に近い話し言葉がしばしば念頭に置かれ、インタラクティブなおしゃべりは想定されていない。音声コミュニケーションはおそらく人間のコミュニケーションにとって最古の形式だが、情報技術の観点からはごく部分的にしか光が当てられていない。音声コミュニケーションのうち、極めて書き言葉に近い部分についてはよく理解されているが、第2のチャンネル、つまり、声の調子やしゃべり方によって、話し手や談話、聞き手についての非常に重要で精妙な情報が示される部分については、ほとんど理解されていない。

機械がしゃべる技術が家庭で使われるようになるとしたら、ユーザが期待するのは、機械がふつうの日常的な会話に対応してくれることだろうが、それは検討されていない。音声合成システムに期待できるしゃべり方は、我々の現実のしゃべり方と合致していない。

機械(コンピュータ)が発話をより豊かに表出(あるいは理解)し、話し言葉

をうまく処理できるようにするには、つまり機械を「知的」にするには、機械が人のきもちをうまくモニターするための技術を開発する必要がある。そのためにはテキスト重視からネットワーキング行動重視へパラダイムをシフトさせ、伝達すべき「メッセージの内容」に「スピーキングスタイル」を組み込まねばならない。これは、テキストや発話の解釈に焦点を当てるのではなく、各人が当該の会話にどの程度、どのような形で参加しているかという「参与のステータス」を推論できるような、参与者の「行動」に焦点をあてるということである。そして、機械に人の行動の意味を教え「知的」にするための手がかりは、音声コミュニケーションの第2チャンネルと呼ばれているパラ言語情報にあると言えるだろう。

　アナウンサーがニュースを読み上げる発話とは違って、我々の話し言葉は、しばしば断片的で「乱れている」(ill-formed) とされてきた。そうした話し言葉の「乱れた」特徴は長らく、パフォーマンス上のエラーによるものと考えられてきており、他方、そうした「乱れ」が取り除かれて初めて見えてくる話し手の「言語能力」は、書き言葉でよりよく表示されると考えられていた。だがいまでは、こういう考えは不完全だということがわかってきている。

　話し言葉の中に頻繁に、繰り返し現れる断片的なことばは、実際は、話し手の意図を正しく理解する上で必須の非言語情報の第2のチャンネルを通じさせるのに役立っている。「うん」「ほんま」などの断片的なことばは、それ自体のセグメンタルな発音は単純だが、声質情報や韻律情報を担っており、聞き手が即座に話し手の心的状態を判断するのを可能にする。これらのことばが会話のあちこちに現れていながら耳障りではないのは、これらが"ill-formed" ではなく "informed" で、これらの音声が対話情報を担っているからである。

　ESP コーパスを通じて明らかになったことは他にもあり、総務省の SCOPE プロジェクトや文部科学省の科研プロジェクトといった研究にさらに引き継がれ発展しているが、以下では、これからアイルランドで始めようとしている新しい研究プロジェクト "FastNet" を紹介しよう。

## 5. FastNet

　Fast とは Focus on Actions in Social Talk の略称であり、FastNet は、アイルランド語会話やアイルランド語―英語会話のデータを用いて、これまで日本でおこなったプロジェクト（科学技術振興機構 "Expressive Speech Project"）で得られた知見を一般化し、拡張するためのプロジェクト（2010年～2014年の予定）である。日本語会話について明らかになったことの多くは、日本語話者だけの特異な特徴ではないと筆者は考えており、FastNet プロジェクトを通じてそれを証拠だてたい。つまり、話し言葉において、いま述べた命題内容伝達と社会的ネットワーキング行動という並行的な行動が働く様子をモデル化し、これが人間の対話において普遍的であることを立証すること、そしてまた、これらがどの程度言語固有的・文化固有的なのかを浮かび上がらせることが、このプロジェクトの学問的な目的と言える。

　第3節でも述べたように、この研究プロジェクトにも学問的な目的と並んで技術的な目的がある。それは、公共事業や商売や娯楽のために、従来より親しげでより効果的な話し言葉インタフェースを可能にしてくれる、インタラクティブあるいは会話のスピーキングスタイルに適合した、話し言葉の処理技術を開発することである。この計画が目指すのは、話し言葉のテキスト部分だけでなく、話し手の意図や行動をも含めて、話し言葉を処理する仕組みと方法を開発することであり、それは会話参加型ロボットや、情報提供サービスや、翻訳サービスや、娯楽システムに利用できるものでなければならない。

　ESP プロジェクトでは音声だけを収録したが、FastNet プロジェクトでは音声だけでなく、全方位の高速カメラやモーションキャプチャーも駆使して身体の動きなども含めたマルチモーダルな収録をおこなう予定である。すでに一部の収録データはインターネット上にアップされている（http://www.speech-data.jp）。そこではことばの書き起こしだけでなく、意図や話題の推移などの書き起こしもあり（表3）、誰でも利用できるようになっている。

## 表3 話題の推移などの書き起こしの例

| topic number | topic title | video file counter | | who's mainly talking | who's listening/reacting | mood: heated/quiet |
|---|---|---|---|---|---|---|
| 10 | Manzai | 0:00:00 | Izumi starts talking about how different the said topic "Rakugo" and "Manzai" are. | Izumi | Christina interested and Damien explains his image of Manzai. Nick almost just listening. | interested and heated |
| 20 | "Oubeika" | 0:01:23 | Damien starts picking up from the former topic. | Damien explains the meaning of "Obeika" how it is used. Izumi explains the technique of Manzai that makes the expression "Obeika" effective in Manzai as well as its variation. | Damien actively asks questions and Christina gives her comprehension. Nick seems very interested. | interested and heated |
| 30 | Damien used "Obeika" in kyoto | 0:05:06 | Damien explains what happened in Kyoto. | Damien said "Obeika" on the street. | Everybody seems very interested and laughed a lot. | very funny |
| 40 | to get to know fragement of cultural backgraound | 0:06:44 | Damien draws the topic to general understading. | Damien and Christina | Nick and Izumi mainly listen a bit quietly and later gives their understanding. | a bit quiet |
| | | 0:08:48 | Izumi starts talking about | Izumi explains with the original action | Nick also knows a bit about him. Damien | heated but doesn't last long |

但し、料理、スポーツ、政治など、話題がどうであっても、そこで観察される、話題を進めたり変えたりしていく人間の行動は基本的には同じであると考えており、話題のバリエーションを網羅的にカバーしようといった予定はない。

まだプロジェクトは始まったばかりだが、このようなデータから、いくつかの基本的な考えが確かめられている。いずれの被験者も有意な正の相関を示しているように（表4）、頭部とそれ以外の部分（以下「身体部」）の動きは連動しがちである。

### 表4 会話参加者4人の個々の頭部と身体部の動きの相関係数

| Correlation | P1 | P2 | P3 | P4 |
|---|---|---|---|---|
| head/body | 0.797 | 0.809 | 0.808 | 0.722 |

さらに、同じ会話に参加している被験者どうしの間で、頭部と身体部の動きはシンクロしがちである（表5）。

表5 会話参加者4人の頭部と身体部の動きの相関。特にP1-b4とP1-h2に注目されたい。

| Body | b1 | b2 | b3 | b4 |
|---|---|---|---|---|
| P1 | — | 0.289 | 0.082 | 0.436 |
| P2 | — | — | −0.308 | −0.036 |
| P3 | — | — | — | 0.408 |
| Head | h1 | h2 | h3 | h4 |
| P1 | — | 0.53 | 0.233 | 0.239 |
| P2 | — | — | 0.081 | −0.204 |
| P3 | — | — | — | 0.221 |

　また、4人の会話参加者の頭部と身体部の動きを見ると（図4）、他の時点ではそうではないが、矢印で示した時点では、参加者全員が頭部や身体部を動かし、行動のピーク（activity peaks）を形成している。

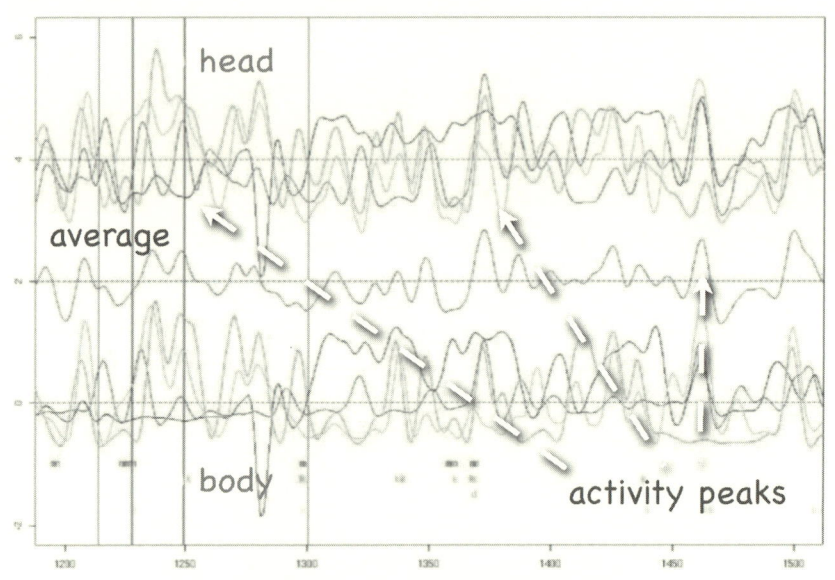

図4　会話参加者の頭部と身体部の動きの変位グラフ

　このような対話インタラクションは、言語処理ではなく、たぶん音声情報処理でもなく、対話処理である。音声コミュニケーションは、命題内容のや

りとりというよりは、社会的なもの、多面的、多次元的なものであり、人々が集まって相互に乗り入れ合い、ルースにシンクロしながら協調して行う「ダンス」のようなものではないだろうか。それを計測可能な身体的動作の観察によって明らかにしたい。

　もちろん、考えなければならないことは多い。どういう側面をコントロールして、ESP プロジェクトと同じような「リアル」なデータをいかに収録し、どんなレベルを観察し、どんな動作のどんな特徴を計測すればよいか、そして、どんなセンサを開発すべきか、ということである。膨大な範囲にわたって会話を記録する必要なしに、話し言葉データの効果的な収録ができるようになる手法を確立させなければならない。そのためには、会話参加者をリラックスさせ、インフォーマルにインタラクトさせ、多様な話し方が自由に出てきやすくするような、捕捉装置（カメラや録音機）と捕捉環境を検討する必要がある。

　このプロジェクトの信号処理に関する成果は、最終的には音声合成の文脈で評価されることになる。つまり、同期間に並行して進められるアイルランドの音声合成プロジェクトと一体となって、機械をインタラクティブな"chatty"なスタイルでしゃべらせることができるかどうかが重要な評価対象となる。

　開発されるプロトタイプのインタフェースは、アイルランド語教育で評価される。しかしそれだけでなく、機械翻訳、ロボット、顧客サービスのような洗練された商業的なアプリケーションの中に組み込まれることもあり得るだろう。いずれにせよ研究は、認識や合成モジュールの開発や改良と手に手を取った形で進めていく必要がある。本プロジェクトに興味を持たれた読者はぜひ連絡してほしい。

謝辞：この研究の多くの部分は日本（京都）で NiCT（（独）情報通信研究機構）と ATR（（株）国際電気通信基礎技術研究所）に研究者として勤務している間におこなわれた。この研究はさらに、ダブリンのトリニティカレッジにおいても、アイルランド SFI と日本の文部科学省の資金援助によって継続されて

いる。優れたプログラムを作ってくれた田畑安希子さん（神戸大学非常勤職員）に感謝したい。なお本章は、神戸大学大学院国際文化学研究科の大学院教育改革支援プログラム「文化情報リテラシーを駆使する専門家の養成」主催の国際ワークショップ「キャラクタの文法と音声文法」（2009 年 12 月 19 日、於京都府立けいはんなホール）における基調講演の内容をまとめたものである。

**参考文献**

キャンベル, ニック　2010「日常会話における気持ちの伝え方」林博司・定延利之（編）『コミュニケーションどうする？　どうなる？』ひつじ書房.

Chapple, Eliot D. 1939. "Quantitative Analysis of the Interaction of Individuals," in *Proceedings of the National Academy of Sciences*, Vol. 25, No. 1, pp. 58–67.

Goffman, Erving. 1961. *Encounters: Two Studies in the Sociology of Interaction*. Indianapolis: Bobbs-Merrill.

Kendon, Adam. 1990. *Conducting Interaction: Patterns of Behavior in Focused Encounters*. Cambridge; New York: Cambridge University Press.

# 音声コミュニケーションに関する研究交流のために

定延利之

## 1. はじめに

　本章では、「分野間の交流はどこまで・どのように可能か」という問題意識をもとに、私たちが日常的におこなっている音声コミュニケーションを対象とする交流を方法論的に概観する。

　分野間（仮に分野A・分野Bとする）の交流には、分野Aの研究者が分野Aを超えて他分野Bを見ることが必要であり、また逆に分野Bの研究者が分野Bを越えて他分野Aを見ることが必要である。これを以下「視野の拡大」と呼ぶことにする。

　分野間の交流には、視野の拡大の他にも必要な作業がある。それは、分野Aの研究者が、分野Aにおける現象記述を、分野Bの研究者に理解できる形に翻訳する作業であり、また逆に分野Bの研究者が自分の分野Bの記述を分野Aの研究者に理解できる形に翻訳する作業である。これを以下「記述の相対化・客観化」と呼ぶことにする。

　以下、「視野の拡大」（第2節）、「記述の相対化・客観化」（第3節）の順に述べ、最後に音声コミュニケーション研究に関する多くの分野にまたがる今後の検討課題として「意味」の問題を挙げる（第4節）。

## 2. 視野の拡大——狭義の「言語」を越えて

　日常の音声コミュニケーションに関する研究では、伝統的に、考察対象がその文字表記、つまりごく狭い意味での言語（以下この意味で「言語」と言う）にかぎられていたということは、よく知られていることである。音声や映像などを再生・処理できるツールの普及とともに状況が変わり、言語への傾斜が減ってきているということも、また同様であろう。

　但し、こうした状況変化は、言語しか扱わない研究の価値を直ちに否定するものではないし、言語に加えて非言語[1]をも扱う研究をそれだけで正当化するものでもない。

### 2.1. マレービアン[2] の数字

　「人が相手を判断する場合、相手の顔や声やことばをそれぞれどの程度手がかりとして重視して判断するか」をマレービアンが実験により数値の形で明らかにした。そこでは、ことばはほとんど重視されず（7%）、むしろ表情（55%）や声の調子（38%）がはるかに重視された」という話を持ち出して非言語の優位性が説かれるということは巷間でよく見られるが、この数字は以下の諸問題があり、無条件で鵜呑みにしないよう注意が必要である。

　第1点は、実験結果の引用に関するものである。マレービアンの実験は「人が他人の感情や好悪を推定する場合」について述べたものである。「感情・好悪を推定する場合」以外の場合、たとえば他人の話の概要（いつ、誰が、どこで、何を、なぜ、どうしたか）を推定する場合については（マレービアン自身が断るように）何も述べていない。

　第2点は、この実験の方法に関するものである。この実験の方法については、結果の信頼性を損なうようなさまざまな問題が指摘されて久しい（たとえばBeattie 1981を参照）。マレービアンの数字を信じるのは、その実験方法を検討してからでも遅くはないだろう。

　第3点は、この実験の理念に関するもので、筆者の考えではおそらく最も

重大なものである。そもそも、ことばや表情、声の調子が矛盾する情報を伝え、それらのうちどれかが信じるに足り、残りが信じるに足りないということが、どれだけあるだろうか。

たとえばAがBにからかわれて「くやしいー！」とくやしがり、Bをポカポカ叩くという状況を考えてみよう。但し、「くやしいー！」と言うAの声は明るく、Bに向けられる表情も笑顔である。さらに、Aの目が少し生気を失い、くもっているとする。

このAの行動に対する（唯一ではないが）1つのありそうな解釈は、これを3つのレベルの行動の複合体をして理解するというものである。相手にからかわれたと怒ってみせる行動が基本レベルで、それは言語（「くやしいー！」）や仕草（相手を叩く）と結びついている。また、基本レベルの行動を行うことで相手と1つの冗談（からかい―からかわれ）を楽しく成立させるというメタレベルの行動は、声の調子（明るい声）と表情（笑顔）に現れている。最後に、そのメタレベルの行動に実はやや疲れているというメタメタレベルの行動は、表情（少し生気を失いくもった目）に現れている。

この解釈によれば、Aの行動は「偽りの言語―本音の非言語」といった単純な二分法ではできあがってはいない。Aの行動は「Bに怒ってみせ（言語と仕草の基本レベル）、それによってBと冗談を楽しく成立させつつ（声の調子と表情のメタレベル）、それにやや疲れている（目のメタメタレベル）」という、3レベルの行動が成立し複合してできあがっている行動である。どのレベルの行動も、偽りとして、無かったことにできるようなものではない。

このような複合的な行動が、実は私たちの日常生活においてさしてめずらしくないとすれば、「言語と声の調子と表情が相反する情報を伝える時に、どれが本当で、受け取り手はどれを信用するか」という問題意識はどれだけ現実的か。むしろ「言語と声の調子と表情（そして仕草など）が、一緒になって何をなすか」という問題意識の方が有益ではないか（定延・松本 1997; 定延 2008）[3]。

以上の3点に示したように、マレービアンの実験結果を根拠として、ことばの劣位性、声の調子や表情の優位性を導くことは、感情や好悪を推定する

場合に限ったとしても説得力に欠けると言わざるを得ない[4]。

## 2. 2. 言語の不十分さ

　日常の音声コミュニケーションを研究する際、言語だけではもちろん限界がある。韻律や視線や仕草といった非言語が、そこで交わされた言語を理解する上でも重要な手がかりとなることは、たとえば Auer (1993) や Goodwin (1995) にも示されているとおりである。だが、言語の不十分さそれ自体に焦点を当てた研究としては、「会話テキストはいかにわからないか」と題された菅原・佐藤・伊藤 (2002) を挙げないわけにはいかない。

　同論文において菅原らは、第三者が 15 年前にビデオ（したがって映像と音声）で記録した 50 分間の日常会話について、文字に書き起こしたテキストを 3 者で読んだ上で、テキストの解釈について討論をおこない、それでもなお解釈できないテキストの部分を特定した上でビデオを観るという方法で、言語以外のどのようなものが、どのように理解を新しくもたらし、あるいはそれまでの理解をさらに深めるかを検討している。

　そこで指摘されているのは、まず、会話参加者たちの身ぶり（指さしなど）、動作（視線・姿勢など）、パラ言語（音調など）といった「非言語行動」が、たとえば、そこで交わされているやりとりが真剣なものなのかそれとも冗談なのかを判断したり、「じゃコマーシャルのじかんに」というテキストがテレビ番組におけるニュースキャスターのセリフを真似たものと判断したりする際に、テキストの理解に貢献するということである。

　音声コミュニケーションの理解を深めてくれるのは、「行動」だけではない。たとえば、テキストの中で「なんだろねー いいねー」などと言及されているものが、その直前に会話参加者 A が B の方を向いて発言したために C の視野に入ってきた、A の後頭部の髪飾りだとビデオで初めてわかる、テキストの「むこう」が参加者の 1 人の背後にある窓を指していることがビデオを観てようやくわかるといった、「資源」（身体・物品）や「環境」さらに「背景知」「社会関係」の重要性も菅原・佐藤・伊藤 (2002) では取り上げられている。

## 2. 3. なお残る限界

　しかしながら、菅原・佐藤・伊藤（2002）でもこれらと併せて論じられているように、音声コミュニケーションの非言語的側面をも含めて観察したところで、音声コミュニケーションのすべてを知ることはできない。

　第1に、非言語的側面には、そもそも観察不可能な部分がある。たとえば、菅原・佐藤・伊藤（2002）が指摘しているように、個人が感じる環境の質（クオリア）や、気温や臭いといった環境特性はビデオからも読み取れない。現場に分析者が居合わせて環境を感じられたとしても、（分析者でなく）会話参加者がどう感じたかは、分析者にはうかがい知れない部分がある。

　第2に、非言語的側面には、上で最後に述べた「背景知」「社会関係」や参加者の生い立ちなど、観察可能ではあってもすべてを知り尽くすことはできない。どれほどの時間を費やしても分析者の知り得ない部分が残って当然であろうし、それらを広く知れば知るほどよいともかぎらない。かぎられた研究時間の中で何に集中すべきかは、研究目的によって当然異なり得るからである。

　さらに、音声コミュニケーションの非言語的側面に目配りすることで、新たな問題も生じ得る。たとえば「観察者のパラドクス」(observer's paradox, Labov 1972)である。被験者を集めやすい収録実験とは「音声を記録するがデータとして使われるのは書き起こした文字だけ」というものであって、「音声を記録してデータは文字・音声」、さらに「音声と映像をビデオで記録してデータは文字・音声・動画映像」になると、素性がバレてしまうと抵抗感を持つ者が多い。音声コミュニケーションをよりよく観察するためにビデオで記録することが、音声コミュニケーションをかえって不自然にするおそれがある。

　以上をまとめると、「音声コミュニケーションの非言語的側面を観察する」ことにはそれ自体の限界と困難さがあると言わざるを得ない。

　「これこれに注意を払わない音声コミュニケーション研究は無価値」として、他の研究を一律に切り捨てようとしたり、多くの先行研究を無かったことにしようとしたりといった論が時折見受けられるが、そのほとんどは暴論

と言ってよい。(「これこれ」の部分には「韻律」「身ぶり」「表情」「文脈」「会話参加者の社会関係」「生い立ち」「時代背景」他、様々なものを入れてみられたい。)

　研究とは所詮、不完全な研究枠組みの中で、不十分なデータをもとにおこなわれるしかないものである。それらの限界と相談しながら研究者は一人一人、限定的な研究目的を設定し、その目的に向かって研究を進める。研究の価値は、こうした「背景知」を抜きにして十把一絡げには論じられない。

## 3. 記述の相対化・客観化

　音声コミュニケーション研究が、自らの現象記述を他分野からわかりやすくしようとする上で、心を砕かねばならないものはやはりその方法論であろう。たとえばChafe (1982)やTannen (1980)のような、言語を中心に展開されてきた伝統的な音声コミュニケーション研究(以下「話しことば論」と仮称する)は、他分野の研究者には必ずしもなじみがない方法論的特徴を少なくとも2点持っているので[5]、説明の必要があるだろう。

　第1点は、収録するデータについてである。話しことば論で収録されるのは、基本的には、コントロールされていない日常生活の音声コミュニケーションである。

　これに対して、音声科学に代表される多くの自然科学的研究では、実験室的環境でコントロールされたものでなければデータとは見なされない。雑音のないスタジオを用意し、そこに被験者として、話し方を完全に意図的に調節できる熟練した役者を連れてきて、どのような気持ちでも発せられる発話(たとえば「リンゴとピーマンとキャベツ」)を、まず楽しげに発してもらい、今度は悲しげに、次は腹立たしそうに発してもらう。それを録音すると、同一話者の楽しげな「リンゴとピーマンとキャベツ」の音声、悲しげな「リンゴとピーマンとキャベツ」の音声、腹立たしげな「リンゴとピーマンとキャベツ」の音声が雑音のない形で得られる。気持ちと韻律の対応は、このようなデータを得て初めて検討できるものであって、これ以外のものでは検討で

きない、というのが「コントロール」を必要とする「感情音声研究」の基本的考え方であり、この考え方にしても、「気持ち」のようなあやふやな概念を導入している点で自然科学的な研究文脈では「革新的」とみなされることもある。「実験室的環境での音声は、実験室的環境での音声でしかない」と述べる Campbell (2000) のように、日常生活の音声コミュニケーションを収録する意義を理解する立場もあるが、あくまで一部にとどまる。

したがって「話しことば論」の研究者は、自然科学的な研究文脈の研究者に対しては、日常生活での音声コミュニケーションそれ自体をデータとすることがなぜ必要なのかを説明する必要がある。

第2点は、母語話者の内省の利用である。会話分析的研究では (Goffman 1981 のような例外を除けば) ふつう、自然環境での実例だけがデータとされ、内省に基づいて研究者が議論のために作りあげる、いわゆる「作例」はデータとされない。また、個々のデータの内容を質的に分析するよりも、大量のデータ(コーパス)の量的な分析が重視される傾向にある。ごく少数であっても現象の本質につながると直観されるデータは尊重し、圧倒的多数のデータが指し示す「法則」を必要に応じて改訂するという考えは (Schegloff 1968。詳細は串田 2006 を参照)、広く一般的なものではない。

たしかに母語話者の内省という方法論に、有効範囲の点でも信頼性の点でも問題があることは、従来から指摘されている通りである (Labov 1975)。

但し、新しい方法論が、全ての面で内省法より優っており、いずれ内省法を駆逐するというわけではない。新しい方法論の中にもしばしば内省は潜んでおり、内省が完全に排除されているわけではない。「データの素材としてどういうものを選ぶか(たとえば会話参加者数や場面をどうするか)」「このデータベースを使ってどういう検索を可能にするか(たとえばイントネーションでの検索を可能にするか。その場合、イントネーションを何種類に、どのように分類するか)」「このデータはどういうものとしてデータベースに登録すればよいか(たとえばこの発話のイントネーションはあの型か、それともこの型か。ラベラー(データを特徴づけてデータベースに登録する作業者)どうして意見が割れているが(珍しいことではない)、どちらの意見を採用する

べきか)」等々、データベース構築のさまざまな作業過程は内省なしには進まない(定延 2007)。

　完全無欠な研究法というものがなく、さまざまな手法の長所と短所を意識しつつ組み合わせて考えていくことが必要であるとすれば (Givón 1995: 21, 定延 2002: 3, 2005a, 2005b: 216, 定延・友定・朱・米田 2007: 21, 伝 2006: 208)、新しい方法論は伝統的な内省法と組み合わさる形で言語記述の実証性を高めてくれるものと言える。

## 4. 非自然的意味から自然的意味へ

　最後に、音声コミュニケーション研究に関する多くの分野にまたがる今後の検討課題として、「意味」の問題を挙げて読者の注意を喚起しておきたい。
　この問題は、グライス (Grice 1957) による意味の二分法 (自然的意味 vs. 非自然的意味) に関わっている。自然的意味とは「君の顔に斑点が出ているということは、君が風疹にかかっているということを意味している」などと言う場合の意味であり、非自然的意味とは「バスのベルが 3 度鳴るのは、そのバスが満員であることを意味している」などと言う場合の意味である。個々の意味がどちらの意味かの判断が常に明確になされるわけではないが、コミュニケーションにおける意味は非自然的意味と考えられている[6]。
　たしかに、コミュニケーションを単なる意図的な情報伝達と考える場合、自然的意味との関わりは見えにくい。だが、たとえば通りすがりの人間から「このあたりに交番はないか」とたずねられて「さー」と言う場合のことを考えてみよう。
　「さー」は、「えーと」「あのー」などと似て、検討中に発せられることばの一種だが、自然会話データや小説・戯曲の観察、母語話者のアンケート、談話完成課題などの調査結果が等しく示しているのは、「さー」は「検討の結果は悪い」という大きな特徴を持っているということである (Sadanobu 2008)。「さー」の後に、悪い検討結果を述べる「さー、ちょっとわかりません」「さー、このあたり交番ないと思いますよ」は自然だが、相手にとって良

い検討結果が出る「さー、交番はあそこです」は不自然である。念のため言っておくが、「さー」を「相手にとって良くない検討結果を告げる際の前触れことば」などと片付けてしまうことはできない。たとえば「さー、うーんどこにあんにゃろねーんー」(ESPプロジェクト　神戸データ)などという発話がおかしくないように、「さー」の後には「うー」「んー」のような検討中のことばがなお続き得る。このことからわかるのは、「さー」は検討中に発せられることばの一種であって、検討結果が出てしまった後の不吉な前触れことばではないということである。

　「さー」と言ううちにも話し手はそのあたりに交番はないかと検討を進めるが、その検討は良い結果を生むものではない。話し手はそのことを知っている。知っていて、ダメもとで検討を進める。その行動の一部が「さー」である。これは、「「さー」と言うことで、自分の検討が良い結果を生まないことを相手に伝える」のとは大きく違う。道を訊かれて「私は今、やっても良い結果を生まない検討をしています。ちょっとわかりません」と答えるのは相手への愚弄でしかないが、「さー、ちょっとわかりません」と答えるのは愚弄ではなく、「さー」があるだけソフトで丁寧な返答という印象さえある。「「さー」は話し手の検討結果が悪いことを意味する」と言うことはできるが、その「意味」とは自然的意味である。

　自然的意味がコミュニケーションに関わることは、視野を拡大して言語だけでなく非言語も射程におさめると、ますます明らかになってくる。私たちの日常的なコミュニケーション行動の想像以上の部分が自然的意味に関わっている。

　当たり前のように話し手の「意図」を論じ、言語や非言語の「機能」を論じることで現象を説明してきたというこれまでのやり方は、目的論的な発話行為観・道具論的な言語観(あるいは非言語観)を前提にしている。だが、顔の斑点に「機能」はなく、風疹にかかる「意図」も通常はない。「機能」「意図」といった非自然的意味の概念発想に流れてしまうことなく、「さー」の自然的意味をどこまでリアルに、話し手が身をまかせる行動の流れの型の一部として記述できるか、今後検討していかねばならない。

## 注

1. ここで言う「非言語」とはパラ言語も含むものとする。
2. 「マレービアン」は「メラビアン」と記されることもあるがここでは訳書に合わせて「マレービアン」としておく。
3. これは Beattie (1981) の趣旨の一部でもある。
4. マレービアンの実験への批判は、第 2.2 節で取り上げる菅原・佐藤・伊藤 (2002: 5, 34) にも見られる。
5. 本文の内容を先取りすることになるが、たとえば Chafe (1992) は会話の言語と同様、内省にも基づくと明言し、内省を必要不可欠なガイドと呼んでいる。
6. グライスの「非自然的意味」は、Strawson (1964) 以降、定義の精緻化が進んでいるが、「自然的意味がコミュニケーションに関わる」というここでの指摘はそれらとは直接関わらない。

## 参考文献

Auer, Peter. 1992. "Introduction: John Gumperz' approach to contextualization," In Auer, Peter, and Di Luzio, Aldo (eds.), *The Contextualization of Language*, Amsterdam; Philadelphia: John Benjamins, pp. 1–37.

Beattie, Geoffrey W. 1981. "Language and nonverbal communication: the essential synthesis?" *Linguistics*, 19, pp. 1166–1183.

Campbell, Nick. 2000. "Databases of emotional speech," *Proceedings of the ISCA Workshop on Speech and Emotion: A Conceptual Framework for Research*, pp. 34–38.

Chafe, Wallace L. 1982. "Integration and involvement in speaking, writing, and oral literature," In Tannen, Deborah (ed.), *Spoken and Written Language: Exploring Orality and Literacy*, Norwood, NJ: ABLEX Publishing Corp., pp. 35–53.

Chafe, Wallace. 1992. "Immediacy and displacement in consciousness and language," In Stein, Dieter (ed.), *Cooperating with Written Texts: The Pragmatics and Comprehension of Written Texts*, Berlin; New York: Mouton de Gruyter, pp. 231–255.

伝康晴 2006「談話データの定量的分析—タグの設計と集計」伝康晴・田中ゆかり(編)『講座社会言語科学 6 方法』，東京：ひつじ書房，pp. 208–228.

Givón, Talmy. 1995. *Functionalism and Grammar*. Amsterdam; Philadelphia: John Benjamins.

Goffman, Erving. 1981. *Forms of Talk*. Philadelphia: University of Pennsylvania Press.

Goodwin, Charles. 1995. "Sentence construction within interaction," In Quasthoff, Uta M. (ed.), *Aspects of Oral Communication*, Berlin; New York: W. de Gruyter, pp. 198–219.

Grice, Paul. 1957. "Meaning," *Philosophical Review*, 66, pp. 377–388.

木村大治 2003『共在感覚—アフリカの二つの社会における言語的相互行為から』．京都：京都大学学術出版会．

串田秀也 2006「会話分析の方法と論理」伝康晴・田中ゆかり(編)『講座社会言語科学 6 方

法』,東京：ひつじ書房, pp. 188–206.
Labov, William. 1972. *Language in the Inner City: Studies in the Black English Vernacular*. Philadelphia: University of Pennsylvania Press.
Labov, William. 1975. "Empirical foundations of linguistic theory," In Austerlitz, Robert (ed.), *The Scope of American Linguistics*, Lisse: The Peter de Ridder Press, pp. 77–133.
Mehrabian, Albert. 1971. *Silent Messages: Implicit Communication of Emotions and Attitudes* [2nd ed.], Belmont, Calif.: Wadsworth Pub. Co.［A・マレービアン（1981 著）・西田司他（1986 訳）『非言語コミュニケーション』．東京：聖文社.］
定延利之（編）2002『「うん」と「そう」の言語学』．東京：ひつじ書房.
定延利之 2005a「日本語のイントネーションとアクセントの関係の多様性」『日本語科学』，第 17 号，国立国語研究所, pp. 5–25.
定延利之 2005b『ささやく恋人、りきむレポーター―口の中の文化―』．東京：岩波書店.
定延利之 2007「日本言語学会第 134 回大会公開シンポジウム「大規模コーパス研究の方法―言語学の新しいスタンダードの構築に向けて―」コメント」(麗澤大学)
定延利之・友定賢治・朱春躍・米田信子 2007「レキシカルな韻律とフレーザルな韻律の関係」定延利之・中川正之（編）『音声文法の対照』, 東京：くろしお出版, pp. 15–53.
Sadanobu, Toshiyuki. 2008. "Two ways of reacting politely to an unattainable request in Japanese," presented at *4th International Symposium on Politeness*, Research Institute for Linguistics, Hungarian Academy of Science (Budapest, Hungary)
定延利之 2008「空気すすりの日中対照に向けて」李慶祥（主編）・魏暁艶・張韶岩（副主編）『中日非言語交際研究』, 北京：外語教学与研究出版社, pp. 215–234.
定延利之・松本恵美子 1997「アイロニーとコミュニケーション・チャネル」谷泰（編）『コミュニケーションの自然誌』, 東京：新曜社, pp. 295–330.
Schegloff, Emanuel A. 1968. "Sequencing in conversational openings," *American Anthropologist*, 70, pp. 1075–1095.
Strawson, Peter F. 1964. "Intention and convention in speech acts," *Philosophical Review*, 73, pp. 439–460.
菅原和孝・佐藤知久・伊藤詞子 2002「会話テキストはいかにわからないか―相互行為への投錨―」菅原和孝（研究代表者）『相互行為の民族誌的記述―社会的文脈・認知過程・規則』（平成 11 年度～平成 13 年度科学研究費補助金（基盤研究（B）(1)）研究成果報告書), pp. 5–36.
Tannen, Deborah 1980. "Spoken/written language and the oral/literate continuum," *Proceedings of the sixth annual meeting of the Berkeley Linguistics Society*, University of California, Berkeley, pp. 207–218.

# 人物像に応じた個人内音声バリエーション

モクタリ明子・ニック＝キャンベル

## 1. はじめに

　我々は日々の生活において意識的であれ無意識的であれ様々な声質を使い分けている。このような自然発話に見られる声のバラエティの豊かさは、実験室でマイクの前に座って、あらかじめ用意されたスクリプトをプロのアナウンサーや俳優が意識的に声を変化させて読み上げるものとは全く異なっている。近年、多くの大規模音声コーパスが構築され、我々が日々行っているコミュニケーションの観察や、音声認識技術の開発・向上、そして高齢者や難聴者のコミュニケーション支援など、幅広い分野において様々な目的をもって活用されている。しかし、そのほとんどが講演音声あるいは課題志向の「模擬対話」を録音したものであり、それらが依然として実際の日常コミュニケーションと異なったものであることは否めない。このような問題を解決すべく、実験室を出て可能な限り自然な環境で行われた自発的な発話を収録したのが ESP (Expressive Speech Project) コーパスである。

　ESP コーパスは筆者の 1 人であるニック・キャンベルをプロジェクトリーダーとして、2000 年から 2005 年までの 5 年間に渡り、自然発話を収録した大規模自然発話音声コーパスである。録音総時間数は 1500 時間に達し、その全てが文字化されている。また全ての発話が一般の話者による、課題なしの自然発話である。信号処理を加えなくても、長時間に渡る様々な場面における発話を収録することによって、あらゆる声のバラエティをカバーするこ

とができるという考えがプロジェクトの背景となっている(キャンベル2004他)。なお、ESPコーパスについての詳細は、本書所収の「マルチモーダルな会話データの収集と処理」にも記述されている。

ESPコーパスの構築は研究者に日常会話に極めて近い自然発話の分析を可能にしたばかりでなく、コミュニケーション支援という観点からも有益であった(Iida 2002)。具体的には、筋萎縮性側索硬化症[1]に侵された患者が人工呼吸器を設置するために声帯を切除した後も、あらかじめ収録しておいた自らの声をハードディスクに保存し、発話したい言語内容をコンピュータにタイプすることによって、本人の声による会話を続けることができた。患者本人そして家族にとって、機械で加工されたものではなく「自分の声で話す」ということは、大変重要な意味を持っていたという。

上述したようなコミュニケーション支援のための基礎技術の開発、或いは非日本語母語話者への日本語教育など目的が異なっていたとしても、日本語の音声コミュニケーションを分析する際に不可欠なのが発話様式を分類するためのパラメータの設置である。パラメータには話者の「性別」やどこで・誰と行った会話かを表す「発話環境」のように客観的な判断が可能なものから、「感情」・「態度」のように話者の心的状態を考慮に入れ判断する必要のあるものなどがある。後者の「感情」・「態度」に応じた発話様式の使い分けに関しては、古くから多くの研究がなされてきた(例えばFairbanks & Pronovost 1939、Sherer 1986、Murray & Arnott 1993、Cowie 2001)。

## 2. 目的

ここまで述べてきたように、我々が日々の生活の中で耳にする音声コミュニケーションがあらゆる声のバラエティに富んでいることに疑いの余地はないが、キャンベル(2004)はESPコーパスの分析を通して実際の日常会話の中には感情が明確に現れている発話、すなわち感情情報を伝えることを目的として発せられた発話はコーパス全体の1割以下であったことを指摘している。確かに日常における社会的なインタラクションの中で喜怒哀楽、特に怒

りや悲しみといった感情があからさまに込められている発話を頻繁に耳にする人は少ないかもしれない。その一方で、別人による発話だとしか思えないほどの1話者の声の移行に遭遇することがある。受話器を手にした途端に一瞬誰の声だか分からなくなるほどに、突如声が変動する人は、身のまわりに複数存在しているように思われる。また、恐らく多くの人が「このドスの聞いた声で吐き捨てるように話している女性は、さっきまで猫なで声で甘えるように話していたあの人と本当に同じ人物なのだろうか」と思わず自分の耳を疑ってしまうような経験をしたことがあるだろう。このような複数の異なった人物像と結び付いた、1話者内の音声バリエーションを一体どのように説明したらよいだろう。

　定延（2006）では、「人格の交替」というには大げさ過ぎるが、「態度の切り替え」などではすまされない、話し手の移行を「キャラクタの変化」とし、次のように説明している。

　　（このように）実際には私たちが場面や相手に応じて多かれ少なかれ変えているにもかかわらず、「場面や相手によって変わらず、ちょうど身体のように安定していて、1人に1つしかない」と見なされているもの。それが見なしにすぎず、実際には1人の中でもいろいろ変わっていることが露になると、私たちがショックを受けるもの。これを態度やスタイル、人格や身体と区別して、仮に「キャラクタ」、適宜略して「キャラ」と呼んでおこう。（定延 2006: 118）

　そう言われてみると、日常のコミュニケーションを通して我々は話し手の「キャラの変化」を直感的に判断する場面に度々遭遇しているように思う。「キャラ」に応じた個人内の声の変動が感情・態度などと同様に日々のコミュニケーションの中で起こっているならば、それを発話様式を分類する際のパラメータに設置することは有益であろう。
　そのような理由から、本章では複数の異なった人物像と結びついた個人内音声バリエーションを説明するのに定延（2006）の「キャラ」という概念を適

用し、それらを実験的に示すことを目的とする。

## 3. 方法

　定延（2006）は、変化のしやすさという観点から、キャラクタを態度・スタイルと人格の間に位置するものと捉えている。感情音声の研究においては、「感情」を短期的に変化するもの、「モード」を比較的長時間持続するものと区別することがある（Murray & Arrnott 1993）。そこで本章では「キャラクタ」を、個人内音声バリエーションを説明する「感情」「態度」或いは「モード」といった従来の概念と、通常変化し得ない人格との間に位置づけることにする。したがってキャラクタに応じた声のバリエーションを示すには、1話者内における声のバリエーションであるにもかかわらず、「感情」や「態度」の違いでは捉えきれないもの、すなわち「同じ話者がここまで声を変えることはないだろう」という印象を与えるほど大きく声質が移行している具体例を、同一話者による自然発話の中から見つけ出す必要がある。そこで次の方法による実験を計画した。

　まず、実験を「分類実験」と「アンケート調査」の2つの部分から構成されるよう計画した。分類実験で、様々な個人内バリエーションを含む発話音声を実験参加者に聞かせ、話者ごとに分類するという課題を提示した。同一話者による発話であると判断した音声をグルーピングすることによって、逆に実際には同一話者の発話であるにもかかわらず別人のものと間違われる発話音声を見つけることができると考えたのである。

　分類実験を通して、同一話者によるものであるにもかかわらず別人と知覚された場合、その発話音声が帰属するとされたグループそれぞれについて、発話音声からどのような人物像が想定されるのかを問うアンケート調査を行った。アンケート調査を行うことによって、実際に実験参加者が同一話者の声から異なる人物像を想定しているのかどうかが明確になると考えた。

## 4. 分類実験

### 4.1. 刺激音

刺激音は ESP コーパスのサブセット[2]である ESP_C コーパスから選定した。ESP_C コーパスは、10 人の話者が週 1 回 30 分ずつ、10 回に渡って行った電話対話を収録したものである。このコーパスの特徴は、各話者の対話相手に応じた、或いは録音回数を重ねるごとに変化する話者間の距離に応じた発話様式の変化を豊富に備えている点である。その中から、ここでは女性話者 1 名（JFA とする）によるデータを刺激音として用いた。

言語内容は 30 時間の JFA 全収録データのうち、使用頻度が高かった発話から「はい」を選定した。キャンベルは、5 年間に渡って収集した ESP コーパスの分析から、自然発話音声を 2 種類に大別することができるとしている（キャンベル 2004）。1 つは感性的情報（affection）を示す A 型発話と呼ばれる、感情や態度情報を示すために発せられる発話であり、聞き手に理解されるためには韻律や声質情報が必須であるとしている。もう 1 つは、言語的情報（information）を重視した I 型発話と呼ばれるもので、この種類の発話は文字情報だけで十分に話者の発話内容・意図の理解が可能なものとしている。A 型発話・I 型発話はオーバーラップすることもあるが、A 型発話は使用頻度が高く何度も繰り返し現れる短発話であり、I 型発話は繰り返し現れることが少ない説明文的な長発話であることが多いとしている。そして A 型発話は、様々な韻律・声質で発話されるため、同じ言語内容の発話が話者の異なった感情や態度を示すことがあることを指摘している。本実験では、豊かな音声バラエティを抽出することを目的としているため、使用頻度が高く、繰り返し出現する A 型発話に相当するものを刺激音として抽出することにした。

JFA の全データから、「はい」という発話は合計 669 個観察された。その中から筆者（日本語母語話者であるモクタリ）の聴覚印象により声質が明確に異なるものを 3 種類・各 10 個ずつ、合計 30 個の刺激音を選定した。話者の

詳細と選定した刺激音について以下の表 1・図 1 にまとめた。

表 1　話者の詳細

| 話者 | 性別 | 年齢 | 出身地 | 職業 |
|---|---|---|---|---|
| JFA | 女性 | 30 代 | 名古屋 | 主婦 |

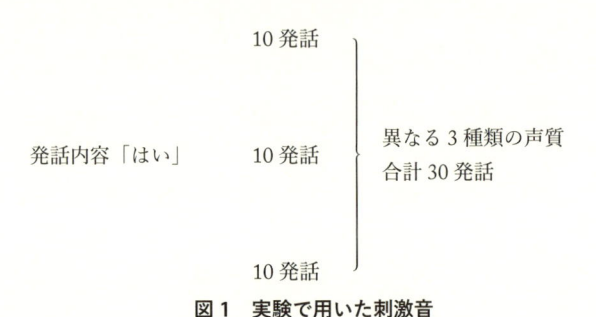

発話内容「はい」　10 発話　　10 発話　　10 発話　｝異なる 3 種類の声質　合計 30 発話

図 1　実験で用いた刺激音

## 4. 2. 実験参加者

　実験に参加したのは話者と面識がなく、声も聞いたことのない 18 歳から 19 歳までの日本人大学生 10 人（男性 3 人、女性 7 人）であった。

## 4. 3. 手続き

　実験は tcl/tk プログラミング言語で書かれた mover というソフトウェアを用いて行われた。mover 初期状態の画面には、刺激音に対応した 30 個のサークルが斜め一直線に配列されている。刺激音はランダムに配列されており、画面上の一直線には何の意味もない。この斜め一直線のサークルに加え、BOX1、BOX2、BOX3 とラベル付けされた 3 つの箱も画面上に配列されている（図 2 左図）。各サークルをクリックすると刺激音を聞くことができ、さらにそのサークルをドラッグして自由に移動させることができる。実験参加者は各サークルをクリックしながら刺激音を聞き、話者ごとに 3 つの箱に振り分けるよう指示された。参加者には刺激音の話者が 1 人であることは伝えられなかった。また参加者は、各々の箱に分類すべき刺激音の数は決まっておらず、あくまでも直感に基づいて分類するよう指示された。刺激音は何回

でも繰り返して聞くことができた。時間制限は設けず、30個全ての刺激音を分類し終わった時点で実験を終了した。なお、録音環境に関する情報は伝えられなかった。

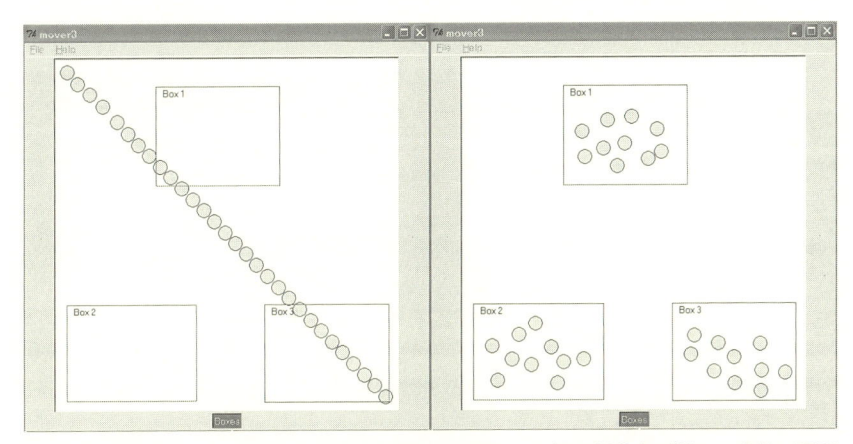

**図2 実験時の mover 画面** 左図が初期状態の画面。30個の刺激音が斜め一直線に配列されており、また BOX1～3 とラベル付けされた3つの箱も配列されている。右図が分類実験終了後の画面。参加者は刺激音を聞き比べながら分類作業を行うことができた。また、一度いずれかの箱に入れた刺激音を他の箱に移動させるなどの変更も問題なく行うことができた。

## 4. 4. 分類結果

実験参加者は自由に30個の刺激音を話者ごとに分類するよう指示されたにもかかわらず、全員の分類結果からは高い一致がみられた。

まず10人の分類結果を、筆者の分類予想と比較したものを示す（表2）。BOX2において若干のばらつきがみられるものの、期待された刺激音の分類と非常に近い結果が得られたことが分かる。（もちろん、或る被験者にとっての「BOX1」が別の被験者にとっても「BOX2」「BOX3」ではなくやはり同じ番号の「BOX1」だという保証はない。箱番号は適当に被験者間で揃えてある。表2の説明も含めて、以下ではこの箱番号の揃えを前提として論じられていることに注意されたい。）参加者間の分類結果の一致度は、Kappa[3]によって統計的に示すことができた。全体の分類結果からは almost perfect agreement が得られた（$Kappa$ = 0.887）。

**表 2　実験の分類結果**

参加者 10 人(P1–P10)の分類結果。BOX1 の表（左上）は、BOX1 に分類されることが期待された刺激音が 10 人の参加者によっていかに分類されたかを示している。例えば P1 は BOX1 に分類されることが期待された刺激音 10 個を全て BOX1 に分類している。左下は BOX2 に分類されることが期待された刺激音を、右下は BOX3 に分類されることが期待された刺激音を参加者がどの BOX に分類したかを示している。

**BOX1**

|     | BOX1 | BOX2 | BOX3 |
| --- | --- | --- | --- |
| P1  | 10 | 0 | 0 |
| P2  | 10 | 0 | 0 |
| P3  | 10 | 0 | 0 |
| P4  | 10 | 0 | 0 |
| P5  | 5  | 5 | 0 |
| P6  | 10 | 0 | 0 |
| P7  | 10 | 0 | 0 |
| P8  | 10 | 0 | 0 |
| P9  | 9  | 1 | 0 |
| P10 | 10 | 0 | 0 |

**BOX2**

|     | BOX1 | BOX2 | BOX3 |
| --- | --- | --- | --- |
| P1  | 3 | 7 | 0 |
| P2  | 0 | 9 | 1 |
| P3  | 1 | 8 | 1 |
| P4  | 6 | 4 | 0 |
| P5  | 0 | 9 | 1 |
| P6  | 2 | 6 | 2 |
| P7  | 1 | 8 | 1 |
| P8  | 0 | 8 | 2 |
| P9  | 2 | 7 | 1 |
| P10 | 0 | 9 | 1 |

**BOX3**

|     | BOX1 | BOX2 | BOX3 |
| --- | --- | --- | --- |
| P1  | 1 | 0 | 9 |
| P2  | 0 | 1 | 9 |
| P3  | 0 | 1 | 9 |
| P4  | 0 | 0 | 10 |
| P5  | 0 | 1 | 9 |
| P6  | 0 | 0 | 10 |
| P7  | 0 | 0 | 10 |
| P8  | 1 | 1 | 8 |
| P9  | 0 | 2 | 8 |
| P10 | 2 | 0 | 8 |

## 5. アンケート調査
### 5. 1. アンケート項目と回答方法

　分類実験に参加した 10 人は、自らが 3 つの BOX に振り分けた刺激音を聞き、そこから想定される話者の人物像についてのアンケートに答えるよう指示された。

　アンケートは、話者の年齢・職業を問う 2 項目と、話者の性格を問う 12 項目、そして話者に好感を持ったかどうかを問う 1 項目の、合計 15 項目から成り立っている。まず 1 つ目の項目である年齢については、5 つのグループ（15 ― 25 歳、26 ― 35 歳、36 ― 49 歳、50 代、60 代以上）の中から適切なものを選ぶという選択問題である。同様に、職業についてもその他を含む 6 つのグループ（学生、独身／OL、主婦／OL、主婦／子供なし、主婦／子供あり、その他）から適切なもの 1 つを選択するものである。話者の性格を問う 12 項目のうち 5 項目については、心理学におけるパーソナリティ研究で広く用いられている Big Five 尺度を用いた。Big Five は、外向性（extraversion）、情緒不安定性（neuroticism）、経験への開放（openness to experience）、勤勉性（conscientiousness）、協調性（agreeableness）の 5 つの性格特性から構成される尺度である。これら性格特性 5 因子は、カバーする領域が広い上、安定した特性を示すことで知られている。そのため、声と話者のパーソナリティの関係や話者の印象評価に関する多くの研究（e.g. 内田 2000、Teshigawara 2003、籠宮 et al. 2007）でこの性格特性 5 因子モデルが尺度として用いられている。内田（2000）、籠宮 et al.（2007）などでは、安定性を得るためそれぞれの因子につき 2 つ以上の項目を設けているが、Teshigawara（2003）ではそれぞれの因子につき 1 項目のみで、安定した結果を得ることに成功している。本実験では、分類実験を行った参加者が、引き続きアンケートに回答する必要があった。そこで参加者にかかる負荷を軽減するために、Teshigawara（2003）に倣い、各因子につき 1 項目のみ、合計 5 項目（社交的な、穏やかな、好奇心旺盛な、まじめな、思いやりのある）を設問として提示することにした。こ

れらに加え、7項目(噂好き、知的な、さばさばしている、八方美人、見た目が良い、おしゃれ、ぶりっ子)を追加した[4]。また話者に対して好感を持ったかどうかについて問う項目、さらに参加者が思い浮かべた視覚的なイメージを引き出すために、刺激音から具体的にアニメのキャラクタおよび有名人を想像できる場合は、それを記述する欄を付け加えた。

　年齢・職業については提示された選択肢の中から最も適切なものを1つ選択する、そして性格に関する12項目および好感度を問う1項目については「非常に当てはまるから」から「全く当てはまらない」までの7段階で評価するというものである。アンケートは、分類実験に引き続いて実施された。参加者は自らが分類したBOX1、BOX2、BOX3の刺激音について、各々の箱から想定できる話者像に関して上記のアンケート項目に答えるというものである。なお、参加者は必要に応じて何度でも刺激音を聞くことが可能であった。

## 5.2. 回答

　アンケートの回答より、項目1の年齢については各箱の刺激音がそれぞれ異なった年齢層の話者に分類されていることが分かった(図3)。例えばBOX1に分類された刺激音は比較的高い年齢の話者に帰属されていた。とりわけほとんどの参加者がBOX1の刺激音を聞き、50代および60代以上の話者を想定していたことが注目される。一方、BOX3に分類された刺激音は、10人の参加者のうち1人が50代を選択していたが、残りの9人は15歳から25歳の若い話者を想定していた。BOX2の刺激音は、BOX1とBOX3の中間に位置する年齢層の話者に帰属されていた。

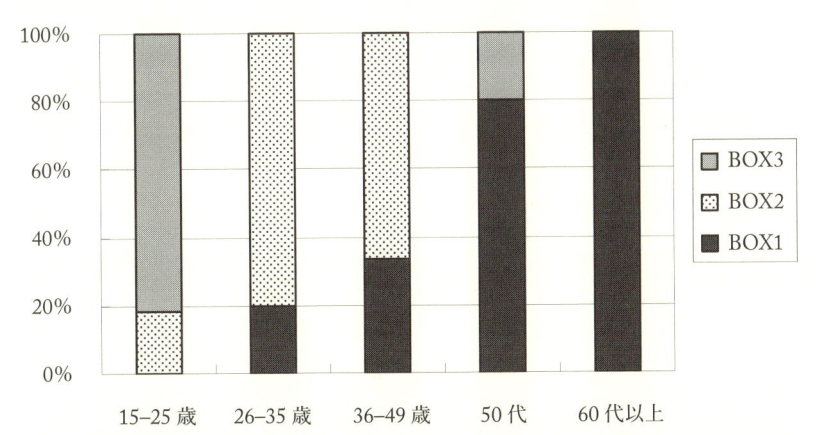

図3 実験参加者が知覚した話者の年齢　1人の話者から集められた発話音声が様々な年齢層の話者に帰属されている。BOX1に分類された刺激音からは年齢層の高い話者が、BOX3に分類された刺激音からは年齢層の低い話者が、そしてBOX2に分類された刺激音からはその中間にあたる年齢層の話者が、多くの参加者によって選択されていることが分かる。

項目2の職業に関しては、項目1と連動した結果が得られた（表3）。すなわち年齢層の高い話者に帰属されたBOX1に分類された刺激音には、半数以上の参加者によって「主婦・子供あり」が選択された。一方BOX3に分類された刺激音には、半数以上の参加者によって「学生」が選択された。BOX2に分類された刺激音からは、参加者間で一致した傾向はみられなかった。

表3　実験参加者が知覚した話者の職業

|  | BOX1 | BOX2 | BOX3 |
|---|---|---|---|
| 学生 | 0 | 2 | 7 |
| 独身／OL | 1 | 3 | 2 |
| 主婦／OL | 0 | 2 | 0 |
| 専業主婦／子供なし | 0 | 2 | 0 |
| 専業主婦／子供あり | 7 | 1 | 1 |
| その他 | 2 | 0 | 0 |

次に、性格に関する12項目に、話者に対する好感度を問う1項目を加えたものに対する回答を、図4に示す。13項項目のうち、3つの箱間で顕著な

差が観察されたのは「穏やかな」「さばさばしている」の2項目のみであった。また3つの箱のうち、ある1つの箱について他の2つの箱とは異なった評価がされていたものには「社交的な」「好感のもてる」「思いやりのある」「好奇心旺盛な」「見た目のよい」「おしゃれな」「ぶりっ子な」があったが、「ぶりっ子な」を除いては箱間における評価の差異は1スケール前後に留まっていた。しかし、全ての項目に関して各箱のグラフの動きは有意な異なりをみせていることが示された ($p<0.001$)。

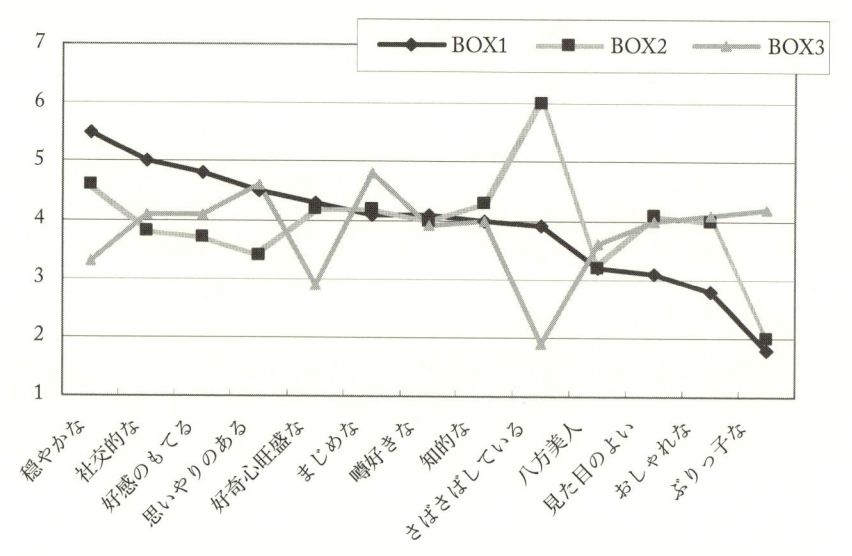

**図4** 実験参加者が知覚した話者の人物像 「穏やかな」、「さばさばしている」について、各箱における評価が大きく異なっていることが分かる。また、「社交的な」「好感のもてる」「思いやりのある」「好奇心旺盛な」「見た目のよい」「おしゃれな」「ぶりっ子な」については、ある1つの箱が他の2つの箱とは異なった評価がされている。3つの分類に対する評価は、13項目全てに関して統計的に有意な差か観察された（カテゴリー：項目 $p < 0.001$）。

アンケートの最後の項目「刺激音から想像できるアニメのキャラクタおよび有名人」についての回答を表4に示す。この項目に対する回答は自由記述であったため、同一のアニメのキャラクタ名もしくは有名人名をあげた回答者はごくわずかであった。しかし同じ話者の声が、容姿、性格特徴、いくつ

かの回答からは性別や国籍をも超えた明確に異なる3つのアニメキャラクタもしくは有名人のイメージに帰属されていることも示された。

**表4 刺激音から想像したアニメのキャラクタおよび有名人**

|  | BOX1 | BOX2 | BOX3 |
|---|---|---|---|
| P1 | フネ<br>（アニメ「サザエさん」） | 特になし | ウキエ<br>（アニメ「サザエさん」） |
| P2 | ぜにーば<br>（アニメ「千と千尋の神隠し」） | 天海祐希<br>（女優） | 山口もえ（タレント） |
| P3 | 魔女系の登場人物<br>（「ディズニーの映画」） | 柴田理恵<br>（コメディアン・女優・タレント） | さとう珠緒<br>（女優・タレント） |
| P4 | おばあさん<br>（ジブリアニメ） | 世の中の母親 | 主人公の同級生の女の子<br>（ジブリアニメ） |
| P5 | ワンガリ・マータイ<br>（2004年度ノーベル平和賞受賞者） | 鈴木紗理奈<br>（女優・タレント） | 酒井若菜<br>（女優・アイドル） |
| P6 | 泉ピン子<br>（女優） | みぎわさん<br>（アニメ「ちびまるこちゃん」） | 竹内結子<br>（女優） |
| P7 | おばあさん<br>（アニメ「赤ずきんちゃん」） | 天海祐希（女優） | 山瀬まみ<br>（タレント） |
| P8 | 世の中のおばあさん<br>世の中の母親 | 坂上さん<br>（アニメ「NANA」） | リカちゃん<br>（着せ替え人形キャラクター） |
| P9 | スナフキン<br>（アニメ「ムーミン・シリーズ」） | 浅野ゆう子<br>（女優・歌手） | 田中美保<br>（モデル） |
| P10 | しんちゃんの家の隣のおばさん<br>（アニメ「クレヨンしんちゃん」） | ナガサワくん<br>（アニメ「ちびまるこちゃん」） | たまちゃん<br>（アニメ「ちびまるこちゃん」） |

例えば参加者 P1 の回答は、BOX1 の刺激音からはアニメ「サザエさん」に登場する落ち着いた老婦人「フネ」を思い浮かべているが、BOX3 の刺激音からは同じく「サザエさん」に登場する溌剌とした若い女性である「ウキエ」を思い浮かべている。その他、いずれの回答を見ても、それぞれの BOX の刺激音に全くイメージの異なる 3 種類のアニメキャラクタおよび有名人をあげていることが分かる。

## 6. 考察

本実験では、1 人の話者から集めた 30 発話が、10 人の実験参加者により様々な年齢・職業・性格の人物像に帰属された。このことから、実際の音声コミュニケーションにおける、異なった人物像が想定されるような個人内音声バリエーションの存在、すなわちキャラクタに応じた個人内音声バリエーションの存在を実験的に示すことに成功したと言えるだろう。分類実験およびアンケート終了後に行った参加者へのフォローアップインタビューより、全ての参加者が「話者が 3 人いる」ことに対して、全く疑いを持っていなかったことが判明した。実際には話者が 1 人であることに気がついた参加者は皆無であった。むしろ話者が 1 人であったことを信じられないという反応が多数であった。このような自然発話における 1 話者の声の変異を用いた実験結果観察から、発話様式を分類する際に「キャラクタ」というパラメータを設けることが有益であると考えられる。

人間が話者識別を効率的に行う能力については、特にコンピュータによる音声認識システムを開発する音声工学の分野において広く知られている (Atal 1972)。例えば Kitamura & Mokhtari (2006) では、未知話者によって発話された 2 種類の 20 モーラ前後の文（「あらゆる現実を全て自分の方にねじまげたのだった」、「一週間ばかりニューヨークを取材した」）と 2 種類の母音のみ (/a/, /i/) を刺激音として用いた話者識別実験を行った結果、前者だけでなく後者の場合にも高い正答率が得られたことが報告されている。音声工学の分野における研究は、人間が話者識別を行う際に手掛りにしている音響的

特徴を明らかにすることによって、コンピュータによる音声認識システムの性能を高めることが主要な目的となっている(早川・板倉 1995、橋本 *et al.* 1998)。したがって、話者識別にどの音響的特徴がどの程度関与しているかを明らかにできるよう、実験に用いられる刺激音は、あらかじめ用意されたテキストが発話され、録音は雑音の入らない実験室環境で行われるのが一般的である。また聴取実験の手法も、すでに知っている話者の声を聞き、その話者が誰であるかをリストの中から答えるネーミング法、提示された2つの連続した刺激音が同じ話者による発話か否かを答える一対比較法、異なる話者によって発せられた2つの刺激音A、Bを聞いた後、3つ目の刺激音Xを聞き、XがA、Bいずれの話者によって発話されたものかを答えるABX法など、話者比較がしやすい条件のもとに行われるものが主である。しかし実験方法などの相違を差し引いても、母音1つで話者を正確に識別できるという結果と、1話者から集めた2モーラの発話音声「はい」が異なった3人の話者に帰属された本実験の結果は、興味深い対照をなしている。このことは、現実の音声コミュニケーションにおける音声バリエーションがいかに豊富であるかを示していると言えるだろう。特に話者の「年齢」は比較的正確に想定することができるとされているが(Laver & Trudgill 1979)、本実験で1人の話者の発話音声が、10代後半から60代以上という年齢幅のある話者像に帰属されたことは注目に値する。

　解決すべき課題としては、アンケート調査を行う際に統計処理が可能であり、なおかつ参加者が思い描いた多面的で厚みのある人物像を引き出せるような項目の作成があげられる。口頭による調査や自由記述式のアンケート調査、或いは本実験終了後に参加者に対して行ったフォローアップインタビューにおいてよく示されていた人物像の豊かなイメージが、今回の項目別、選択・段階式で評価する回答方法では抑制されてしまったことは否めない。5.2節図4が示すように、性格に関する全項目に対して各箱のグラフの動きは有意な差を示すものであった。しかし口頭による調査で得た回答から筆者が期待していたにもかかわらず明確な差が観察されなかった項目があったり、評価が7段階のうち4(どちらともいえない)や3(どちらかといえばあてはま

らない)に集中する項目が多く見られたりするなど、参加者がいくつかの項目に関しての判断を下すのが困難であったことがうかがわれた。

本実験で行ったアンケート調査では、口頭による調査・自由記述で得られた似通った表現を筆者が1つの表現に集約する必要があった。その際に、回答者が思い描いたイメージをうまく含意できなかった可能性がある。例えば、自由記述で得られた「あほそう」「勉強できなさそう」などを集約して「知的な」という項目を設けたが、「あほそう」と「知的度が低い」とは必ずしも一致するものではない。また、自由記述で同じ刺激音に対して「あほそう」と並べてあげられた「ちゃらちゃらしている」や「ギャルっぽい」などといった他の特徴とは切り離した上で、「知的な」という項目を設けたことにも問題があったように思われる。

さらに本研究が日常会話音声から切り出した発話を刺激音として用いたため、アニメや映画から切り出した発話音声や演技による発話音声と比較して、ある1つの属性が際立つことが少なかったとも考えられる。例えば、アニメから切り出した発話音声からは「勇敢な」や「誠実な」のような話者(登場人物)のある1つの属性が際立つことは多々あるだろう。しかし日常会話においては、そのようにある1つの属性だけが際立つようなケースはそれほど頻繁にあるとは考えられない。またそれと同時に、日常会話から切り出した発話音声であったからこそ、参加者が自らの経験に照らし合わせてリアルな人物像、つまりたった1つの属性から成り立っているのではなく、外見的特徴や生活様式なども含めた多面的なイメージによって構成されている人物像を思い描くことができたのではないだろうか。したがって、口頭による調査・自由記述で得られた回答をある1つの形容詞に集約することでは、参加者が思い描いた豊かな人物像を的確に表現することができない、或いは極端な場合、全く別の属性として参加者に提示してしまった可能性も否定できない。そのような理由から、参加者の人物像に対する主観的な印象評価を反映できる、客観的な指標を設けることが必要であると思われる。

付記:本研究は日本学術振興会の科学研究費助成金による基盤研究(A)「日本語・英語・中

国語の対照に基づく、日本語の音声言語の教育に役立つ基礎資料の作成」（課題番号；16202006、研究代表者：定延利之）、基盤研究（A）「人物像に応じた音声文法」（課題番号：19202031、研究代表者：定延利之）、科学技術振興機構（JST）による戦略的想像研究推進事業（CREST）「表情豊かな発話音声のコンピュータ処理システム」（研究代表者：ニック・キャンベル）の成果の一部である。

**注**

1　全身の筋肉が除々に萎縮し、病気の進行に従って手足を動かせなくなるばかりでなく、話す・食べる・呼吸をすることさえもできなくなる難病。
2　ESPコーパスは、1人の女性話者による発話を5年間に渡って収録したESP_Fコーパス、本実験で用いたESP_Cコーパスをはじめ種類の異なる4つのサブセットから成り立っている。なお本章で「ESP_Cコーパス」と呼んでいるサブセットは、本書所収「マルチモーダルな会話データの収集と処理」の中で「電話対話データ」と呼ばれているものと同じである。
3　Kappa statistics（k統計量）は、カテゴリーなどの名義尺度での一致性の指標を示す。Kappa（Kappa value）と一致の度合い（Degree of agreement）は下の表を参照。

| Kappa value | Degree of agreement |
|---|---|
| <0 | Poor |
| 0–0.2 | Slight |
| 0.2–0.4 | Fair |
| 0.4–0.6 | Moderate |
| 0.6–0.8 | Substantial |
| 0.8–1 | Almost perfect |

4　Big Five以外の性格に関する項目は、本実験の準備実験における異なる実験参加者に対して行った口頭による調査、及び本実験に先行するかたちで行った実験（中川・澤田2007）における自由記述式のアンケート調査の回答から筆者が作成した。

**参考文献**

Atal, B.S. 1972 "Automatic speaker recognition based on pitch contours," *The Journal of the Acoustical Society of America*, Vol.52, No. 6, pp. 1687–1697.

キャンベル、ニック 2004「表現豊かな声の秘密」長尾眞（監）『ヒューマン・インフォマティクス』工作舎, pp. 66–84.

Cowie, R. 2000 "Describing the emotional states expressed in speech," *Proceedings of the ISCA Workshop on Speech and Emotion: A Conceptual Framework for Research*.

Fairbanks, G., & Pronovost, W. 1939 "An experimental study of the pitch characteristics of the voice during the expression of emotion," *Speech monographs*, Vol.6, pp. 87–104.

Iida, A. 2002 "A Study on Corpus-based Speech Synthesis with Emotion," dissertation, Keio University.

籠宮隆之・山住賢司・槇洋一・前川喜久雄 2007「聴取実験に基づく講演音声の印象評価データの構築とその分析」社会言語科学 Vol. 9, No. 2, pp. 65–76.

Kitamura,T., & Mokhtari, P. 2006 "Effects of vowel types on perception of speaker characteristics of unknown speakers," *2006 RISP International Workshop on Nonlinear Circuits and Signal Processin*. pp. 45–48.

橋本誠・北川敏・樋口宣男 1998「音声の個人性知覚に影響を及ぼす音響的特長の定量的分析」『日本音響学会誌』54, pp. 169–178.

早川昭二・板倉文忠 1995「音声の広域に含まれる個人性情報を用いた話者認識」『日本音響学会誌』51–11, pp. 861–868.

Laver, J., & Trudgill, P. 1979 "Phonetic and linguistic markers in speech," In Scherer. K. R. & Giles, H. (Eds.), *Social markers in speech*, Cambridge, UK: Cambridge University Press, Cambridge, and Editions de la Maison des Sciences de l'Honne, Paris, pp. 1–32.

Murray, I.R., & Arnott, J.L. 1993 "Toward the simulation of emotion in synthesized speech: A review of the literature on human vocal emotion," *Journal of Acoustic Society of America*, Vol. 93, No.2, pp. 1097–1108.

中川明子・澤田浩子 2007「音声コミュニケーションにみられる発話キャラクタ」定延利之・中川正之（編）『シリーズ言語対照音声言語の対照』くろしお出版, pp. 149–168.

定延利之 2006「ことばと発話キャラクタ」『文学』7–6, 岩波書店, pp. 117–129.

Sherer, K.R. 1986 "Vocal affect expression: A review and a model for future research," *Psychological Bulletin*, Vol. 99, No. 2, pp. 143–165.

Teshigawara, M. 2003 Voice in Japanese Animation: A Phonetic Study of Vocal Stereotypes of Heroes and Villains in Japanese Culture, dissertation, University of Victoria.

内田照久 2000「音声の発話速度の制御がピッチ感及び話者の性格印象に与える影響」日本音響学会誌, Vol.56, No. 6, pp. 396–405.

# 第3部　文化情報を読み解くということ

「文化情報を読み解くということ」と題された第3部は、これまで軽視・無視されがちであった、あるいはこれまで想定されていなかった「背景的な文化情報」に光を当てた4編の論文を収録しています。

第2部では十分に述べられなかったことですが、文字テキストから視野を広げて、マルチモーダルな文化情報に目を向けるということは、狭義の言語要素（たとえば単音「ぶ」「ん」「か」）だけでなく、韻律（それら単音をどのようなタイミングで、どのような高さ、強さでつないでいくか）に注意するということです。その韻律によって、「文化」なのか「文か」なのか、あるいは「文化？」なのか「文化！」なのか「文化。。。」なのか、またあるいは共通語の「文化」なのか方言の「文化ァ」なのかが違ってくるように、韻律は狭義の言語要素を読み解く枠組み（フレーム、スクリプト、コンテクスト）として働くことがあります。

いまの例の場合、「読み解かれる文化情報」として挙げたのは、「「文化」か「文か」か」「発話態度は疑問か感嘆か絶句か」「共通語か方言か」といった、かなり言語的なものばかりでした。しかし、たとえば「こちらはどんどん焼けてまーす」と高く平らに言うことが、焼き肉の焼け具合をアナウンサーのように「実況中継」してみせる冗談発話としてあり得るように、また、歌曲中の登場人物がアイロニカルな発言をする場面でバッハが決まってCメジャーという特定の和音の伴奏を用意していたように（詳細は Peter Auer 1992 "Introduction: John Gumperz' approach to contextualiztion" をご参照ください）、「韻律のような「背景的」な「枠組み」が、狭義の言語要素のような「前景」の意味を決める手がかりとなる」ということは、狭義の言語にかぎった話ではありません。

美学美術史学者・寺内直子氏の「伝統的な慣習を読み解く―雅楽における様式化された楽器間の「会話」のメカニズム―」では、「唐楽」という、日本の雅楽の中で一ジャンルをなす合奏音楽が取り上げられています。そこで焦点を置かれているのは、メロディや、楽器の響きではなく、リズムという韻律です。唐楽は多種多様な（現在でも8種類の）楽器による合奏音楽でありながら、テンポのゆらぎや加速を含む、きわめて複雑なリズムを持っていま

す。では、西洋のオーケストラのような指揮者がいるのかというと、それはいない。年長者が演奏する小型の鼓が指揮者代わりをするという従来説も実は妥当ではない。これほど多くの楽器の合奏で複雑なリズムが指揮者もなしに実践できているのは、それぞれの楽器奏者が、互いの楽器の構造と特性に由来する楽器ごとの演奏法を理解し、その旋律とリズムパターンを、相互に注意深く「聴き合う」こと、そして、重要な楽器がほぼ一拍ごとに入れ替わる中で、合奏をリードする役割をスムースに「受け渡す」ことによっていると寺内氏は論じています。さらに寺内論文では、主要旋律を演奏する目立つ楽器がテンポの変化を率先しようとしても、それに反対するリアクションが生じやすく、あまり目立たない楽器が率先する方が受けられやすいこと、つまり「聴き合い」の中で、強すぎる自己主張は嫌われ、楽器間のバランスの中で微妙な変化が作り出されていることが示され、雅楽の歴史的伝承形態と併せて論じられています。このような奏者間のコラボレーションに、第2部定延論文で論じた「共同研究の姿勢」と共通するものを見てとることは無理なことではないかもしれません。

　松井今日子氏の「舞台にあがった囃し田―「民俗」から演じられる「芸能」へ」で取り上げられているのは、広島県安芸地方の「囃し田」（田植えの時期に、代掻き牛を飾り立てて、田植え歌を歌いながら田植えをするという中国地方山間部の習俗）です。同論文によれば、囃し田は200年ほど前にはすでに行われており、豊作祈念、作業能率の向上、また男女の出会いの場として存在していましたが、明治後期以降、農事改良政策や地方改良運動により衰退していき、田植え方法の少人数化や耕運機の普及もあって、農作業に密着した囃し田は次第に姿を消し、祝賀的な囃し田だけが残りました。それまで田の上で行われていた囃し田は、やがて舞台の上に場を移し、一部は文化財保護制度によって田に戻ったものの、文化財指定による観光化は田をも舞台化させ、囃し田は舞台の上で、決められた時間枠の中で演じられる「芸能」へと変化しました。松井論文はこの過程を、歌の採譜、所作の図示なども併用しながら、田植え歌の即興性や伝統的な構造の変容という形で示そうとしています。「観られる」ことを新たに意識した演者側が、郷土の誇りを胸に、

趣向を凝らして伝統の改変を行うようになったという変化は、「民俗」「芸能」という囃し田をめぐる「枠組み」の変容や重なりと言うこともできるでしょう。

　柏原康人氏の「「赤城大明神事」考―継子いじめ譚の検討を通して―」は、これまで赤城山の神々の由来を語る物語であると同時に、継子いじめの物語、「親子」「夫婦」の情愛を語る物語と解されてきた古典文献「赤城大明神事」に対する新しい読みを提示するものです。「赤城大明神事」は、南北朝期頃に成立した『神道集』に収められている物語で、これまで赤城御前たち継子が苦しみを受ける様子を描いた継子いじめ譚であると理解されてきましたが、「赤城大明神事」の物語は、実は継子の受難譚というよりむしろ、いじめの受難が継子個人だけでなくその一族全体にまで及ぶ様子に焦点が当てられた、一族全体の受難譚ではないかと柏原氏は論じています。ここで用いられている、さまざまな古典文献の読み込みという技法は伝統的な文化研究の枠を超えるものではありませんが、そもそも「「赤城大明神事」とはどのような物語であったのか？」という問題設定は「背景的な文化情報」の重要性を如実に示すものと言えるでしょう。「赤城大明神事」のテキストはすでに全文明らかになっており、柏原氏はそのあらすじを現代語で示した上で、「「赤城大明神事」とはどのような物語であったのか？」と問うているのです。氏の問題設定は、「テキスト一文一文の表面的理解だけでは物語を理解したことにはならない。物語を理解するには、それらが全体として何なのかという、背景的な文化情報が必要」という、私たちの文章理解に関する重要な一面を語っています。

　倉田誠氏の「「ろう文化」を読むために―聴覚障害者教育の変容と「ろう文化」論の可能性」は、日本で引き起こされた「ろう文化」に関する論争を整理し、聴覚障害者教育の状況と突き合わせて、「ろう文化」という考え方の課題と可能性を論じたものです。同論文によれば、ろう者を普通学校で学ばせるインテグレーション教育が拡大し、補聴器や人工内耳といったテクノロジーが普及した結果、ろう学校での囲い込み型教育が主流だった時代に見られた、ろう者としての集団意識や境界が揺らぐ中、1994 年に木村晴美氏・市田

泰弘氏による「ろう文化宣言」がなされ、それをきっかけとして「ろう文化」に関する様々な論争が引き起こされました。「ろう文化宣言」は、「文化」という言葉を持ち出すことによって、ろう者の手話使用を、音声言語を使用する聴者の文化と対置させ、「障害」という規定に付随する「不完全」「不自由」というイメージを揺さぶり、また「日本語対応手話」を用いる「難聴者」や「途中失聴者」とは異なり「日本手話」を用いる「ろう者」の境界を再定義し、独自性を主張しようとしたものです。ろうであることの不自由さを生み出しているのは、身体的な障害というよりも、音声言語という文化を基本とする社会制度構成であり、それは手話を解さない聴者が手話を使うろう者の集団内で不自由さを感じるのと変わらないという「ろう文化宣言」は、音声コミュニケーションの背景をなす音声情報リテラシーの文化化という、「文化」概念の政治的操作が明瞭に現れた例と言えるでしょう。　　（定延利之）

# 伝統的な慣習を読み解く—雅楽における様式化された楽器間の「会話」のメカニズム—

寺内直子

## 1. はじめに

　本章は、日本の雅楽の中の「唐楽(とうがく)」とよばれる合奏音楽において、リズムを決定する楽器間の「会話」のメカニズムについて考察することを目的とする。

　歌を少数の楽器で伴奏する「声楽」優位の日本の伝統音楽[1]のなかで、雅楽の唐楽は大陸起源の多種類の楽器による器楽合奏音楽として、独自の地位を築いている。唐楽は多種類、多人数による合奏音楽でありながら、西洋音楽のオーケストラのような指揮者を持たない。西洋音楽の指揮者の役割が、音楽全体の演出をあらかじめ決め、実際の演奏時に指揮の身振りで細かく指示を出していくことだとすれば、雅楽には、そのように全体を決定し統率していく者はいない。その時々の状況に応じて、あらかじめ、各楽器の演奏者や舞人の間でタイミングなどのだいたいの「申し合わせ」は行うが、絶対的な権力をもった統率者が、他を従えるという構造にはなっていない。その意味で、唐楽の合奏は、各演奏者の関係が比較的「平等」である。

　ところで、唐楽は拍の伸縮（あるいはテンポのゆらぎ）が頻繁に起こり、全体としては少しずつテンポアップしていくという、きわめて複雑なリズム実践の上に成り立っている。したがって、雅楽に習熟していない初心者が唐楽を演奏すると、しばしば合奏が途中で崩壊するか、終わりまでテンポが上がらない、しまりのない演奏となる。

164　第3部　文化情報を読み解くということ

　これまで、唐楽の指揮者の役割は、年長者が演奏する鞨鼓（かっこ）という小型の鼓が果たすと言われて来た。しかし、実態はそれよりはるかに複雑である。鞨鼓だけを聴いていても、合奏はうまく行かない。さまざまな瞬間に、さまざまな楽器がリーダーシップを発揮して、合奏を導いているからである。拍の伸縮やテンポの加速は、それぞれの楽器の構造と特性に由来する演奏法や旋律・リズムパターンを、相互に注意深く「聴き合い」「受け渡す」ことによってはじめて可能になる。初心者の合奏が途中で崩壊するのは、どの瞬間に、どの楽器に注意を向けるべきかが的確に意識、あるいは認識されていないからである。

　各楽器の旋律パターン、リズムパターンの実際の微妙な演奏習慣は、伝統的にはほとんど説明されない。実際の合奏（練習）の中でわずかに交わされる、師匠たちの、「もう少し早く」「遅く」「高く」「低く」などのきわめて単純な用語と、実践を手がかりに、弟子たちは微妙なニュアンスを体得していくのである。

　伝統的にほとんど説明されることがないが、しかし、楽人の中では確実に意識されている、楽器相互の「会話」を、もう少し客観的な言葉や図形、楽譜によって表すとどうなるのか。今まで、このテーマに関しては、庄野進が雅楽演奏者の芝祐靖[2]にインタビューをしたものを除けば、誌上での議論はほとんど見当たらない（Shono 1987）。本論は、時間軸、あるいは水平軸における拍の伸縮やテンポの加速に関わるものであるが、じつは、楽器の音色、各瞬間における組み合わせやディナーミク Dynamik とも深く関わっている。この垂直軸の楽器間の関係にも注目しながら、時間軸上の楽器間の「会話」のメカニズムについて考察する。

　なお、以下の雅楽の実践に関する考察は、筆者が芝祐靖のもとで習得した実技経験に基づく。

## 2.　唐楽の楽器の種類と特性

　現在の唐楽では次のような8種類の楽器を用いる。8世紀には現在の倍以

伝統的な慣習を読み解く―雅楽における様式化された楽器間の「会話」のメカニズム―　165

上の多種類の楽器が使用されていたが[3]、10世紀ころまでに今日の形に近い編成へと淘汰されていった。

　現在の唐楽合奏において、主旋律を演奏する篳篥と龍笛以外の楽器は、きわめて類型化されたパターンに則って演奏される。

**篳篥（ひちりき）**

　長さ15センチ程度の竹製の縦笛。指孔が前面に7つ、後面に2つある。頭部に植物の葦を平らにして作った二枚簧（した）（ダブル・リード double reed）を差し込む。艶やかで大きな音を出す。音色としては、西洋楽器のオーボエと同類であるが、音量ははるかに大きい。息や唇の位置などによって、1つの指孔から複数の音高を作ることができ、ある音高から別の音高へのなだらかな音の移動・ポルタメント portamento の技法を得意とする（図1）。篳篥は伝統的には、唱歌（しょうが）とよばれる意味のないシラブルを歌って、息継ぎや旋律の細かいニュアンスなどを習得する。龍笛、笙も唱歌によって旋律、和音を覚えるが、唱歌は楽器ごとに異なる。

**図1　篳篥のポルタメント（平調〈越天楽〉より）**

**龍笛（りゅうてき）**

　長さ40センチ程度のリードのない竹製の横笛。表面を樺の細い繊維で巻き、内側に漆を塗る。7つの指孔を持つ。音色的には西洋楽器のフルートに近いが、フルートより息のかすれなどの噪音的要素を多く含む。指孔が大きいため、1つの音高から別の音高へのなだらかな音の移動も可能である。同じ指づかいでも、息の強さによってオクターヴ低い和（＝ふくら）の音と、高い責（＝せめ）の音を作ることができる（図2）。

図2　龍笛のフレーズ（〈五常楽急〉より）

## 笙
しょう

　17本の細い竹を、吹き口がついた円筒形の匏（ほう）という器に差し込んだ楽器。17本のうち15本の竹の根元に金属製の簧（フリー・リード free reed）がついている。音色的には、西洋楽器のオルガンに近い。このため、英語ではしばしば mouth organ と表記される。竹の下部（リードの数センチ上部）には小さな孔があいている。孔を指で覆い、呼気または吸気で簧を振動させると音が出る。したがって、笙はいったん吹き始めたら楽曲の最後まで、途切れることなく演奏することができる。唐楽では、通常、5～6音からなる和音「合竹（あいたけ）」を演奏する。合竹は、乞（こつ）、一（いち）、工（く）、凢（ぼう）（凡）、乙（おつ）、下（げ）、十（じゅう）（二種類）、美（び）、行（ぎょう）、比（ひ）の11種類ある。1つの合竹から別の合竹に変わる時は、まず「手移り」という指の移動が行われ、次の小節の頭で、「気替（きがえ）」という息の交替（呼吸→吸気、または、吸気→呼気）が行われる（図3）。音量は、小節の冒頭、気替をしたところでは最小で、その後次第に大きくなり、4拍目の手移りの直前で最大となる。笙は複数の音からなる合竹を演奏するため、1小節の前半では、龍笛や篳篥の旋律を背後から支える「背景音」のような役目を果たすが、小節の第4拍目では、音量を増し、手移りによって来るべき次の小節の音を先取りし、予告する役割を果たしている。

図3　笙の手移りと気替（平調〈越天楽〉より）

## 琵琶

4弦のリュート系楽器。4つのフレット fret＝柱があり、解放絃を含めると20の音高を作ることができる。柘植製のバチで弾奏する。複数の弦を同時にかき鳴らすアルペジオ arpeggio の奏法が特徴的である（図4）。その際、合奏の主旋律と一致するアルペジオの最後の音（図4でアクセントをつけた音）が小節の冒頭に当たるように、それ以外の音のアルペジオの分散音のタイミングを慎重に調節する。左手は、柱を押さえたあとに、1つ下または上の音階音の柱を押さえて音を出すことがあるが、実際の合奏ではほとんど聞こえない（図4で小文字で示した音）[4]。

**図4　琵琶の基本奏法（平調〈越天楽〉より）**

琵琶のアルペジオの最後音は、バチを琵琶の胴体の革（「バチ受け」という）に瞬間的に強く押し付けるように弾く。このため、絃がはじかれる音だけでなく、バチ受けにバチが当たる「パチン」という衝撃音がする。次項で述べる箏と同様に、絃楽器は、絃をはじいたあとの音の減衰が激しい（音量が持続しないですぐに消える）ため、篳篥や龍笛との合奏の中では音が聞こえにくい。このため、絃をはじくアタックの瞬間を活かしてアクセントをつけるリズム楽器に、みずからの役割をシフトしてきたと言える。

## 箏

緩やかにカーブした長い胴体（共鳴胴）の上に絃を13本張った楽器。柱と呼ばれる可動式のブリッジによって各絃の音高を調絃する。右手の親指、食指、中指にはめた爪によって、絃をはじく。現在は、「早搔」と「閑搔」と呼ばれる特定のパターンを用い（図5）、旋律楽器というよりはリズム楽器としての役割が強い。

**図 5　箏の閑掻と早掻**

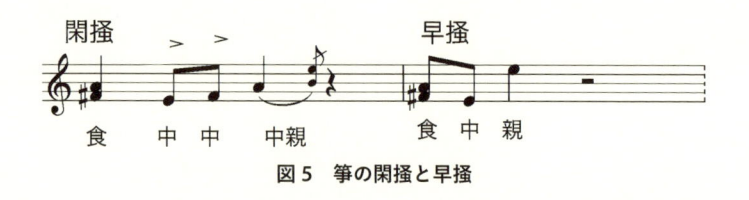

#### 鞨鼓(かっこ)

　円筒形の胴の両面に革を張った小型の鼓。細く堅いバチによって、鋭い単音「正(せい)」と、片手によるトレモロ「来(らい)」、または両手によるトレモロ「諸来(もろらい)」を組み合わせてリズムパターンを作る。トレモロは、はじめはゆっくりで、次第に加速する。この加速の具合によってテンポを調節する。一曲の中で、1つのリズムパターンを繰り返し用いるが、曲の後半では「加拍子(くわえびょうし)」という、細かいリズムパターンを用いる。

#### 太鼓(たいこ)

　左手で打つ弱い打音「図(ずん)」と右手による強い打音「百(どう)」がある。「図」のあとに「百」を打つ。この「図・百」のパターンは、通常は、四、六、または八小節に1回打たれる。加拍子では、もう少し短い間隔で打たれる。

#### 鉦鼓(しょうこ)

　鉦鼓は、右手もしくは左手の単音、両手同時の打音の三種類を組み合わせた単純なリズムパターンしかない。両手の打音は、多くは太鼓が打たれる拍で打たれ、単音は、その他の小節の頭などで打たれる。鉦鼓は、一般的に、鞨鼓や太鼓の音にわずかに遅れて打たれる。

　管絃(かんげん)と呼ばれる器楽合奏の場合は室内で行われ、篳篥、龍笛、笙各3名、琵琶、箏各2名、太鼓、鉦鼓、鞨鼓各1名の編成が標準的である。また、舞楽(ぶがく)と呼ばれる舞を伴う上演は、しばしば野外で行われる。管楽器と打楽器のみを用い、管楽器はそれぞれ5～6名程度に増員される。

## 3. 唐楽のリズム構造—循環するリズムパターン

　打楽器の説明で少し述べたが、唐楽の打楽器は、4、6、または8小節の単位で1つのリズムパターンを形成し、それを何回も繰り返す。この単位を伝統的には「拍子」とよび、楽曲の長さも、この繰り返しが何回行われるか、すなわち、「拍子」がいくつあるか、によって表示する。

　たとえば、有名な〈越天楽〉という楽曲は、4小節の単位でリズムパターンを作り（1小節＝4拍）、短い演奏法は「拍子八」すなわちこの単位が8回、長い演奏法は、「拍子八 後度十二」（8＋12）でこの単位が20回繰り返される。リズムパターンは、前半では図6のもの、後半では図7のもの（加拍子）が用いられる。1つの太鼓周期を構成する小節にあたる単位は、伝統的には「小拍子」と呼ばれる。

```
2 ・ ・ ・  3 ・ ・ ・  4 ・ ・ ・  1 ・ ・ ・   小節（小拍子）
正          正 来・・・正          諸来・・・・   鞨鼓
左          右          両          右           鉦鼓
                        図 百                    太鼓
```
**図6** 〈越天楽〉のリズムパターン（4小節で1パターン）

```
2 ・ ・ ・  3 ・ ・ ・  4 ・ ・ ・  1 ・ ・ ・   
正 諸来  諸来 来  正    諸来  諸来 来         鞨鼓
両          右          両          左           鉦鼓
百          図 百                   図           太鼓
```
**図7** 〈越天楽〉のリズムパターン（加拍子）

　このリズムパターンは循環するので、円のように描くのが妥当かもしれない[5]。しかも、実際には、全体のテンポがすこしずつ上がって行くので、同じ平面を循環しているのではなく、螺旋のように少しずつ上昇していくイメージがより正確である。

　ところで、このリズムパターンは図6、7では第2小節から始まっている。しかし、伝統的な楽譜を見ると、リズムパターンは、第1小節から始まり第

4小節で閉じている。つまり、打楽器本意の表記をすると

↓リズムパターンの始まり
1 ・ ・ ・ ・ 2 ・ ・ ・ ・ 3 ・ ・ ・ ・ 4 ・ ・ ・
諸来 ・ ・ ・ ・ 正　　　　　正　来 ・ ・ ・ 正
　　　↑旋律の始まり　　　　　図　　　　　百

**図8　リズムパターンにおける伝統的な小節の数え方**

となる。打楽器のリズム感の中では、第4小節の第1拍（太鼓の「百」が打たれる拍）が最も重要とされる。これは、中国江南の南管（南音）という音楽や、インドネシアのガムラン合奏などとも共通するリズム構造で、コロトミー colotomy（結句法）と呼ばれる。リズムパターンを閉じる最後の拍がもっとも重要であり、この拍は終りであると同時に始まりでもある。

ところがやっかいなことに、唐楽の場合、リズムパターンの周期と旋律の周期は一致していない。〈越天楽〉の場合、リズムパターンの第2小節から旋律が始まる。逆に、旋律本意で音楽を考えると、もっとも重要な太鼓の「百」は、つねに旋律の真ん中の少し後ろあたりで打たれることになる（図9）。

2 ・ ・ ・ 3 ・ ・ ・ 4 ・ ・ ・ 1 ・ ・ ・　リズム本意の数え方
1 ・ ・ ・ 2 ・ ・ ・ 3 ・ ・ ・ 4 ・ ・ ・　旋律本意の数え方
正　　　　正　来 ・ ・ ・ 正　　　諸来 ・ ・ ・ ・ 　鞨鼓
　　　　　　　　図　　　　百　　　　　　　　　　　太鼓
ト　　　ラ　　ロ　ヲルロタ　　アロラアア　　　　龍笛唱歌

**図9　リズムパターンの周期と旋律の周期のズレ**

さて、図1～9は、便宜的にすべての拍を同一に表記しているが、実際には、4拍目は1.5～2倍程度延びる。次の小節の1拍目でもとのテンポにもどる。テンポは楽曲を通じて次第に上がって行くので、グラフにすると、全体としては右肩上がりになるが、各小節の4拍目だけが、谷となって落ち込むことになる（図10）。特に、太鼓が打たれる直前は、テンポの延びが大きい。

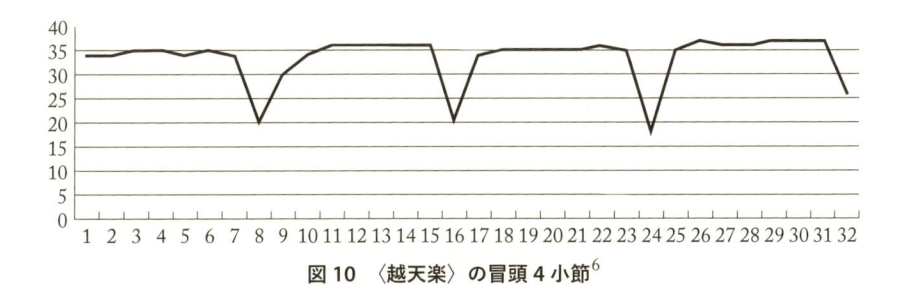

伝統的な慣習を読み解く—雅楽における様式化された楽器間の「会話」のメカニズム— 　171

図10 〈越天楽〉の冒頭4小節[6]

　次に、実際の楽曲の五線譜において、テンポのゆれと楽器の特徴的な技法、音型、さらに拍ごとにどの楽器に焦点が当たっているのかを検証する。

## 4. 雅楽のリズム実践（演奏慣習）—各瞬間におけるリード楽器

　図11は、平調[7]〈越天楽〉の冒頭部分の五線譜採譜である。〈越天楽〉は、全体で8小節からなる旋律フレーズが3つあり、それぞれをA、B、Cと表すと、AABBCCAABBと演奏するのが標準的な形である。図11は冒頭部分の8小節＝フレーズAの1回目とその繰り返しの採譜である。一般的に唐楽の演奏は、龍笛のソロで始まり、それに打楽器が加わり、所定の位置「付所」から管楽器全員の合奏になる。標準的な演奏の場合、付所は2つ目の太鼓、すなわち、図11の第7小節目になることが多いが、ここでは、説明の便宜上、最初の太鼓（第3小節）を付所とする[8]。琵琶と箏は、それからさらに遅れて合奏に加わる。龍笛と篳篥は、合奏の要となる旋律楽器であるが、じつは、打楽器と絃楽器がむしろ微妙なテンポ変化を決定する上では重要な役割を担っている。

　細かく見ると、音楽はまず龍笛のソロで始まるが、始めの2つの二分音符（第1小節）はテンポを決める上で重要である。第2小節の冒頭で鞨鼓の鋭い「正」が響き、人々の注意は打楽器に向く。つづいて2拍目から鞨鼓の左手のトレモロ「来」、3拍目に太鼓の「図」が打たれ、4拍目の後半でテンポが大幅に遅くなるところで笙の主奏者が合竹を吹き始め、太鼓の「百」と笙、篳篥、龍笛のすべてが合奏に備えて緊張が高まる。次の第3小節の冒頭の付所

172　第3部　文化情報を読み解くということ

図11 〈越天楽〉の冒頭

伝統的な慣習を読み解く―雅楽における様式化された楽器間の「会話」のメカニズム―　173

でこれらが一斉に加わり、緊張が一気に解放される。しかし、この解放は、また次の緊張の始まりでもある。

　付所ですべての管楽器が加わることによって、合奏は一挙に音の厚みを増す。第4小節、4拍目（アウフタクト）で、笙の手移りにわずかに遅れて琵琶が入るが、アルペジオの最後音が次の第5小節の冒頭に当たるように慎重にタイミングをはかりながら絃をかき鳴らす。箏はさらに遅れて、第7小節目から加わる。箏は、前の小節の4拍目で延びた拍を、「閑掻」の第2拍目の2つの八分音符を正確に刻むことによって、もとのテンポに戻す役割を担っている。

　以上の行程を、いくつかの楽器群に分けて、相互の関係を模式図で考察してみよう。

①篳篥・龍笛と笙・琵琶の関係

　篳篥と龍笛は、2小節を1単位としてフレーズが形成されている。たとえば、〈越天楽〉では、「ト　ラ　ロヲルロ」で1フレーズ、「タ　アロラアア　」で1フレーズである。フレーズの末尾でははっきりとした息継ぎが取られる。これに対し、笙は1小節ごとに合竹の手移りと気替が、琵琶も1小節ごとにアルペジオが演奏されるが、笙と琵琶の音は、篳篥、龍笛の音が途切れる2小節目の末尾の方で、よりクローズアップされる（図12）。

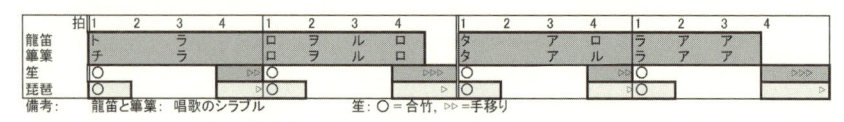

**図12　篳篥、龍笛、笙、琵琶の関係**

②篳篥、龍笛、箏の関係

　篳篥と龍笛は、2小節を1単位としてフレーズが形成されているが、箏の閑掻もまた2小節を1単位としている。最初の小節は、閑掻のパターンで、次の小節は、親指で一絃だけをはじく単音である。箏は、すでに述べたように、閑掻の第2拍目の2つの中指による八分音符が重要である。これは、篳篥と龍笛の旋律の1拍目のアタック「ト（チ）＝D」と3拍目の別の音高「ラ＝E」への移行の中間に位置し、始めのテンポを正確に刻む役割を果たして

伝統的な慣習を読み解く―雅楽における様式化された楽器間の「会話」のメカニズム―　175

いる（図13）。

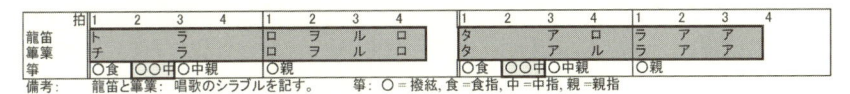

図13　篳篥、龍笛、箏の関係

### ③鞨鼓・太鼓と篳篥・龍笛の関係

　鞨鼓は2小節ごとに「来」（または「諸来」）を演奏するが、太鼓が入る直前の小節では、太鼓の「図」とほぼ同期している。（図14）。鞨鼓・太鼓は、2小節でフレーズを作る篳篥・龍笛の旋律の後半で活発なリズムの動きを示す。

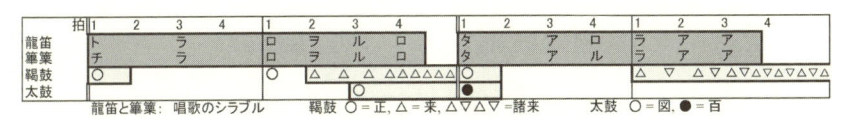

図14　篳篥・龍笛と鞨鼓・太鼓の関係

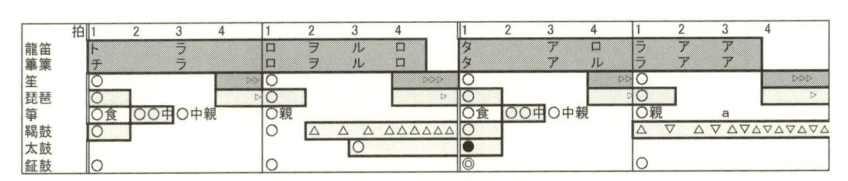

図15-1　各楽器の関係（太線で囲んだ部分に焦点がある）

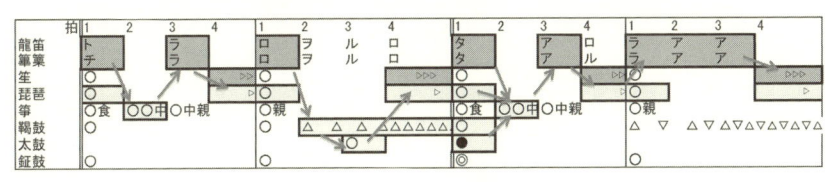

図15-2　焦点の移行

備考：
(1)龍笛と篳篥：唱歌のシラブルを記す。(2)笙　○＝合竹, ▷▷＝手移り
(3)琵琶　○＝アルペジオの最後音, ▷＝先行するアルペジオ分散音　　(4)箏　○＝撥絃, 食＝食指, 中＝中指, 親＝親指
(5)鞨鼓　○＝正, △＝来, △▽△▽＝諸来　　(6)太鼓　○＝図, ●＝百　　(7)鉦鼓　○＝片手, ◎＝両手

　以上、いくつかのグループに分けて、楽器相互の関係を考察したが、これらを総合すると図15-1になる。さらにリズムの決定の上で特に重要な楽器を拍ごとに抽出すると、図15-2のようになる。矢印で示したように、篳篥・

龍笛→箏→篳篥・龍笛→笙・琵琶・篳篥・龍笛→鞨鼓→太鼓→笙・琵琶→全部→箏→篳篥・龍笛→笙・琵琶・篳篥・龍笛→笙・琵琶と、ほぼ1拍ごとに重要な楽器が入れ替わる。唐楽合奏が、頻繁なテンポの変化を行いながら、全体として演奏が乱れない理由は、このような楽器の旋律やリズムパターンをあらかじめお互いがよく理解し、それぞれの瞬間にお互いを「聴き合い」合奏をリードする役割をスムースに受け渡して行くからである。前掲の庄野論文では、この「聴き合い」をリスニング listening という概念で表しているが (Shono 1987)、正確に言うと、聴き合いながら、自己主張と譲り合いを繰り返していくのである。

## 5. テンポの加速は意識的か、無意識的か

　上記のような、各楽器間の「会話」や、テンポの加速は、熟練した雅楽演奏者によれば、「無意識に行われる」という。しかし、それは、楽器間の受け渡しや拍の伸縮、テンポの加速が「意識しないほど身体にしみ込んでいる」という意味においては「無意識」かもしれないが、聴くべきポイントと予め了解すべき手順があるという点においてはすぐれて「意識的」といえる。

　芝は、前掲論文の中で、テンポの加速は「無意識に unconsciously」行われる、あるいは、「よい演奏とは、自然に naturally テンポアップする演奏である」と述べている (Shono 1987: 30)。ただし、「あるいは、習慣にしたがって or, I should say, according to convention or customary practice」と補足していることからも、この「無意識」は「自由に、恣意的に」という意味ではなく、あくまでも確立されたある演奏慣習[9]の中で、「自然に」行われるべきものなのである。その演奏慣習が、上述の、拍の伸縮を伴う楽器間の「会話」のしくみ、なのである。

　芝は、テンポの加速についてさらに興味深いエピソードを紹介している。「箏が少しだけテンポを速くしようとすると、普通はみな従う。しかし、篳篥がそうしようとすると、だいたいそれに反対するリアクションが出る。」(前掲論文) 篳篥は合奏の要を担い、主要旋律を演奏するもっとも重要な楽器の

1つであるが、その篳篥がテンポの変化を率先するのは、どうやら好ましくないらしい。逆に、合奏の陰に隠れて2小節に1回しか、目立つ出番がない箏がテンポを速めるのは許されるのである。ここから、強い楽器がさらに自己主張することは望ましくなく、逆に、背景でリズム楽器として機能している目立たない楽器が変化のきっかけを出して行くことのほうが受け入れられている、とわかる。すでに述べたように、箏の、小節1拍目と2拍目の間隔や2拍目の八分音符の速さ、また、鞨鼓の「正」が入るタイミング、トレモロの加速（いつ始めるか、どのくらい加速するか）などは、あからさまでなく、ひじょうに巧妙なやり方でテンポの加速を導いて行く。つまり、唐楽合奏では、強過ぎる自己主張は嫌われ、あくまでも、楽器相互のバランスの中から微妙な変化を作りだしていくことが好まれているのである。

　このような習慣は、雅楽の歴史的な伝承形態から来ていると推測される。雅楽は、10世紀以降、楽家と呼ばれる世襲的な家柄が、専門の楽器や舞を伝承して来た。他家に伝承を漏らすことは厳禁とされ、また他家の伝承を知っていても公の場で演じるようなことはしてはならなかった。このような分業体制による相互不可侵の関係が、お互いに気配りをしながら、合奏を組み立てて行く音楽自体のあり方に影響を与えているのではないだろうか。

## 6. おわりに

　2009年7月の始め、東京の伶楽舎[10]の雅楽コンサートがあった。その折、初めて生で雅楽を聴いた外国人作曲家と話す機会があった。彼らによると、まずCDで初めて雅楽を聴いた時は、拍があるかないかもわからず、混沌とした固まりに聞こえた、という。この感想は、おそらく、日本人、外国人を問わず、初めて雅楽を聴いた人に共通すると思われる。しかしその後、彼らは音楽の専門家だけあって、それぞれの楽器の機能と特徴を勉強し、合奏における相互の関係を理解した瞬間、音楽の細部までが突然鮮明に聞こえるようになったという。伶楽舎コンサートでのライヴ雅楽の体験は、彼らの雅楽に対するそのような感覚を、ますます強固なものにしたようである。

日本の伝統音楽は、西洋音楽に慣れ親しんだ耳には、しばしば混沌とした、適当に演奏されている音楽のように聞こえる。しかし、何気ないフレーズやリズムの中に、綿密に計算された約束事と微妙なコントロールの実践が隠されている。上記の外国人作曲家の体験に象徴されるように、音楽の総体を一度個々の楽器に解体し、楽器の特性を理解した上で、演奏慣習や文法に細心の注意をはらいながら、もう一度組み立て、聴いてみると、まったく異なった音楽として聞こえてくる。グローバル化の中で、世界中のさまざまな地域の音楽が私たちをとり囲む現代、感性と知性と動員して、音楽を読み解くリテラシーを獲得することが、私たちに求められている。

注

1　能や歌舞伎、文楽、琵琶、三味線音楽、箏曲など、ほとんどの伝統音楽のジャンルは、声による歌や語りの音楽である。

2　1935 生。雅楽演奏家、作曲家、研究家。雅楽の世襲的楽人の家系に生まれる。1982 年まで宮内庁に楽師として勤務。のち、独立。東京藝術大学、国立音楽大学などで若手演奏家を育成する。現在、芸術院会員。

3　正倉院に現存する遺物には、五絃琵琶、阮咸、箜篌（以上、絃楽器）、竽、大篳篥、尺八（以上、管楽器）、磁鼓、方響など、形状、音色において様々な楽器が見られる。

4　図4の「也」「ム」などは、指で押さえるべき柱の名前。ローマ数字は、それが第何絃であるか、アラビア数字は、第何柱かを示す。たとえば、VI1 は、第四絃の第1柱。

5　平凡社『日本音楽大事典』の「リズム」の項では、同心円を循環する三つの打楽器（鞨鼓、太鼓、鉦鼓）のパターンが図示されている（徳丸 1989）。

6　CD『雅楽の世界』上、演奏：東京楽所、日本コロムビア、COCF: 6194–6195、1990。

7　〈越天楽〉は異なる調子の三種類の旋律があるが、ここではもっとも知られている平調（主音＝E）を例とする。

8　初太鼓を付所とするのは、時間の制約等により短い演奏法（AABB のみ）をとる場合か、「残楽」と呼ばれる、全体を三回繰り返す（AABBCC AABBCC AABB）演奏の場合。

9　テンポに関して、現在のような演奏慣習が確立したのは、古い録音によると 1940 年頃のことと考えられる。20世紀初頭の唐楽のテンポは、現在よりもずっと加速の度合いが大きく、テンポの上限も高かった（寺内 2002, 2008）。

10　東京にあるプロの雅楽演奏集団。芝祐靖によって 1985 年に創設され、メンバーは全員、宮内庁楽部出身でない若手の演奏者。雅楽の古典作品はもとより、現代作品も多

く演奏している。

**参考文献**

Shono, Susumu 1987 The role of listening in *gagaku*. *Contemporary Music Review*. 1 (2): pp. 19 –43.

寺内直子 2002「20世紀における雅楽のテンポとフレージングの変容〜ガイスバーグ録音と邦楽調査掛の五線譜〜」『国際文化学研究』17: pp. 85–111.

寺内直子 2008「1940年代前半の雅楽録音における唐楽のテンポ：国際文化振興会制作レコード『日本音楽集』をめぐって」『国際文化学研究』30: pp. 1–29.

徳丸吉彦 1989「リズム」の項、『日本音楽大事典』平凡社、pp. 151–153.

**視聴覚資料**

CD『雅楽の世界』上、演奏：東京楽所、日本コロムビア、COCF: 6194–6195、1990.

CD『全集 日本吹込み事始め』東京、東芝EMI, 2001.

CD *Japanese Traditional Music, Gagaku*・*Buddhist Chant, Kokusai Bunka Shinkokai 1941.* 解説：寺内直子．New York: World Arbiter, 2009.

# 舞台にあがった囃し田―「民俗」から演じられる「芸能」へ

松井今日子

## 1. はじめに

　現代社会において、各地域に伝承されている民俗芸能は一般的に「伝統」や「古風」といった概念を伴って理解される場合が多い。しかし「伝統」的で「古風」と称される民俗芸能は、地域社会の変化と共に、その伝承を変容させてきた。従って今日の民俗芸能を研究する場合、その民俗芸能の変容を考慮した上で、現在の伝承を読み解く必要がある。
　そこで本章では、「芸能化」という視座のもと、広島県安芸地方の「囃し田」における近世から現代にかけての伝承脈絡の変容を追った上で今日の芸態を検証することを目的とする。ここでいう「芸能化」とは、囃し田が「民俗」的な習俗から演じられる「芸能」へと変容する過程を指す。さらに定義するならば、「芸能化」とは、「「民俗芸能」が本来の伝承脈絡である「民俗」から離脱し、新たに「観客」を想定した「観る／観られる」の二項的関係を創出し、「芸能」として演じられるようになること」とする。

### 1.1. 囃し田とは

　中国地方の山間部では、代掻き牛を飾り立て、太鼓や笛の囃子に合わせ、田植歌を歌いながら田植をするという習俗が昔から行われてきた。安芸・石見地方を中心とする西域では「花田植」、東域の出雲・備後地方では「牛供養」の呼称が多く、それらは「大田植」とも呼ばれていた。「大田植」は地主

等の有力者が「組」[1]を総動員し、泥落とし[2]の際に盛大に行った田植を主に意味している。「花田植」は時代的に大田植より新しく登場した言葉で、現在安芸地方で一般的に用いられている呼称である。「牛供養」は大山信仰に基づき、牛の供養を目的として行われる。また、能率本位で、組単位によって行われた田植を「仕事田」と呼ぶ。しかしこれらの呼称は意味合いが必ずしも一定せず地域で異なるため、本章ではこれらの民俗芸能を「囃し田」の名称で統一することにする。

写真1 原東大花田植（広島県山県郡北広島町）

## 1. 2. 囃し田の「民俗」

近世の史料によると、化政期には囃し田が行われていたことが認められる。『芸藩通志』[3]を作成するにあたって文政2年（1819）に各村々が広島藩に提出した「書出帳」には、囃し田を行う当事者の意見として、以下のような記述がみえる。山県郡の「国郡志御用ニ付下しらへ書出張」から2つの例を挙げる。

> 囃し田与申ハ田植哥ニ合して割竹・鞁・太鼓・手打鐘抔擲キ申候、─中略─如斯鳴物ニ而囃し植ニ仕候ヘハ早乙女もいさみ余分植り申ニ付[4]

> 田植之儀、時節ニ後レ不申様其方角方角ニ而組植と申、其組限リニ而日取申合植申候、多人数居候時ハ、鼓太鼓拍子竹たたき歌を歌イ申候、無左候得者支事大イにおくれ申候[5]

田植歌に合わせ、「割竹・鞨・太鼓・手打鐘」を用いて囃子を演奏したとある。また歌を囃しながら田植をすることによって、早乙女が元気づいて仕事の能率が向上するとも書かれている。これらの記事をみると、近世では農作業の効率を向上させるために囃し田を行っていたと推察できる。

また、「書出帳」によると、囃し田は田植を円滑に進めるためだけでなく、「サンバイ」という田の神への信仰に基づいて行われていたことがわかる。高田郡の「国郡志御用ニ付下調書出張」から2つの例を挙げる。

　銘々植初めの日を早稲植、又は三倍卸と唱へ御神酒等買申候、―中略―、全く三倍様と申御神は年徳神と申事に御座候、是を耕作の守護神と奉崇候、田歌文句の大概差上申候
　　此歌、早稲植の初に唱ひ申候
　　植へてくろめく三倍様へ参らせう
　　植えてたもれやけふから殿の早稲植
　其外数々御座候[6]

　いつれも早天より集まり、苗を取、代をかき、植候時者音頭人割竹ヲ叩き早乙女之前に立て、うたの初穂は先三ばいに参らしょと音頭出し候得者[7]

田植の植え初めの日を「早稲植」「三倍卸」と呼び、「御神酒等」を買い求めたとある。サンバイは田の神として信仰されていたことがわかる。またサンバイを迎える内容の田植歌をまず歌ってから田植を始めたとある。

早稲植や組植が終わると、最後に土地の有力者が行う「大田植」を盛大に行った。高田郡の「書出帳」には以下のように記されている。

　田植之儀者、五月中より三四日前植初め日数十日斗植申候、植掛之儀者五軒三軒と組植又は銘々植にも仕、尤後家其也中已以上有徳之者へは外より数多合力仕一日は大勢打寄植申候、其節は酒なと買申候、牛は男

女四人に凡壱疋之積りにて入申候、―中略―、植付之節何ンそ変之儀御座候時ハ大勢打寄牛も数多入、笛太鼓鳴物を懸賑々敷植申候、左スレハ仕事斗取申候[8]

「有徳之者へは外より数多合力仕一日は大勢打寄植申」したとある。大田植では、土地の有力者が大勢の人間を集め、酒などを振る舞いながら、囃し田を盛大に行った。

## 1.3. 問題提起

以上のような囃し田の形態は、明治後期の農事改良政策や地方改良運動に伴って次第に変容していく。囃し田は農作業から離脱し、目的を変え、新たな芸態を創出していく。そして今日、囃し田は「民俗芸能」として一般に認識されている。

現在の囃し田は一種のパフォーマンスとして鑑賞され保存されるものとなっている。現在の囃し田は、かつての田植の「民俗」から分離した、演じられる「芸能」であり、かつて農作業とともにあった囃し田を模擬したものである。また変容を重ね、陸の上で行うようになった囃し田も珍しくない。このような現状にも関わらず、現代の囃し田には「民俗」という言葉が冠せられる。

「民俗芸能」という術語自体が多様な意味合いを含んでいる。民俗芸能研究における主要な潮流は、折口信夫に代表される「民俗学的研究」、小寺融吉に代表される「美学的研究」であった[9]。前者は「芸能」を「民俗」に規定されるものとして、信仰的要素を重視する傾向がみられる。また後者は民俗芸能に「美」を発見することに専念していた。

囃し田を「民俗芸能」として捉える時に、この２つの観点を当てはめることができよう。元来、囃し田は田植の習俗に深く根差しており、「民俗」に規定されていた。しかし次第に囃し田は自身に「美」を求め芸態を改変させていく。そして今日の囃し田は「芸能」に「民俗」が追認される形となっている。

舞台にあがった囃し田―「民俗」から演じられる「芸能」へ　185

橋本裕之は以下のように述べている。

> 「芸能」が「民俗」に規定される場合にあっても、「芸能」に「民俗」を追認するだけで満足してしまうよりも、むしろ「芸能」が「民俗」から離脱する過程にこそ注目しなければならない――。そうでなければ、いわゆる「民俗芸能」という複合的な文化現象を記述する方法として、けっして十分であるとは思われないからである。[10]

また、三隅治雄は以下の様に述べている。

> 芸能は本質的に、感覚が支配する現象であって、生存維持の条件としては民俗に依存しながらも、潜在的に民俗との離反を心掛けている。だから、われわれは芸能研究を標榜する以上は、芸能の伝承条件たる民俗をたずねるとともに、民俗から飛躍していこうとする感覚の欲望を、最終的に捉えていかなければならないだろう。[11]

囃し田という民俗芸能において、「民俗」が「芸能」から離脱する過程やその要因とはどのようなものであったのだろうか。そして、変容の結果、現在の囃し田の芸態はどのような様相を示しているのだろうか。

そこで本章では、囃し田がいかに「民俗」的な環境から離脱し、明治期以降変容していったのか概観した上で、今日の囃し田の芸態を読み解く。また本章では、囃し田が「民俗」から離脱する過程に生ずる変容を総称して「芸能化」と呼ぶ。

本章では広島県の安芸地方の囃し田を取り上げる。筆者のフィールドワークの経験によると、今日の安芸地方の囃し田は周辺地域のそれと比べて上演形態や田植歌の歌唱法が多様化している。特に、陸上で行う形態の囃し田の存在に筆者は注目している。どのような経緯で囃し田は舞台に上がったのか。本章では「芸能化」いう視座のもと、伝承脈絡の変容を追った上で、現在の安芸地方における囃し田の芸態についての検証を試みたい。

## 2. 伝承脈絡の変容——囃し田の農作業からの離脱

　囃し田はかつて農耕習俗として成立していた。田植の時期になると集落ごとに「組」を作り、共同作業によって老若男女が総出で仕事をした。このような共同作業による田植を「組植」と呼ぶ。

　田植仕事は単調な作業の繰り返しであるため、田植歌が歌われた。組植は夜明けから開始され日没まで行われたが、田植歌もその１日の田植の進行に従い、歌われる歌の種類と時間が定まっていた。大きく分類すると、朝歌、昼歌、晩歌の区別がある。例えば、まず歌い始めには〈サンバイ[12]迎えの歌〉を歌い、次に苗取歌、朝歌、昼歌、晩歌の順に従って進み、田を植え終わった時は〈上がり歌〉を歌った。田植歌はサンバイに五穀豊穣を祈る歌であるだけでなく仕事の単調さを和らげ疲れを忘れさせる効果があった。

　かつての囃し田の主体組織は組であり、囃し田は労働の能率向上や自らの慰安のために行われていた。普段の囃し田は簡素なものであったが、田植の泥落としや地主の家の田を植える際は盛大に催された。また囃し田は男女の出会いの場でもあり、男女の恋愛が多かった。豊作祈念の信仰から、田植と性が密接な関わりがあったこともあって、男女の色恋は公認のものとされていた[13]。

　しかし、組植による囃し田は、明治以降、農事改良政策や地方改良運動により次第に衰退していった。田植歌を歌うと苗の植え方が乱雑になるため、農事改良に害があるとする風潮があった。そこで明治36年（1903）に広島県知事令として「農事十大必綱」が布告され、正条植[14]が推進されるとともに、戸外で楽を囃すことが禁止された[15]。また組植は若い男女の出会いの場でもあり、男女のふざけあいがあった。田植歌にも恋歌や「バレ歌」という色歌が多く、親子の間でバレ歌が歌われることもあった。そのことは囃し田が否定される要因となった。田植歌は、社会教育上問題があるとされ、大正11年（1922）に国家観念の養成などを目的とした「改良田植歌」が創作された[16]。

地域によってばらつきはあるが、広島県では昭和初期から田植が枠植[17]に移行し始めた。枠植は少人数で行えるため、共同作業である組植が衰退していった。田植仕事で歌を歌ったのは正条植の頃までであり、現在も囃し田は正条植の様式で行われている。また昭和40年代から耕運機の急速な普及で代掻き牛が減少し、囃し田を行うことが難しくなった。

このように、明治後期以降囃し田の「民俗」は否定され「改良」されたとともに、昭和初期からは共同で行う田植の様式が次第に崩れ、囃し田が農作業から分離していった。農作業に伴う囃し田は次第に衰退し、祝賀的な囃し田のみ行われるようになっていった。

## 3. 舞台上演の起こり──民俗芸能大会との関わり

囃し田が従来の脈絡から離脱し衰退するに従い、伝承の担い手も変化していった。かつて囃し田は組が主体となっていたが、伝承を再興する際に新たに「伝承団体」を組織した。伝承団体は団長を持つ整然とした組織となり、民俗芸能大会などを介して次第に陸に上がるようになった。そして囃し田は「労作の習俗」から、娯楽として「演技する芸能」へと変化した。

### 3.1. 郷土舞踊と民謡の会──「民俗芸能」としての出発

明治期以降、囃し田の伝承は、しばしば地域の青年団が担った。日露戦争後の全国的な農村疲弊により、青年団に対する郷土文化の振興や研究が期待されていた。広島県山県郡新庄村[18]でも、明治43年(1910)から囃し田が当地の青年団によって担われ始めた。そして囃し田が「民俗芸能」として初めて世に認識されるようになったのは、昭和3年(1928)に新庄村の囃し田が全国規模の青年団行事である「郷土舞踊と民謡の会」に出演したことがきっかけであった。

全国青年団の発達を促す目的で、大正10年(1921)に財団法人日本青年館が設立され、明治神宮外苑に日本青年館が建設された。その開館記念行事として大正14年(1925)に開催されたのが、「郷土舞踊と民謡の会」である。こ

の大会には研究者である柳田國男、高野辰之、小寺融吉の3氏が深く関わり、各地の芸能の選定を行った。当初出演した芸能は青年団員によって演じられたが、「その濃厚な郷土色と豊かな藝術味とはすこぶる好評を博した」[19]という。「郷土舞踊と民謡の会」は以降、昭和11年(1936)まで間に2回の休止を挟みながら、10回にわたって行われた。

その第3回目である昭和3年(1928)の大会に新庄村の囃し田が中国地方代表として出演した。総員17名のメンバーが選出されたほか、出演にあたって新たに「新庄囃田歌詞」が編まれ、服装も上京用に色々考案された(この時に苗取歌が歌詞本に収録されず、以降今日に至るまで「新庄のはやし田」には苗取歌が欠落している)。また大会出演に際して問題になったのがその正式名称で、「安芸新庄囃田」と決定した。

この大会出演には、高野辰之や山本信哉といった研究者が関わっていた。また大会の観客として研究者はなくてはならない存在で、彼らは大会を通して上演された芸能を調査し、『民俗藝術』という雑誌に報告した。岩橋小彌太は同誌に「囃し田を観て」という批評を記している。

> 幕が開くと、音頭取なるサンバイが後向に、鞨を打ちながら、一同を引率して出で来る。其の様子は素足に烏帽子狩衣を召している。これは甚だ似つかはしくない御風体である。大会プログラムの説明には「サンバイは清十郎笠を冠り」とあるのに、当夜の実演では烏帽子である。若しかすると、これは東京輸出向きの新しいレッテルではあるまいか。(中略)サンバイが音頭取りであるのは古い姿ではあるまい。—中略—太鼓は西洋のドラムそつくりで、日本の古いところに餘り其の例を見ない。どうも文明開化の薫りが甚だ高い。—中略—私はこの囃し田よりも後の実盛送りの方を非常に面白く思つた。[20] それは非常に古風で、気持ちの良いものであつた。—中略—囃し田よりもえんぶりの方が好きだ。これは本当に比較にならないものだが、えんぶりの土の高い香りの方が、どうも良い気持ちがする。[21]

大会当日サンバイが烏帽子をかぶったのは古来の様式に従ったものであるが、普段と異なる衣装を身につけたのは、観客を意識しての演出であると捉えることができる。以前は演者と観客が未分化であった新庄村の囃し田が、新たに「観られること」を意識し、大会に備えて趣向を凝らした様子がうかがえる。

　一方、これに対する研究者の反応は冷ややかであった。研究者たちは出演する芸能に対して、「古風なもの」「郷土の香りのするもの」を期待していた。よって、衣装の新調や演技の改変など、大会用に趣向を凝らしてくる芸能に対する研究者の反応は概して批判的であった。

　ここに、大会における囃し田の演者と観客の意識の違いがみえてくる。本来1日かけて田の中で行うものを時間と舞台という制約の中で行わなくてはならなかったことから、大会出演は必然的に「伝承の改変」と「演技すること」を要求した。またそれまで他者から評価を受けるということがなかったため、演者は「観られる」ことを新たに意識し、郷土の誇りを胸に演出を試行錯誤した。大会出演は、囃し田からかえって研究者が求めた「古風さ」を退ける要因となっていたのである。

　こうして、演じられた囃し田が「民俗芸能」として世に認識された。

### 3.2. 田楽競演大会──新趣向の開発

写真2　昭和24年に吉田町（現・広島県安芸高田市）で行われた田楽競演大会（写真提供　廣藤昭五氏）

新庄村の大会出演を始めとして、農作業から離脱した囃し田は次第に陸にあがるようになり、要請があれば年間を通して上演することが可能になっていった。こうした流れのもと、芸北地域[22]一円で「田楽競演大会」(写真2)なるものが開催されるようになった。以下の考察は、大土山田楽保存会、上殿田楽保存会、殿賀田楽保存会、壬生田楽団に対する筆者の聞き取り調査に基づいている。

**写真3　田楽競演大会の優勝旗**
　　　（殿賀田楽団所蔵、年未詳）

昭和7年(1932)に可部町(現・広島市安佐北区可部町)で「第1回県下田楽競演大会」が開催されたのを皮切りに、「芸北田楽競演大会」などの競演大会が昭和39年(1964)まで各地で行われた。戦時中と戦後はしばらく休んだが、それ以外は毎年1回以上開催されるという大盛況ぶりであった。主催者は加計町(現・広島県安芸太田町加計)や可部町を中心とする町の商工会で、優勝者には優勝旗(写真3)を、参加者には参加賞の旗を授与した。

田楽競演大会が囃し田に与えた影響は大きい。出場団体は、以前では考えられなかったような派手な演技や衣装を次々と開発した。持ち時間の定めもあり、観客に強く効果的に訴えるために相当の新趣向が凝らされ、伝承が改変・創作されていった。競演大会は学校の運動場で行われ、田の中ではできない動きを可能にした。

田楽競演大会における観客は、現地の人々であった。かつての組植による囃し田では演者と観客が未分化であったが、演技を競い合い、審査員や観客に「観せる」ことを目的とした競演大会の囃し田は、完全に演者と観客が分

離していた。観客はまた地元の応援団でもあり、熱烈な応援合戦が繰り広げられた。壬生田楽団では、あまりに多くの人が応援に行きたがるため、人数制限のための整理券を発行していたほどである。こうして演者も観客も競い合ってこの新趣向を促進させたため、安芸地方の囃し田はますます「芸能化」することとなった。

　また、出場団体は互いにライバル心を持ちつつも、他の団体の演技を取り入れるという場合もあり、競演大会は囃し田の交流の場でもあった。〈岩国〉と通称される田植歌では、大太鼓打ちが背中を後方に反らせ合って錦帯橋模様を作るというアクロバティックな所作がみられる。この所作は現在複数の伝承団体で見られ、備後地方にまで伝播している[23]。競演大会で観衆にうけた新趣向をあちこちの伝承団体が取り入れて、現在に至っていると考えられる。

　現地では、競演大会における陸上の囃し田が従来の田に入るものと区別して「田楽」と呼ばれ、大会出場に際して各地で「田楽団」が結成された。

　安芸太田町の殿賀田楽団は、競演大会に対応する内容充実を図るため、殿賀地区に伝わる複数の田植歌や太鼓の所作を合同して結成された。この田楽団は競演大会がなくなった現在においても当時の演技を行っており、田楽競演大会の様子を伝えている。

　殿賀田楽の伝承から舞台専門の「田楽」の特徴をみると、早乙女の所作の創作、隊形変換があげられる。早乙女は手に作りものの苗をもって、苗を植える所作や盆踊りのような華やかな手踊りを繰り広げる（図1）。隊形変換では最初は図2の①のように2列に並んでいるが、〈道中囃〉が始まると、②から③のように移動を行う。田の中では出来ない動作が可能であるため、大太鼓の奏者は太鼓を演奏しながら、早乙女は簡単な所作を行いながら移動する。最終的には二重の円の隊形になり（④）、〈岩国〉の田植歌が演奏される。この時大太鼓の奏者が体を後方に反るため、遠くから見ると2つの花が咲いているように見える。

　早乙女の所作や隊形変換のタイミングを揃えるため、あらかじめ歌う歌詞を編成していることや、またテンポの異なる調子[24]が混合していることも陸

192　第3部　文化情報を読み解くということ

上の囃し田の特徴である。

　このように、時間や陸上という制約のもとで観客に効果的に訴える趣向を考案した結果、舞台用の新しい囃し田の芸態が生まれた。

図1　早乙女の所作（殿賀田楽）

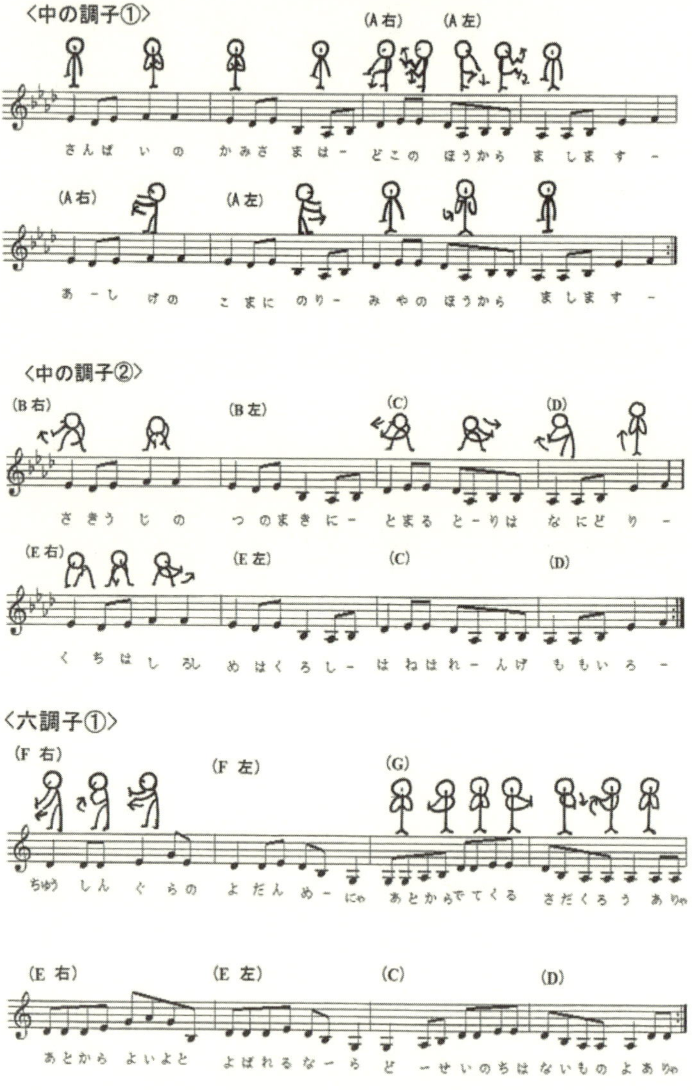

舞台にあがった囃し田―「民俗」から演じられる「芸能」へ　193

図2　隊形変換（殿賀田楽）

## 4. 文化財指定と今日の上演形態

　田楽競演大会の終焉や、高度経済成長による農村部から都市部への若者の進出、そして耕運機の普及による代掻き牛の減少が囃し田の伝承に危機をもたらすと、次第に囃し田の伝承に対する保存の動きが高まった。

　まず前述した「新庄囃田」が、昭和27年(1952)に国の無形文化財として指定を受けた[25]。続いて昭和34年(1959)に広島県指定無形民俗文化財に「新庄のはやし田」（新庄囃田）と「川東のはやし田」が選定されたのをはじめとし、昭和50年(1975)までに安芸地方の囃し田だけで7件[26]が県の無形民俗文化財として登録された。

また昭和50年(1975)に改正された文化財保護法により新たに国の重要無形民俗文化財の指定制度ができると、広島県における指定第一号として旧・山県郡千代田町(現・広島県山県郡北広島町)の川東・壬生地区の囃し田を合同した「壬生の花田植」が昭和51年(1976)に指定を受けた。この場合、申請をするにあたってあらかじめ両者が歩み寄って田植歌や演技、衣装の違いを調整し、保存会を統一するといった文化財指定のための改変が行われた[27]。

　その後平成9年(1997)に「安芸のはやし田」として、「原田のはやし田」と「新庄のはやし田」が重要無形民俗文化財に一括指定された。また平成21年(2009)に前述の「壬生の花田植」がユネスコの無形文化遺産の国内候補に推薦された。

　国や県の指定を受けたのは、代掻き牛が登場し、実際に田植をしながら田植歌を歌うという、従来の田で行う形態の囃し田のみであった。田楽競演大会における芸態をそのまま残した舞台専門の田楽団は、主に町の指定を受けた。これらの囃し田は文化財指定後、毎年決まった日に現地公開を行うようになった。また文化財指定の動きが高まると、伝承の保存を目的として伝承団体名を「保存会」と改称する動きが増えた。文化財に指定された囃し田の演者は伝承の「保護団体」で、観客は「観光客」である。

　このように今日の囃し田には、2つの上演形態が存在する。1つは田で行う囃し田、もう1つは陸上の舞台で上演する囃し田である。ただし国や県指定の囃し田は、かつて競演大会に出場していた団体もあり、各地のイベントに出演する際は舞台用の演出を行う。上演形態に応じて演技を意図的に使い分けていることは、今日の伝承を検討する上で注目すべき点である。

## 4．1．田植歌の歌唱法の変容

　陸にあがった囃し田と、田で行う囃し田には隊列や所作の点で大きな違いがあることを第3節で示した。ここでは、田で行う囃し田ですら「芸能化」している現象を田植歌の歌唱法から検討する。

　今日、囃し田は観光化していることもあって時間制約が生じ、田植歌の歌

唱法が変容している。

　まず従来の歌唱法を確認する。牛尾三千夫[28]等が行った多くの先行研究により、安芸地方の田植歌は、親歌・子歌・オロシ歌からなる「オロシ構造」を持つとされてきた。親歌というのは、音頭であるサンバイが歌う歌であり、子歌というのは、親歌に唱和する早乙女の歌う歌である。内田るり子によると、安芸地方の囃し田の田植歌には、親歌・子歌の詩型が不定型の歌謡群と、5・7・5（または7）・7・7（・5）のユリ歌があるとする[29]。ここでは便宜上、前者をA型とし、後者をB型として考察する。一方オロシ歌の詩型は7・7・4で一定している。ここではオロシ歌をC型とする。この他に、安芸地方では田植歌を歌い始める際に、まずオロシ歌を歌う。それから「オロシ構造」、すなわち親歌・子歌、オロシを歌い継ぐ。このように、冒頭に用いられるC型の歌謡のことを、親歌・子歌に後続するオロシ歌と区別して、C'型、「歌い始めのオロシ歌」と呼称することとする。

　以上から、安芸地方のオロシ構造はC'AC型もしくはC'BC型で表すことができる。「新庄のはやし田」におけるC'AC型田植歌の歌唱法の例を以下に示す（譜例1）。

　　○歌詞（「新庄のはやし田」より）
　　C'（歌い始めのオロシ歌）：ぱっとたちのく　弥仙の山の　朝霧
　　A（親歌）：今朝殿の　見送りに　銀のかんざし　落（おと）いた
　　　（子歌）：落（お）いたも　道理やれ　殿に心　とられた
　　C（オロシ）：今朝のかんざし　朝草刈が拾うた
　　―実際の歌唱―
　　C'：エー　ぱっとたちのく　弥仙の山の　（サンバイ）
　　　　ヤハーハーレーヤーハーレ　弥仙の山の　朝霧　（早乙女）
　　　　エーエエーエ　弥仙の山の　（サンバイ）
　　　　ヤハーハーレーヤーハーレ　弥仙の山の　朝霧　（早乙女）
　　A：イヤ　今朝殿の　見送りに　銀のかんざし　落いた　（サンバイ）
　　　：ハイ落いたも　道理やれ　殿に心　とられた（早乙女）

舞台にあがった囃し田―「民俗」から演じられる「芸能」へ　197

（親歌と子歌の繰り返し）
C：エー　今朝のかんざし　朝草刈が　（サンバイ）
　　ヤハーハーレーヤーハーレ　朝草刈が　拾うた　（早乙女）
　　エーエエーエ　朝草刈が　（サンバイ）

譜例1　「新庄のはやし田」C'AC型田植歌（採譜者：松井今日子）

ヤハーハーレーヤーハーレ　朝草刈が　拾うた　（早乙女）

　囃し田が農作業とともにあった頃は、明け方から日暮れまで1日中かけて田植が行われ、田植歌の歌詞の選択は即興的になされた。親・子歌は長く繰り返し歌い伸ばされ、オロシ歌は仕事始めと休憩の合図を示し、仕事の区切り毎に歌われた。しかし今日の囃し田は15分弱から1時間強に収まるショー的な内容に変化したため、従来のような即興性を伴ったオロシ構造によって歌唱されることは非常に難しくなっている。

　そこで今日における囃し田の田植歌の歌唱法を確認する。A＝親歌・子歌、B＝ユリ歌の親歌・子歌、C＝オロシ歌、C'＝歌い始めのオロシ歌として、広島県山県郡北広島町にて隣接する3つの囃し田、「新庄のはやし田」（北広島町新庄）、「原東大花田植」（同・志路原）、「壬生の花田植」（同・壬生）における田植歌の歌唱法の相違を表1・表2にまとめた。表1は田で行う場合、表2は陸上で行う場合である。各伝承団体に調査したところ、三者とも正式とされる歌唱法はオロシ構造に準ずるものであったが、それぞれの実際の演奏形態を分析してみると、その様態は様々であった。

**表1　田で行う囃し田における田植歌の歌唱形式**

| | 新庄のはやし田 | 原東大花田植 | 壬生の花田植 |
|---|---|---|---|
| 調子 | ・八調子 | ・六調子 | ・多種多様[30] |
| 歌謡の順序 | ・C'→ACまたはBC→（繰り返し）→ACまたはBC→小休憩 | ・C'→ACまたはBC→小休憩（C'が時間の都合により省略される場合がある） | ・A、B、Cそれぞれが単独で歌われる・1曲ごとに小休憩を挟む |
| C'の歌謡 | ・〈サンバイ迎えの歌〉・小休憩後の歌い始め | ・〈サンバイ迎えの歌〉・小休憩後の歌い始め | ・〈サンバイ迎えの歌〉 |
| 歌詞の編成 | ・無し | ・有り | ・無し |
| オロシ構造 | ・成立している | ・C'の省略時に崩れる | ・崩れている |

　まず田で行なう場合を確認する（表1）。「新庄のはやし田」では即興性を伴ったオロシ構造が成立している。その要因としてまず調子の速さが関係して

いると考えられる。新庄地域は寒冷な気候であるため、苗の植え幅を狭くして密度を高く植える必要があった。そこで節を歌い終える間に8株を植えられるように、八調子というテンポの速い調子が創られたと新庄地域では言い伝えられている。八調子のようにテンポが速いと時間内に多くの歌詞を歌うことができるため、田植歌を編成（選出）する必要がない。従ってオロシ歌の省略も行われない。

また「新庄のはやし田」は第3節で述べたように多くの囃し田の中でもいち早く注目され田植歌が研究されてきたほか、新庄の郷土史家である久枝秀夫が田植歌の研究に大きく貢献し、伝承の保持団体である新庄郷土芸術保存会に深く関わった。その結果、伝承者による伝承の取捨選択が比較的行われなかったのではないかと推察できる。

「原東大花田植」では、歌い始めのオロシ歌（C'）の省略がある時以外は、オロシ構造が成立している。また、即興性は維持されていない。原東田ばやし保存会への聞き取り調査によると、六調子[31]は田植仕事のできるテンポであり、その昔ながらの伝統ある調子を継承することを誇りにしているという。その結果、田植歌のテンポは守られてきたが、時間制約の関係で歌い始めのオロシ歌（C'）の省略や即興性の衰退という現象が起きている。「原東大花田植」のように六調子で田植歌のテンポが比較的遅いと、歌い始めのオロシ歌（C'）から歌い終わりのオロシ歌（C）の間に、親歌・子歌は1種類しか歌うことができない。

オロシ歌は何の歌詞を歌っても良いという訳ではなく、歌詞内容の連なりが必要とされる。そこで従来のオロシ構造に則って歌唱した場合、1時間強の公演時間の中で朝歌から晩歌までを歌いこなすのは困難となる。そこで、なるべく多くの種類の歌を歌うために歌詞が編成され（即興性の消失）、歌い始めのオロシ歌（C'）が意図的に省略される。

「壬生の花田植」では、即興性は維持されているが、オロシ構造はほぼみられなかった。壬生田楽団への聞き取り調査によると、田楽競演大会の出場の際に、時間制約のために歌詞を編成したことが、オロシ構造が衰退した要因だと考えられるという。壬生田楽団では現在でもステージ公演の際は新趣向

を考案し、歌詞を編成している。また筆者の調査によると、熟練したサンバイは親歌・子歌の後にオロシ歌を歌い継ぐことができていた。世代交代により、オロシ歌の意味が忘れ去られていることが指摘できる。今日の伝承者の意識が従来のオロシ構造の継承よりも、新趣向の創作へと向いていることがオロシ構造の衰退の要因であると推察できる。

また、「壬生の花田植」は文化財指定の関係で川東田楽団・壬生田楽団の合同公演である。両田楽団からサンバイを数人ずつ出しているため、基本的に両田楽団に共通の田植歌しか歌わない。両田楽団に共通のオロシ歌を歌うことが難しくなっていると考えられる。

**表2　陸上で行う囃し田における田植歌の歌唱形式**

|  | 新庄のはやし田 | 原東大花田植 | 壬生の花田植(壬生田楽団) |
| --- | --- | --- | --- |
| 歌謡の順序 | ・C'→AC または BC→（繰り返し）→AC または BC→打ち切り[32] | ・AC または BC→小休憩 | ・A、B がそれぞれ続けて歌われる（小休憩の省略） |
| C'の歌謡 | ・〈サンバイ迎えの歌〉<br>・小休憩後の歌い始め | ・〈サンバイ迎えの歌〉<br>・〈身洗い河原〉[33] | ・〈サンバイ迎えの歌〉 |
| 歌詞の編成 | ・無し | ・有り | ・有り |
| 所作 | ・苗を植える所作<br>　（以上早乙女） | ・苗取の所作<br>・苗を植える所作（数パターン有）<br>・手踊り（以上早乙女） | ・苗取の所作<br>・苗を植える所作（数パターン有）<br>・手踊り<br>・方向転換<br>　（以上早乙女）<br>・移動<br>・後方に反る<br>　（以上大太鼓） |
| オロシ構造 | ・成立している | ・やや崩れている | ・崩れている |

次に、陸上で上演する場合の囃し田の田植歌の歌唱法を確認する（表2）。「新庄のはやし田」「原東大花田植」「壬生の花田植」の順に演者の所作が多くなるが、それに従って田植歌の即興性やオロシ構造が崩れていくことが分か

る。舞台上演になると、田の中における上演よりもさらに時間が制約され、伝承の取捨選択が要求される。そこで伝承者が重視するのは効果的な演出であり、古来の伝承ではない。例えば「原東大花田植」や「壬生の花田植」では効果的な演出を観せるために、早乙女や太鼓の所作を創作するが、そこでなるべく全員の動きを揃えるため、歌詞を細かく編成する。その結果多くの歌詞を歌うためにオロシ歌（C'、C）抜きの演目が意図的に組まれる。

　ここで注目すべきは、田で行う場合でさえ、意図的である・ないに関わらず、時間制約により伝承を変容させているという点である。かつて時間制約によって伝承が改変されたのは、上記や第3節であげたような陸上の舞台のみであった。しかし今日観光化した囃し田においては、田で行う場合でさえ時間制約が生じ、伝承の取捨選択が求められるようになった。今日の囃し田にとって、田ですら1つの「舞台」となっている。

　今日の囃し田の伝承者は時間制約の中で何を演ずるか決めなければならない。伝承者の意識は、伝承の取捨選択に関わる。伝承者が陸上の舞台における新しい演技の創作を選べば、次第にオロシ構造は衰退していく。第3節で紹介した殿賀田楽の田植歌の歌唱にも、オロシ構造は全くみられなかった。表1・2を見ると、陸上での所作が多い伝承団体ほど、オロシ構造が崩れている。また表2をみると、所作の多い団体は歌詞を編成している。陸上での新趣向に積極的であるか消極的であるが、歌詞の編成の有無につながり、オロシ構造の衰退を決めている。三者とも元来田ではオロシ構造に則って歌っていたことから、時間制約や陸上における新趣向への興味が、田におけるオロシ構造の歌唱に影響していると推察できる。

　歌詞を編成する際に、オロシ歌は省略される傾向があるのにも関わらず、田においても陸上においても冒頭に〈サンバイ迎えの歌〉を歌うことは三者とも共通している。これは殿賀田楽においても同様である。〈サンバイ迎えの歌〉は基本的にオロシ歌（C'）で「歌いはじめにまずサンバイを参らしょう」などという内容の歌詞が歌われる。これは「サンバイ（田の神）信仰」の名残である。1節で挙げたように、囃し田が農作業とともにあった頃から〈サンバイ迎えの歌〉は歌い継がれてきた。このように伝承の改変という動向の中

に、部分的にではあるが、かつての「民俗」的な要素が形式化され、受け継がれている場合がある。

　今日民俗芸能として「芸能化」した囃し田の伝承者は、田と陸上という2つの「舞台」を行き来し、上演形態に合わせ演技を取捨選択している。その過程で、かつて農作業の中で培われた田植歌の歌唱様式は、変容しつつある。

## 5. おわりに

　本章では、安芸地方の囃し田がいかに本来の伝承脈絡から分離して「芸能化」したのか概観した上で、今日の芸態を読み解くことを試みた。

　囃し田は「舞台にあがる」ことで「芸能化」した。農作業から離脱し陸にあがった囃し田は、他者を意識し、芸態を変容させていった。また田楽競演大会によって陸にあがった囃し田も、一部は文化財保護制度によって田に戻ったが、文化財指定は囃し田を観光化させ、田という従来の伝承の場をも「舞台」へと変容させた。

　ある伝承が民俗芸能や文化財として対象化された時に、「観る者」(観客や研究者)と「観られる者」(演者)の関係が創出される。それは伝承者の意識を変え、伝承そのものに影響する場合もある。今日の囃し田は、かつて農作業の中で行われていた頃と比べ、その芸態や伝承者の意識、伝承の意義が変容している。

　伝承の消失や中断も変容の一部分である。しかし地域によって囃し田の変容の要因が異なるため、本章では伝承の消失や中断という現象について触れることができなかった。伝承を再興する際に、古来の伝承を再現しようと努めながらも「芸能化」する囃し田が存在する。また田植歌のオロシ構造のように、変容の過程で一見忘れさられ消滅したかのように見える伝承でも、田の神信仰と習合し、形を変えながら継承されている要素がある。何が消滅し何が継承され、結果どのように変容したか。その過程を探ることが、今日の民俗芸能の伝承を読み解く上で必要なのではないだろうか。

安芸地方の囃し田は、田植の「民俗」から分離した時点で演じられる「芸能」となり、演者と観客を分離させた。そしてさらに上演する「舞台」に合わせ伝承を発展させてきた。このような囃し田の「芸能化」は、伝承者の意識の変容であるともいえる。観客が囃し田に伝統的なものを求めることが多い一方で、囃し田の伝承者はその時々の「舞台」に応じた「伝統」を適宜演出してきた。芸態および演じられる「場」の変容と、伝承者の意識との連関を探ることは、民俗芸能を研究する上で1つの手がかりとなるであろう。

注
1　農作業における相互扶助組織。
2　田植が終わり一段落した時に行う慰労の行事。
3　文政8年(1825)に完成した安芸國広島藩が編纂した地誌。
4　千代田町役場編「山県郡本地村国郡志御用ニ付下しらへ書出張」『千代田町史　近世資料編』、1990、p.130
5　千代田町役場編「山県郡有田村国郡志御用ニ付下しらへ書出張」『千代田町史　近世資料編』、1990、p.216
6　東城町教育委員会生涯学習課編『国選択民俗芸能広島県無形民俗文化財　大山供養田植』東城町教育委員会、2001、p.222
7　同上、p.221
8　同上、p.222
9　橋本裕之「「民俗」と「芸能」─いわゆる「民俗芸能」を記述する方法・序説─」『国立歴史民俗博物館究報告第51集』第一法規出版株式会社、1993、p.221
10　同上、p.245
11　三隅治雄『日本民俗芸能概論』東京堂出版、1972、p.31
12　安芸地方における田の神の呼称。サンバイの名義の由来は諸説ある。
13　牛尾三千夫『大田植と田植歌』岩崎美術社、1968
14　一定の距離間隔で印をつけた長い木綿のより綱に合わせながら、後ろ下がりに植えて行く方法。綱植ともいう。
15　千代田町役場編『千代田町史　民俗編』、2000、真下三郎『広島県の囃し田』渓水社、1991
16　千代田町役場『千代田町史　近代現代資料編(上)』、1998
17　木の枠を用いて、少人数で行う田植。枠で田の表面に跡を付け、苗を植える等様々な方法があり、前進しながら苗を植える場合が多い。枠植によって田の草取りが機械化

18 現・広島県山県郡北広島町新庄
19 熊谷辰治郎『大日本青年團史』財団法人日本青年館、1943、p.199
20 囃し田は当地の「虫送り」と一括で上演された。
21 岩橋小彌太「囃し田を観て」『民俗藝術　第1巻　上』地平社書房、1928、p.563
22 安芸地方北部。
23 東城町教育委員会生涯学習課編『国選択民俗芸能　広島県無形民俗文化財　大山供養田植』東城町教育委員会、2001
24 田植歌のテンポや旋律、太鼓の奏法のことを「調子」と呼ぶ。意味合いは一定しないが、ここでは田植歌のテンポを指すこととする。
25 この国の選定は昭和29年（1950）の文化財保護法の改正により消失し、昭和49（1970）年に新たに「記録作成等の措置を講ずべき無形の民俗文化財」に選択された。
26 「新庄のはやし田」、「川東のはやし田」、「原田のはやし田」、「本郷のはやし田」、「桑田のはやし田」、「生田のはやし田」、「壬生のはやし田」
27 真下三郎『広島県の囃し田』渓水社、1991
28 牛尾三千夫『大田植の習俗と田植歌』名著出版、1986
29 内田るり子『田植ばやし研究』雄山閣、1978
30 全体的なテンポは六調子に準ずる。サゴエ、百合、大津、鳥羽、二へん返しなど太鼓の奏法や歌の旋律としての調子は多種多様である。なお八調子（移動）もあるが、これは陸上でしか用いない調子である。
31 六調子は八調子よりもテンポが遅い。
32 「新庄のはやし田」においては、囃し田の最後に太鼓のみで演奏する囃子のことを指す。
33 囃し田の中で一番最後に歌う田植歌。

**参考文献**

新井恒易「田楽」『日本民俗学大系　第9巻　芸能と娯楽』平凡社、1958
文化庁文化財保護部『民俗資料叢書9　田植の習俗4　島根県・広島県』平凡社、1969
文化庁編『無形文化財記録芸能編2　民俗芸能〈田楽ほか〉』第一法規出版株式会社、1972
千代田町役場編『千代田町史　近代現代資料編（上）』、1998
千代田町役場編『千代田町史　近代現代資料編（下）』、1998
千代田町役場編『千代田町史　近世資料編』、1990
千代田町役場編『千代田町史　民俗編』、2000
独立行政法人文化財研究所　東京文化財研究所芸能部「民俗芸能の上演目的や上演場所に関する調査研究報告書」、2006
芸備郷土史刊行会『復刻　芸藩通史　第一巻』、1973
花谷武『田植が語る―農村の変遷―』瀬戸内文化研究所、1972

橋本裕之「文化としての民俗芸能研究」『民俗芸能研究』民俗芸能学会、1989
橋本裕之「保存と観光のはざまで―民俗芸能の現在」『観光人類学』新曜社、1996
橋本裕之「民俗芸能研究という神話」『課題としての民俗芸能研究』ひつじ書房、1994
橋本裕之『民俗芸能研究という神話』森話社、2006
橋本裕之「「民俗」と「芸能」―いわゆる「民俗芸能」を記述する方法・序説―」『国立歴史民俗博物館研究報告第51集』第一法規出版株式会社、1993
林家辰三郎校注『日本思想体系古代中世藝術論』岩波書店、1973
広島県『広島県史　近代現代史料編Ⅰ』、1973
久枝秀夫編『新庄はやし田歌詞』新庄郷土芸術保存会、1975
飯田道夫『田楽考　田楽の源流』臨川書店、1999
加計町編『加計町史　民俗編』、2000
加藤隆久編『岡熊臣集　下　―神道津和野教学の研究―』国書刊行会、1985
吉川英史編『日本音楽文化史』創元社、1989
熊谷辰治郎『大日本青年團史』財団法人日本青年館、1943
倉田善弘校注『芸能　日本近代現代思想体系18』岩波書店、1988
真下三郎『広島県の囃し田』渓水社、1991
壬生花田植保存会編「壬生の大花田植・田植唄集」、2003
民俗藝術の會編『民俗藝術　第1巻　下』地平社書房、1928
民俗藝術の會編『民俗藝術　第1巻　上』地平社書房、1928
民俗藝術の會編『民俗藝術　第2巻　上』地平社書房、1929
三隅治雄『日本民俗芸能概論』東京堂出版、1972
長笹郷土史研究会『ふるさと長笹　第二集』長笹郷土振興会、1991
日本放送協会編『日本民謡大観　中国編』日本放送出版協会、1969
日本一の田楽大会主管委員会編「田楽」ふれあい戸河内まつり実行委員会、1991
日本一の田楽大会主管委員会編「ふれあい戸河内まつり　でんがく」ふれあい戸河内まつり実行委員会、1992
日本古典文学大辞典編集委員会編『日本古典文学大辞典　第4巻』岩波書店、1984
大朝町史編纂委員会編『大朝町史　下巻』大朝町教育委員会、1982
小都勇二『高田郡地方の郷土芸能』吉田郷土資料館、1979
笹原亮二「奇妙な舞台・微妙な舞台―民俗芸能大会と民俗芸能研究者」『民俗芸能研究　12巻』民俗芸能学会編集委員会、1990
笹原亮二「芸能を巡るもうひとつの「近代」―郷土舞踊と民謡の会の時代―」『芸能史研究　第119号』芸能史研究會、1992
笹原亮二「民俗芸能大会というもの―演じる人々・観る人々―」『課題としての民俗芸能研究』ひつじ書房、1994
笹原亮二『三匹獅子舞の研究』思文閣出版、2003
新藤久人『広島県における年中行事　田植とその民俗行事』年中行事刊行後援会、1955

高野辰之『日本歌謡集成　巻五近古篇』春秋社、1928
田村俊実監修『郷土の田植唄』皎友会発行、1971
田唄研究会『田植草紙の研究』三弥井書店、1972
田唄研究会『田唄研究　上巻』名著出版、1986
田唄研究会『田唄研究　下巻』名著出版、1986
田唄研究会『田唄研究　別巻』名著出版、1986
殿賀田楽保存会「民俗文化　殿賀田楽」、出版年不明
東城町教育委員会生涯学習課編『国選択民俗芸能　広島県無形民俗文化財　大山供養田
　　植』東城町教育委員会、2001
内田るり子『田植ばやし研究』雄山閣、1978
牛尾三千夫『大田植の習俗と田植歌』名著出版、1986
牛尾三千夫『大田植と田植歌』岩崎美術社、1968

# 「赤城大明神事」考―継子いじめ譚の検討を通して―

柏原康人

## 1. はじめに

　本章は、いわゆる古典文献を対象に、そこから文献が書かれた文化的時代的背景や執筆者の意図などを読み取ることを「文化情報リテラシー」と解釈する立場に立って、論を進めることにする。
　特に、ここでは『神道集』という書物を取り上げる。
　『神道集』は、安居院[1]の手によって南北朝期ごろに成立したと考えられる唱導書である。内容は、和光同塵、本地垂迹の思想を基盤とした神道論や、社に祀られている神々の本地やその垂迹を示した物語などを掲載したものである。成立年代や製作者は未だ確定的ではないものの、『神道集』に掲載されている神道論は、中世の本地垂迹説などの神仏習合思想を考える上で、非常に重要な資料である。また諸社の神々の由来を説いた物語の一部は、神々の由来をめぐる伝承や御伽草子との関連などを考える上で非常に重要な資料である。
　『神道集』は、筑土鈴寛氏によれば、その内容を

・「神道論的なもの」
・「垂迹縁起的なもの」

の２つに大別でき、さらに「垂迹縁起的なもの」を

- 「公式的縁起に近いもの」
- 「物語的縁起」

の2つに分ける分類がなされている[2]。

　物語的縁起と分類されている話の中には、継子や継母が登場する話が存在する[3]。それらは、先行研究によって昔話との関連や室町時代に多く成立したとされるいわゆる御伽草子の継子いじめ譚とのかかわりが指摘されている。

　また、『神道集』に収められている物語的縁起には、「夫婦」や「親子」の情愛を主要な要素としているものが多くみられる[4]。特に、「夫婦」については、物語的縁起に分類されるものに夫婦の情愛を強調する話が多く存在することが指摘されている[5]。

　そのような物語的縁起の中に「上野国勢多郡鎮守赤城大明神事」（以下「赤城大明神事」）という物語がある。赤城山一帯の神々の由来譚を描いた物語であると同時に、継子いじめの物語でもある。この継子いじめの物語には、「親子」「夫婦」などの情愛が随所で語られていることから「親子」の情愛を説く物語、「夫婦」の情愛を説く物語という風にも解されてきた[6]。

　さて、「赤城大明神事」は、継子いじめを受けた継子が、苦しみの末に死んで神となる、という話である。

　特に注目すべきは、この話において神となるのは、継子いじめを受けた赤城御前だけではなく、その家族もまた神となって顕れており（または神となることが約束されている）、さらには、乳母といった血縁者ではないものまですべて神として顕れている点である。

　神々の顕現は次のように語られている。

　　…上野ノ国々司ハ、御父御妹ト亡給シ跡ヲ神ト崇メ給テ、淵名ノ明神ト申ハ即是也、今ハ赤城ノ沼ニ行テ、赤城ノ御前ヲ見奉ントテ、御登山有ケリ、黒檜ノ山ノ西ノ麓ナル、大沼ニ岸ニ下居テ、奉幣給ケレハ、大沼ノ東ノ岸ニ、障子返ト云山ノ下ヨリ、鴨ト云鳥一ツ浮ヒ出タリ、其鳥ノ左右ノ翅ノ上ニ、玉ノ御輿有、御妹淵名ノ姫ト赤城ノ御前トハ、一輿ニ

乗給ヘリ、淵名ノ女房ト大室ノ女房ト、二人姫君達ノ後シロニ参給ヘバ、淵名ノ次郎モ大室ノ太郎モ、御輿ノ左右ノ轅ニ取付ツ、械色ノ狩衣ニ透キ額ノ冠ヲ着ツ、腰ニ太刀ヲ帯テ、御友ニ立タリ、国司ハ御涙ニ咽ヒ給ヘハ、二人ノ姫君達モ、兄御前ノ左右御袂ニ取付テ、何兄御前、我等ハ此ノ山ノ主シト成リテ、神通ノ徳ヲ得タリ、妹ノ伊香保ノ姫モ神道ノ法ヲ悟テ、悪世ノ衆生ヲ導ク身ト成ルヘシ、君モ亦我等同心ノ神ト成給フヘシ、(中略)御父ノ大将殿顕レ出テ、子共ノ行末ヲ見継カルトテ是ニ侍ナリト…

　彼らは、赤城御前たちへの継子いじめの過程において、そのほとんどが非業の死を遂げて神となった。この継子いじめの果てに、苦しみを受けた者が神となるという結末は、「赤城大明神事」の最大の特徴であるといえよう[7]。さらに注目すべきは、「赤城大明神事」では、継子いじめという苦しみを受けた継子のみならず、その父・姉・乳母・乳母の夫などの一族郎党ともいうべき縁者すべてが神として顕れている点であろう。

　そして、そのような継子いじめの物語の随所に「親子」「夫婦」「兄(姉)妹」「めのとと養君」の間の情愛を強調する表現が多数出てくるのである。特に「親子」の間の情愛の表現は、全編に亘って随所で強調されており、「赤城大明神事」が「親子話」と規定される所以ともなっている[8]。また、「めのと[9]と養君」の結び付きも物心両面において強固なものであったことが書かれている点も見逃せない。

　本話における継子いじめは、継母単独で行うものではなく、継母の実家の力によって行われているのである。その継子いじめも継子のみが苦しめられるのではなく、赤城御前の家族とその家臣たち、すなわち高野辺一族[10]全体にまで波及し、継子いじめによって高野辺一族が崩壊するさまが描かれているのである。

　このように、「赤城大明神事」は赤城の神々の顕現を語る物語であり、継子いじめの物語であり、情愛を説く物語であり、一族の崩壊を語る物語であるということが出来よう。「赤城大明神事」は、いくつものテーマを持つ物語で

あり、それらが絡み合うことによって形成されている物語であるといえよう。

これまでの多くの研究では、「赤城大明神事」について、単に「親子」「夫婦」の情愛を説く物語、赤城の神々の顕現の由来を説く継子いじめの物語という以上の評価・読解をしてこなかったように思う。

そこで、本章では、これまでの『神道集』と「赤城大明神事」についての研究成果を踏まえて、「赤城大明神事」がいかなる物語であったのかということについて考えるものである。

なお、『神道集』のテキストには古本系と流布本系諸本とが存在するが、本章では赤木文庫旧蔵本[11]『神道集』を使用する。また、本章における『神道集』本文の引用は、特記しない限り『神道大系文学編神道集』による。ただし、引用にあたって表記は私にあらためた[12]。

## 2. 先行研究

『神道集』ははやくからその雑纂性が指摘されていた[13]。また、その雑纂性故に『神道集』内部の言説や内容が相矛盾していることが、筑土鈴寛氏らによって指摘されている。

村上学氏[14]や佐藤喜久一郎氏[15]が指摘しているように、『神道集』は、矛盾を解消し言説を体系化しようとはしていないため、矛盾が矛盾のまま継ぎ合わされていたり、それぞれの物語が複雑に絡み合ったりしている。このために、『神道集』全体をみると、多元的で複雑かつ難解な言説と世界が繰り広げられているのである。例えば、冒頭第一章「神道由来之事」と第二十七章「天神七代事」・第二十八章「地神五代事」がほぼ同内容であることや、第六章「熊野権現事」では前半と後半の物語がほぼ分離したまま記述されていることがその例として挙げられよう。

『神道集』は、そのような複雑で多元的な世界を持つ故に、全体の言説や世界観を統一的に捉えようとすることは不可能であり、また無意味である。これまでの研究でも明らかになっているように『神道集』に底流している論理

や思想は複数あり、それらをひとつひとつ解きほぐしていくことで、『神道集』を成り立たせている思想や社会的背景、編者の意図などを浮かび上がらせる他ないと考える。

永藤靖氏が指摘しているように[16]、『神道集』の研究では、『神道集』そのものの物語や物語世界について分析・考察したものは多いとはいえない。『神道集』に関する多くの研究は、「原神道集」なるものの存在を比定した上で、安居院を中心とした『神道集』に収録されている縁起類の伝承経路を明らかにしようとするものや、後世の御伽草子などとの比較研究などを中心に蓄積されてきた。「赤城大明神事」についても、これまで行われてきた研究は諸本間の本文異同の問題や、「親子」や「夫婦」の情愛の表現に注目して、神道教説との関わりや御伽草子との比較を行っているものが中心である。

福田晃氏の「赤城山縁起の生成[17]」は、「赤城大明神事」の生成過程を、在地伝承、信仰形態、諸伝本などから解き明かそうとしている。

「赤城大明神事」を含めた『神道集』の「親子」や「夫婦」の情愛については、脇田晴子氏、貴志正造氏、有賀夏紀氏、渡辺匡一氏らの論考がある。

貴志氏は、「『神道集』の唱導性[18]」の中で、『神道集』の物語的縁起で「夫婦」の情愛について中心的に語ったものに注目し、『神道集』の唱導性、『神道集』の物語的縁起の思想的背景について考察を行っている。

有賀氏は、「『神道集』の夫婦と「荒膚」[19]」の中で、「諏方縁起」の「荒膚」の語に注目して「家」と女性の関係を考察し、『神道集』を夫婦関係に基礎を置く「家[20]」制度を支える物語であると結論付けている。

渡辺氏は、「『神道集』における夫婦[21]」で、『神道集』の後半部の話を「夫婦話」として捉え、それらの話が「夫婦」の間の情愛によって成り立っているとしたうえで、後半部の冒頭にある神道教説の意味づけを行っている。

また、脇田氏は、「「家」の成立と中世神話[22]」の中で、『神道集』における家族神が登場する説話に注目し、その中で「家」がどのように組織されており、その「家」の中で女性がどのような道徳を持ち、どのような願いを持っていたのかということについて考察している。

これらの論文では総じて「夫婦」を中心として考察を行っている。特に有

賀氏と脇田氏の論文は女性をめぐる言説に注目し、「荒膚」について貞淑な妻を存立させ「家」を安泰ならしめる倫理であると論じている。

このように『神道集』における「親子」「夫婦」の情愛についての考察はこれまで少なからぬ蓄積が存在し、それらの多くは神道教説との関わりやジェンダーの観点から『神道集』の物語を支える理論の分析やその意義に迫るものであった。

以上、『神道集』の先行研究について、特に本章と関連のあるものについて概観した。以上の先行研究を踏まえて、「赤城大明神事」の継子いじめ譚について考えていく。

## 3. 「赤城大明神事」について

本章で取り上げる「赤城大明神事」は、上野国の赤城山を中心とする地域[23]に関する物語群の中核を為す話である。『神道集』において、同一の物語世界を複数の話が共有しているものは「赤城大明神事」「伊香保大明神事」「覚満大菩薩事」の三話からなる話群以外に存在せず、『神道集』における物語世界の一角を占めているといっても過言ではないだろう。

上野国を舞台とする説話は、「赤城大明神事」の他にも「児持山事」「上野国一宮事」「那波八郎大明神事」「上野国九箇所大明神事」「上野郡馬郡桃井郷上村内八箇権現事」「諏訪縁起」の一部があり、それらは「上野国」という同一の世界を共有しているように見えるが、登場する神々や時代において、互いに矛盾するところが複数あり、「赤城大明神事」「伊香保大明神事」「覚満大菩薩事」（後半部）のように完全に同一の世界を共有しているとはいいがたい。これらの「上野国」にまつわる説話は、「上野国」という大きな枠組みの中で互いに多少の連関を持ちつつも個々に独立して存在していると考えるべきであろう。その中で「赤城大明神事」を中心とする話群は、『神道集』の中の「上野国」を形作る大きな物語の１つであると考えられる。

ここで、「赤城大明神事」のあらすじを確認しておきたい。

「上野国勢多郡鎮守赤城大明神事」

　昔、履中天皇の御代に高野辺左大将家成という公卿がいたが、履中天皇六年に「霊景殿ノ女御」に讒訴され無実の罪をきせられて上野国に流罪にされた。この高野辺左大将には「若君一人・姫君三人」がいたが、男の子は成長すると母方の祖父母を頼って上京し罪を許されて帝に近侍した。三人の女の子たちはそれぞれ淵名・赤城・伊香保の領主に預けられて大切に養育されていた。

　あるとき、母親が病で亡くなってしまった。悲しみに暮れていた高野辺左大将と姫君たちだったが、周囲の強い勧めによって更科御前という人を後妻として娶ることになった。ほどなくして二人の間に女の子が生まれた。

　それからしばらくして、高野辺左大将が罪を許されて出仕するために都に戻ると、継母は高野辺中将から娘へ贈り物や結婚の話がないことから自分の娘が「我子ヲハ人ノ数ニモ思ハレザル」と思い、継子たちを亡き者にしようと画策した。更科御前は弟の更科次郎を口説いて、淵名・赤城の領主を巻狩りを口実にして呼び出し、騙し討ちにして殺してしまった。それと同時に淵名・赤城・伊香保の領主の館に軍勢を差し向け、継子諸共攻め滅ぼそうとした。長女の淵名姫は、捕らえられて乳母ともども「倍屋ヶ淵ニ沈」め殺されてしまった。次女の赤城御前は、乳母と共に赤城山に逃げ込んだが力尽きているところを、「赤城沼ノ龍神淹佐羅摩女」に「龍宮城ト申ハ、長寿トシテ快楽多シ、去来引具奉ツヽ、赤城沼ノ龍神ノ跡ヲ継セ奉テ、赤城大明神ト顕」れた。末子の伊香保姫だけは、養父の伊香保大夫が更科次郎の軍勢を撃退したので無事だった。

　父の高野辺左大将はそんなことになっているとは知らずに上野国の国司となって下向してきていたが、道中、娘たちが攻め滅ぼされたと聞いて絶望し、長女が殺された倍屋ヶ淵にやってきて娘達の後を追って入水した。

　この出来事は、羊太夫という者によって高野辺左大将の長男である高野辺中納言に報告された。中納言は勅令を受けた帝の軍勢と共に上野国

に向かい、更科次郎を攻め滅ぼした。更科御前は中納言に捕らえられるが、父親の後妻だったこと、腹違いの妹を生んでいたことを理由に命だけは助けられ信州に追放された。追放された更科御前は実家に転がりこんだが、「継子を殺して国を混乱させた張本人を匿っている」という理由で信濃国司に実家を攻め滅ぼされてしまった。行き場を失った更科御前は甥に助けを求めたが、甥は本家が滅びた原因であるとして、更科御前とその子供を姥捨山に捨ててしまった。そして、更科御前とその子供は山をさまよい歩いているうちに、「母子倶ニ雷ノ為ニ踏殺」されてしまった。

　その後、赤城御前の一族は神となって上野国の各所に顕われ、中納言と伊香保姫は彼らを祀るために社を建立した。彼らは、忉利天に転生した母によって、後世に成仏することが決まっていると告げられる。上野国の国司の職は、中納言から伊香保姫に継承された。また、中納言と伊香保姫も将来的に神として顕れ、後世には赤城御前たちと共に成仏することが示された。

以上のような話である。
　このように、概観してみても、「赤城大明神事」が、さまざまな要素をもった物語であることが分かる。

## 4.「赤城大明神事」の継子いじめ譚の性格

　「赤城大明神事」の特徴は、継子いじめが話の大きな要素となっているということであろう。「赤城大明神事」が継子いじめ譚でもあるということは、その物語を読めば明らかであるし、多くの先学によっても指摘されていることである[24]。
　継子いじめというと、御伽草子や昔話での継母に憎まれた継子が継母から嫌がらせや呪いを受けて一時的に追放されるが、庇護者(女性の場合、多くは婚約者、男性の場合、多くは神仏)を得て救出され障害を乗り越え安泰に

暮らす、というストーリーを想起させる。実際、御伽草子には「鉢かづき」「うはかは」など「継子物」として一ジャンルを確立しているし[25]、昔話でも継母が継子をいじめる話というのは「米福粟福」「手なし娘」「姥皮」など多く伝わっている。

　また、継子を主人公とする物語が『神道集』成立以前より古くから読まれていたことは、『枕草子』に『落窪物語』の名が見えることや、『源氏物語』に「継母の腹きたなきむかし物語もおほかるを、「心見えに心づきなし」とおぼせば、いみじくえりつゝなむ、書きとゝへさせ、絵などにも書かせ給ひける[26]」との言及があることからわかる。具体的には、『落窪物語[27]』や『住吉物語[28]』や、鎌倉期に成立したと思われる継子いじめが描かれている物語として『小夜衣』や『むぐら』が挙げられる。他にも散逸して現存しない継子物語が『風葉和歌集』に多数挙げられている[29]。また、『今昔物語集』『宝物集』『十訓抄』などの説話集にも継子いじめの話が多数みられる[30]。また、「当麻寺曼荼羅縁起」などに描かれる中将姫の物語のように、寺社の縁起として語られている例も存在する[31]。

　さて、「赤城大明神事」における継子いじめの発端は次のように語られている。

　　継母ノ女房此ノ申ヲ聞食、恨シキ哉、我子ヲハ人ノ数ニモ思ハレザル、何カニ智ヲ取給共、亦前腹ノ子共ハ重テ家ノ上臈ニ成コソ、恨山敷思ハレケリ（中略）更科ノ女房心内ニ思ハレケルハ、前腹ノ三人ノ子共ヲ失テ、我子ヲ都ヘ上セ、太政大臣・関白殿ヲモ智ニ取リ、童カ一門ノ人々繁盛スヘシト思ヒ…

つまり、自分の腹を痛めて生んだ子が家長の寵愛を受けていないと思い込んだことと、自分の子を都の権門の家に嫁がせその外戚として更科一族の隆盛を企図したことが継子殺しの動機であるとされている。

　他の継子いじめ譚においては、継子いじめの発端や動機はどのように語られているのであろうか。

　たとえば、『落窪物語』において、継子いじめの発端は、

今は昔、中納言なる人の、御女あまたもち給へるおはしき。大君、中君には婿どりして、西の対、東の対に、花々として住ませ奉り給ふに、三四の君、裳著せ奉り給はんとて、かしづきそし給ふ。時々通ひ給ひけるわかうどほり腹の君とて、母もなき御女おはす。北の方、心やいかゞおはしけん、仕うまつる御達の数にだにおぼさず、寝殿の放出の、又一間なる所の、落窪なる所の、二間なるになん住ませ給ひける。君達ともいはず、御方とはましていはせ給ふべくもあらず。名をつけんとすれば、さすがに、おとゞのおぼす心あるべしとつつみ給ひて、「落窪の君といへ」との給へば、人々もさいふ。[32]

とある。『落窪物語』では、継子いじめの発端や動機が不明であり、曖昧にぼかされているのである[33]。
　他の物語に目を転じてみても、『今昔物語集』巻四「拘拏羅太子、扶眼依法力得眼語第四」には、継子いじめの発端と動機として、自分になびかなかった継子への報復として継子いじめが行われていることが書かれているし[34]、厳密には継子いじめ譚とはいえないものの、巻二「微妙比丘尼語第卅一」には、側女の生んだ継子を殺害する継母が登場し、そこでの動機は嫉妬であったと書かれている[35]。また、『沙石集』「継女ヲ蛇ニ合セムトシタル事」のように継子いじめの動機が語られないままの説話も多い[36]。
　このように平安期から鎌倉中期にかけての継子いじめ譚においては、継子いじめの動機はかなり曖昧であったり、継子に対する報復や継子の母と継子本人への嫉妬を背景にしたものが多かったようである。これらの継子いじめの動機は、嫉妬であるとか報復感情であるといった個人的感情に終始しており、「赤城大明神事」のような、嫉妬に加えて家庭内における自己（と実子）の影響力の向上と更科一門の隆盛というある種政治的といっても良いような理由による継子いじめは、例に挙げた継子いじめの物語と少し様相を異にしているように思える。
　しかし、時代が下ると継子いじめの動機を、「赤城大明神事」と同様に家長からの愛情のなさや家庭内での地位向上に求める物語や説話が、いくつか見

「赤城大明神事」と同じ動機で継子を迫害する話に、中世末期に下るが、説経節の『しんとく丸[37]』がある。そこでは、継母は自分の生んだ子に愛情がふり向けられていないこと、そして継子を排除して自分の子を総領としたいがための継子いじめであることが明示されている。『しんとく丸』の継母が継子を迫害する動機を語った箇所には次のようにある。

　　当御台所は、御果報の瑞相か、若君の出でたもう。すなわち、乙の二郎とお名づけある。御台このよし聞こしめし、たまたま子ひとり儲てに、総領ともなしもせで、乙の二郎と呼ばすることの腹立ちや。かなわぬまでも信徳を呪い、乙の二郎を総領になすべしと…

このように、家長の愛情が我が子に振り向けられていないこと（ここでは名付けに不満があるとされる）と継子を排除して我が子を総領にすることを企図したことが明確に語られているのである。

また、『小夜衣[38]』には、実子の栄達に邪魔になった継子を拉致監禁する継母が描かれている。ここでの継母は、実子の栄達（すなわち実子が帝の寵愛を得る）のために継子を排除しようとしている[39]。

これらの物語では、先に例に挙げた継子いじめ譚とは違い、その動機が明確であり、ある種政治的な欲求によって継子いじめがなされていることがわかろう。

さて、実子を栄達させることによって一族内での影響力の向上を図ったり実家の一族の隆盛を目論むというような理由で始まった継子と継母の諍いは、「赤城大明神事」においては、継母が、継子の養育者たちを謀殺し、自分の影響下にある軍勢（血縁者が持つ軍勢）をして継子を攻め滅ぼさしめるという軍事衝突にまで発展する[40]。つまり、「赤城大明神事」では、継母による継子いじめ（継子殺し）が一族の力を背景にして行われており、しかもそれが大規模な争乱にまでつながっていくのである。

『しんとく丸』や『小夜衣』では、話が展開していくなかで「赤城大明神

事」のように継子の周囲まで巻き込んだ大規模な継子いじめは行なわれていない。

『しんとく丸』では、継母は継子信徳を呪うことによって継子いじめをしているが、その影響は、信徳のみにとどまり、あくまで信徳が呪いを受けて苦しみ、清水観音に導かれて復活するというように展開する。

『小夜衣』でも、民部小輔によって監禁されていた山里の姫君は、父大納言によって救出され、想い人の兵部卿宮と結ばれ果ては中宮となるように、山里の姫君の救出と栄達にのみ視点が当てられている。この物語では、継母が人を使って継子を拉致監禁させてはいるものの、それが家同士の抗争や大規模な奪還劇に発展することはないし、また、救助に際しても「赤城大明神事」のような帝の援助[41]なども存在しない。

「赤城大明神事」は、赤城御前たちの受難と神の顕現を語った物語であるわけだが、『しんとく丸』や『小夜衣』とは違い、継母対継子という構図ではなく、継母の属する集団対継子の属する集団という構図になっているのである。

この物語における継子を排除しようという継母の決意は、家庭内で自分の子供に保護があたえられていないことと、一族の中での我が子の地位の向上と自身の影響力の強化を望んだことにあった。継母は、その影響力を行使して更科一族の繁栄のために実子である娘を都の権門に嫁がせようとするわけであるが、そこで障害となる継子の排除に更科一族の力を使っているのである。

これに対して攻められた継子たちを守ろうとしているのは、養育を任された領主とその妻である乳母である。

ここから、継子いじめが赤城御前の問題ではなく、家臣たちをも巻き込んだいわば高野辺一族の問題になっていることが分かろう。

「赤城大明神事」では、継母に攻められた継子たちは、淵名姫は乳母もろとも沼に投げ込まれて殺され、赤城御前は乳母に連れられて山に逃亡してそこで横死するが、伊香保姫だけが乳母の持つ軍勢に守られて無事であったと語られている[42]。伊香保姫は、養育者である伊香保太夫の一族に守護され、更

科一族に軍事的に対抗することが出来ている。淵名姫と赤城御前が死ななければならなかったのは、彼女たちを守護する役割を担っていた養育者たる領主が、謀殺されてしまっていたために軍事的に無力化されており、継子殺しにほとんど対抗することが出来なかったからなのである。

このように、「乳母」の存在が赤城御前たち継子の命運に大きな影響を及ぼしており、「めのとと養君」が重要な要素であることがわかるのであるが、ここで特に注目すべきなのは、伊香保姫を守るものが、多くの継子いじめ譚に見られるような乳母（女性）の機転や智慧[43]ではなく、「めのと」の一族の持つ力である点である。養育者である淵名次郎・大室太郎を殺害されために、継子殺しに抗することの出来なかった淵名姫と赤城御前に対して、伊香保姫は「乳母[44]」である伊香保太夫が生き残っていたため軍事力をもって更科軍に対抗し、更科軍を撃退できているのである。その伊香保姫の守護は、伊香保太夫の家族によって行われているのである。このような、主家の危機に際して子息親類を率いて主家を守ろうとする伊香保太夫の姿は、中世において、有事の際に主君の元に参じる郎党の姿を彷彿とさせる。

また、物語の後半において継母たちを駆逐するのは、帝の力を背景として軍勢を従えた高野辺中納言である。継母たちが高野辺中納言によって駆逐され、兄妹が再会し、亡くなった者達を祭ることによって上野国が正常化されるのである。つまり、上野国の回復と神々の顕現が崩壊した「高野辺一族」の再生と重ね合わせて描かれているのである。

このように、「赤城大明神事」の継子いじめ譚は、継子である赤城姫たちの受難譚だけではなく、高野辺一族の危機としても語られているのである。むしろ、「赤城大明神事」における継子いじめ譚は、高野辺一族の危機に焦点を当てて語られているのである。

## 5. 「赤城大明神事」における情愛と継子いじめ譚

「赤城大明神事」においては、その結末部で継子いじめによって非業の死を遂げた者たちが、神として顕れ、再び相見えている。

…上野ノ国々司ハ、御父御妹ト亡給シ跡ヲ神ト崇メ給テ、淵名ノ明神ト申ハ即是也、今ハ赤城ノ沼ニ行テ、赤城ノ御前ヲ見奉ラントテ、御登山有ケリ、黒檜ノ山ノ西ノ麓ナル、大沼ニ岸ニ下居テ、奉幣給ケレハ、大沼ノ東ノ岸ニ、障子返ト云山ノ下ヨリ、鴨ト云鳥一ツ浮ヒ出タリ、其鳥ノ左右ノ翅ノ上ニ、玉ノ御輿有、御妹淵名ノ姫ト赤城ノ御前トハ、一輿ニ乗給ヘリ、淵名ノ女房ト大室ノ女房ト、二人姫君達ノ後シロニ参給ヘハ、淵名ノ次郎モ大室ノ太郎モ、御輿ノ左右ノ轅ニ取付ツ、槭色ノ狩衣ニ透キ額ノ冠ヲ着ツ、腰ニ太刀ヲ帯テ、御友ニ立タリ、国司ハ御涙ニ咽ヒ給ヘハ、二人ノ姫君達モ、兄御前ノ左右御袂ニ取付テ、何兄御前、我等ハ此ノ山ノ主シト成リテ、神通ノ徳ヲ得タリ、妹ノ伊香保ノ姫モ神道ノ法ヲ悟テ、悪世ノ衆生ヲ導ク身ト成ルヘシ、君モ亦我等同心ノ神ト成給フベシ、

とあり、高野辺中納言と母北の方、赤城御前、淵名姫、淵名姫と赤城御前の「めのと」たちが、再会する場面が描かれている。
　また、この場に居合わせなかった父高野辺左大将と伊香保姫、伊香保太夫夫婦についても、再会の描写がある[45]。
　このように、一度は継子いじめによって死別の憂き目にあった家族が、神として顕れることよって再会を果たすのである。
　『神道集』の物語的縁起の多くにおいて、情愛を貫いた人々が、その情愛によって神々として顕れているということは、すでに先学によって指摘されている。
　「兄(姉)妹」の情愛は、物語の後半部、赤城大明神たる赤城御前と兄高野辺中納言が対面する場面[46]と生き残った伊香保姫と高野辺中納言が再会する場面[47]で語られている。さらに、未だ人間の身である伊香保姫と高野辺中納言の神への顕現の予言は、兄妹である赤城御前と淵名姫によってなされるのである。ここで

　　我等ハ此ノ山ノ主シト成テ、神通ノ徳ヲ得タリ、妹ノ伊香保ノ姫モ神道

ノ法ヲ悟テ、悪世ノ衆生ヲ導ク身ト成ルヘシ、君モ亦我等同心ノ神ト成
　　給ヘシ、

とあり、高野辺左大将の子供達が、兄妹の間の情愛で繋がった神として顕れると語られているのである。

　さらに、兄妹たちは、母の説法によって、神通力を得、神の身を脱して揃って成仏することが約束されるのである[48]。また、倍屋淵に顕れた淵名姫が、高野辺左大将に、

　　…継母ノ御不審ヲ蒙テ、淵底ニハ沈マレタレ共、日ニ一度母御前ノ切利
　　天ヨリ天下ラセ給テ、赤城山ト此淵へ通シ給ツヽ、天上下ノ甘露ヲ与
　　テ、飛行自在ノ身ト成ル、甘露上乗ノ御法ヲ説給ハヽ、前世ノ罪垢モ皆
　　消テ、赤城ノ御前モ自モ諸共ニ神明ノ形ト顕テ、悪世ノ衆生ノ先達ト成
　　リツヽ、三会説法暁ハ解脱ノ徳ヲ得テ、菩提薩埵ト名、必ス父御前ヲモ
　　引導シ奉ランヤ…

と語りかけている場面においても、母の力によって神となり、未来において成仏することが語られている。これは、親子（特に母子）の情愛によって、神の身を脱して成仏できると考える事が出来よう。子供達は、母からの情愛によって説法を受け、それによって神として顕れ未来に成仏するのである。

　また、父高野辺左大将は、自らが神として顕れる理由として、子供と離れ難いことを挙げている[49]。これも親から子への情愛によって神として顕れたとみるべきであろう。高野辺左大将は、娘たちが死んだことに絶望して、入水自殺するのだが、そこでは娘への情愛が過剰なまでに表現されている。高野辺左大将は、情愛によって娘達のいる死の世界に行き、子供達と共に在りたいという一念において神として顕れているのである。

　このように、神になる局面において、「親子」「兄（姉）妹」の間の情愛が必須のものであったことが分かろう。継子いじめによって、死別してしまった親兄弟が、情愛によって再び相見え、神となって共に在ることができるよう

になるのである。すなわち、「親子」「兄(姉)妹」の情愛が、崩壊した家族を再び結びつけるものになっているのである。

「赤城大明神事」では、幾度か言及してきたが、赤城御前の血縁者ではなく、「めのと」たちも共に神として顕現している。彼らが、神として顕れるときにも情愛が語られるのである。

淵名姫は、継母によって殺される時も乳母である女房と共に殺されるのだが[50]、その淵名姫が、神と顕れる時に、乳母である淵名女房と手と手を取り合って顕れるのである。

　　　波ノ中ヨリ姫君御父ニ離給シ時ノ御装束ニテ、淵名ノ女房ト手々ヲ取リ組ツ、顕出ツ、…

とあり、生死を共にした者が、神と顕れる際も共に顕れているのである。ここでは直接的な情愛の表現はないが、主と運命を共にし死んでも手と手を取り合う形で顕れるさまに主従をも超える情愛が認められよう。

「めのとと養君」の間の情愛は、赤城御前とその「乳父」である大室太郎・大室女房夫婦の情愛を語る箇所でさらに強調されて語られる。

赤城御前の乳母は継母の襲撃に際して、赤城御前を守らんと自ら赤城御前を引きかついで赤城山に逃亡しているが[51]、そこでは夫婦の情愛が語られると同時に、「めのとと養君」の間の情愛も語られるのである。

　　　去来我君、別レ諸人ノ切ラレ候ナル、黒檜ノ嶽ヲ尋ントテ、男副ヘス深山振、岩間伝石細道、思遣悲、峯ヘ上テ、何諸人ヨ、童カ参ト呼共、我呼声ノミソ響、谷ヘ下テハ、何カニヨ大室殿、糸惜ミ奉給シニ、赤城ノ御前御在ス也、昔ノ声ヲ今一度聞セ進セ給ヘト悲、只徒ニ木魂ノコエ計リシテ答ヘケル、太室ノ女房モ叫ヒ給ヘハ、姫君モ雛テ、若ナル声付ニテ、是程ニ果報拙キミ自ヲ引具給テ、斯ル歎ヲ見セ給コソ悲ケレ、山神護法木ノ木魂、命ヲ召セトソ焦レ給フ、

姫君ハ空キ死屍ニ副伏シテ、我ヲモ引具シテ行ハヤトテ焦給フ、

などとあり、「めのとと養君」のつながりの強さが語られているのである。
　別稿において論ずるが「めのと」は、養君の親代わりとなって養君を扶育する役目を担っていた家臣のことであるが、この「めのと」は、家臣でありながら養君の親にも擬せられる存在であり、そこから考えると、「赤城大明神事」に登場する「めのと」たちは、擬制上の親であるがゆえに、養君たちとの情愛が語られているのではないだろうか。その情愛の深さによって、「めのと」たちは赤城御前たちが神と顕れる時にその従者として顕れているのである。
　さらに、赤城御前の「めのと」である大室太郎と大室女房の夫婦は、

　　　大室ノ太郎モ夫婦共ニ従神王子ノ宮ト顕レケリ、

とあり、夫婦で従神として共に顕れている。「赤城大明神事」における「夫婦」の情愛は、赤城御前たちの父母である高野辺左大将と北の方の間ではなく、この大室太郎と大室女房という夫婦の間において語られているのであるが、彼らにおいて「夫婦」の情愛が語られている理由は、大室夫婦と大室女房を、「めのと」として夫婦共に顕現させるためであったからと考えることができる。
　「めのと」であっても、夫婦共に神と顕れるというわけではなく、伊香保姫の「めのと」である伊香保太夫と伊香保女房の夫婦は、「伊香保大明神事」において神として顕現しているが、

　　　御乳母ノ伊香保ノ太夫ハ早尾ノ大明神、太夫ノ女房ハ、宿禰ノ大明神、

とあり、別々の神として顕れていることが書かれている。ここから、「めのと」であっても夫婦共に顕れるというわけではないことが分かる。
　大室太郎夫婦は、赤城御前の「めのと」であるが、赤城御前の慕った「夫

婦」として顕われるためには、「夫婦」の間の情愛もまた必要であったのである。故に、「夫婦」の情愛は、大室太郎、大室女房の夫婦の間において語られたのである。

そして、「めのとと養君」と「夫婦」の情愛が重なりあうことによって、大室太郎と大室女房は、夫婦ともに神として顕れ、赤城大明神たる赤城御前と再び主従関係を結び、相見えるのである。

このように、高野辺一族は、血縁や強固な主従関係で結ばれているが、それのみを理由に神として顕れている訳ではないことがわかる。

『神道集』の物語的縁起において、神の顕現に情愛が関わっているという指摘は、すでに先学によってなされているが、「赤城大明神事」においては、情愛によって神になるということによって、崩壊した高野辺一族が再生していくのである。

「親子」「夫婦」「兄(姉)妹」「めのとと養君」という関係がそれぞれ情愛によって結びつけられており、それによって赤城の神々としての高野辺一族が構成されている。「赤城大明神事」の神の顕現を語る場面は、継母の継子いじめによってばらばらになってしまった肉親達が、情愛によって再び結びつけられていくさまを描いているということも出来るのである。

すなわち、継母の継子いじめによって崩壊した高野辺一族は、「親子」「兄(姉)妹」「夫婦」「めのとと養君」の間の情愛によって再び結びつけられ、再構築されているのである。つまり、「親子」「兄(姉)妹」「夫婦」「めのとと養君」というそれぞれの要素は、高野辺一族を再構成するに必要な要素として、高野辺一族の受難譚である「赤城大明神事」の中で語られているのである。

「赤城大明神」においては、このような情愛による神の顕現が一族の再生としても語られているのである。

## 6. おわりに

以上、「赤城大明神事」は、神々の顕現を語る縁起譚であり、これまで多く

の研究が行われてきたが、本章では「赤城大明神事」が継子いじめ譚であることに注目し、「赤城大明神事」がどのような性格を有していたのかということを明らかにした。「赤城大明神事」の継子いじめ譚は、多くの継子いじめ譚とは違い、継子いじめが継子のみではなく継子の周辺にまで波及するものであり、すなわち、「赤城大明神事」の継子いじめ譚は、継子である赤城姫たちの受難譚だけではなく、高野辺一族の危機としても語られているのである。「赤城大明神事」における継子いじめ譚は、赤城御前たち継子ではなく、高野辺一族の危機に焦点を当てて語られている。

　また、「赤城大明神事」は、これまで「親子」の情愛を中心にして語られる物語であるが、「夫婦」の情愛にもまた注目して語っている物語であるとされてきた。だが、「赤城大明神事」には、「親子」「夫婦」の他にも「兄（姉）妹」「めのとと養君」の間の情愛についても語られており、それらについては、これまであまり触れられてはこなかった。「夫婦」は、物語の進行を半ば妨げる形で語られているのだが、何故そのような形で語らざるを得なかったのか、そのような形になってまで何故語る必要があったのか、ということについてもこれまであまり触れられてこなかった。

　そこで「赤城大明神事」における継子いじめ譚は、赤城御前たち継子ではなく、高野辺一族の危機に焦点を当てて語られているという点に立脚し、そのような物語の中で情愛がどのように語られているのかということについて考察を行った。高野辺一族の受難譚である「赤城大明神事」の中で、継母の継子いじめによって崩壊した高野辺一族が、「親子」「兄（姉）妹」「夫婦」「めのとと養君」の間の情愛によって再び結びつけられ、再構築されており、そこから「赤城大明神」においては、情愛による神の顕現が一族の再生としても語られていることを明らかにした。

　この考察は、「赤城大明神事」ひいては『神道集』の物語的縁起の新しい読みを提供し、その世界の解明の端緒となるものである。

## 注

1 安居院は、洛中にあった比叡山東塔竹林院の里坊。また、平安末期より説経の名手として名高い澄憲・聖覚が、当地を拠点としたことから、澄憲から始まる唱導の流派の名称にもなった。

2 この分類は、筑土鈴寛「神道集と近古小説」(筑土鈴寛『宗教文学　復古と叙事詩』せりか書房1976年所収)において提唱されている分類である。

3 「二所権現事」「児持山之事」「上野国勢多郡鎮守赤城大明神事」「上野国赤城山三所明神内覚満大菩薩事」

4 物語的縁起は、『神道集』全50話中19話あるが、その内で夫婦関係や親子関係を主題とした話は19話中17話存在する。これは、渡部匡一氏も「『神道集』と夫婦」で指摘しているが、製作に関わった者が「夫婦」や「親子」について興味を持っていたことを示すものであろう。さらに17話の内、物語の中心的な要素として親子関係を取るものが6話含まれる。具体的には「熊野権現事」の一部、「二所権現事」「三嶋之大明神事」「赤城大明神事」「覚満大菩薩事」「児持山之事」の6話である。また、「上野国一宮事」や「八箇権現」などのように、「親子」が話の中核にはなっていないものの、それぞれ「母」や「継母」が登場し一定の活躍をみせる話も存在する。『神道集』において親子関係が物語の中心的な要素となっている話自体が、そこまで稀有な存在ではないことがわかろう。

5 「児持山之事」「上野国一宮事」「橋姫明神事」「玉津嶋明神事」「伊香保大明神事」「葦苅明神事」「釜神事」「富士浅間大菩薩事」「八箇権現事」「那波八郎大明神事」「諏方縁起」

6 渡辺匡一「『神道集』における夫婦」菅原信海編『神仏習合思想の展開』汲古書院1996年

7 このように、苦しみを受けたものが後に神となるという話は、『神道集』に収録されている他のいわゆる物語的縁起にも見ることができる。貴志正造氏は、「『神道集』の唱導性」(『二松学舎大学論集』1973年)の中で、「愛の体験の浅い人には愛のふかさは分からない。苦しみの経験の浅い人に他人の苦しみは理解できないというのが『神道集』全体をつらぬく一流の論理である…」として物語的縁起に登場する神々は、「庶民と同じ苦悩の体験者が死後に人神と祀られたもの、すなわち代受苦神的性格を担う神」であると論じている。なお、生前に苦しみを受けた者が、後に神として顕れるという話は、鎌倉時代後期から室町時代に多く成立したとされる御伽草子にもいくつか見ることができる。(『あみだの本地』『くまのの本地』など) また、同様に御伽草子には、継子いじめを受けた継子が、助力を得ていじめを克服し幸せになるというパターンを持つ話が多く存在する。(『鉢かづき』『姥皮』など)

8 渡辺氏は「『神道集』における夫婦」の中で、「物語的縁起の内には、親子話と言うべき一群が存する。「三嶋之大明神事」「熊野権現事」「二所権現事」「赤城大明神事」「覚満大菩薩事(前半部)」「八箇権現事(後半部)」がこれに該当する。すでに述べたよう

に、「三嶋之大明神事」では父母と男子の間で相互の想いが語られ、「二所権現事」「赤城大明神事」では、実母・父と女子、前妻と夫（後妻と夫）に、「熊野権現事」においては母の男子に対する情愛に語り手の目が注がれるなど、これらの話は多く親子の情愛に目を向けている。」（菅原信海編『神仏習合思想の展開』p.143）と論じている。

9 後に詳しく論ずるが、赤城御前たちは、上野国の領主たちに預けられ、領主夫婦によって養育されていたと書かれている。つまり、赤城御前たちは、「めのと」（中世においては、男性の養育者を「乳父」「乳母」と表記して「めのと」と呼ばせていた例が確認できる。ここでは、女性の養育者である「乳母」と男性の養育者である「乳父」双方を指す言葉として、「めのと」を使用する）によって養育されていたのである。

10 ここでの一族は、単に高野辺家の血族のみに限らず、その家臣をも含むものである。羽下徳彦氏は「協同するにせよ対立するにせよ、中世武士の一族の範囲は、厳密な意味での血族に限られるわけではない。」（羽下徳彦『惣領制』至文堂 1966 年 p.9）と指摘している。

11 『神道集』のテキストは諸本が多く存在するが、その中で赤木文庫本を主要テキストとして使用する理由は、村上学氏らの先行の諸本研究において古態を示す諸本のうち、善本とされうるのは赤木文庫本との指摘がなされており、筆者もその見解に同意するからである。

12 片仮名・平仮名が混在している振り仮名を片仮名に統一し、反読すべき箇所は読み下し、下付の箇所はすべて本文中に組み入れた。また、漢字の旧字体・異体字はすべて通用のものに改めた。

13 『神道集』の雑纂性について初めて言及したのは筑土鈴寛氏である。（筑土鈴寛「神道集と近古小説」（筑土鈴寛『宗教文学 復古と叙事詩』せりか書房 1976 年所収）など）

14 村上学「神道集研究の課題―既存面から神道集編成をどうとらえるかという発言メモ」『日本文学』15 巻 3 号 1966 年

15 佐藤喜久一郎「『神道集』とその矛盾」『口承文藝研究』29 号 2006 年。佐藤氏のこの論文は『神道集』内の「上野国」にのみ限定した論であるが、その指摘は他の物語的縁起にも適用できるものであろう。「じっさいには、全国の有名社寺の縁起をはじめとして、中世神道の教説や、単なる祭神と本地との書き上げのようなものにいたるまで、質的に異なる種々の宗教的言説がふくまれているのである。したがって、それらの言説は往々にして相矛盾する傾向にあった。よって、『神道集』を一冊の神道書として評価するならば、統一した宗教理念の欠如を指摘せざるを得ない。しかしこの書の評価すべき点もまた、収録された諸宗教的言説相互の緊張関係と対抗関係、さらには個別の物語が抱える内的矛盾にある。なぜならば、こうした言説の多様性、対抗性の背後には、中世社会における諸々の対抗関係と矛盾が存在したと考えられるからである。」（『口承文藝研究』(29) p.83）

16 永藤靖「中世の神々の生態学―『神道集』の世界像について―」『文芸研究』2004 年

17 福田晃「赤城山縁起の生成」福田晃『神道集説話の成立』三弥井書店 1984 年

18 貴志正造「神道集の唱導性」『二松学舎大学論集』1973 年
19 有賀夏紀「『神道集』の夫婦と「荒膚」」『学習院大学国語国文学会誌』48 巻 2005 年
20 ここで有賀氏のいう「家」とは、峰岸純夫氏らが定義した「家」である。それによると、中世の「家」とは、(1)所領、田畠を家産として共有する夫婦・親子などの生活共同体であり、(2)家産を父—嫡男子の線で継承し、(3)一族などの族縁関係や村落などを構成する要素となり領主支配の対象となる、と規定されるものである。
21 渡辺匡一「『神道集』における夫婦」菅原信海編『神仏習合思想の展開』汲古書院 1996 年
22 脇田晴子「「家」の成立と中世神話」脇田晴子・S. B. ハンレー編『ジェンダーの日本史』東京大学出版会 1996 年
23 いわゆる中毛(現・前橋市)および西毛地方(現・渋川市)にかかる地域。
24 「赤城大明神事」に言及した多くの先行研究では、「赤城大明神事」を継子いじめ譚と規定している。「さて、右の赤城大明神の物語は、赤城山麓の深津の郷を舞台とする無惨な継子物語である。」(福田晃『神道集説話の成立』p.622)、「右の赤城大明神の物語は無惨な継子譚であるが、特に惨忍な殺しの間を冷酷に描き、哀れな横死の景を念入りに記している。」(同 p.625)、「「赤城大明神事」においても、継母による継子の受難と父娘の愛情に物語の焦点が当てられている」(渡辺匡一「『神道集』における夫婦」菅原信海編『神仏習合思想の展開』汲古書院 1996 年 p.142)、「これは日本の古代のこととして、無実の罪で上野に流罪となった高野遍大将という人の三人の娘が継子苛めにあう話である。」(脇田晴子「家の成立と中世神話」脇田晴子・S. B. ハンレー編『ジェンダーの日本史(上)』p.90)
25 徳田和夫編『お伽草子事典』東京堂出版 2002 年
26 第二五帖「蛍」(山岸徳平校注『源氏物語 日本古典文学大系一五』岩波書店 1959 年より引用)
27 10 世紀ごろ成立か。落窪の姫君が継子いじめに遭う物語で、作者については、源順、源相方など諸説ある。
28 『住吉物語』は、平安中期頃にはすでに存在してたされるが鎌倉期に改作され、それ以前の「古本」とそれ以後の「擬古物語」の 2 つに分けられる。いずれの本も広く愛読されたようで、「古本」は原文が詳らかでないものの『源氏物語』や『枕草子』にもその名を見ることが出来る。また、「擬古物語」も室町末期頃までさまざまな異文を持つ夥しい数の伝本が作成されている。
29 『風葉和歌集』には「いはや」「あだ波」「ふせや」などの散逸した継子物語の名がみえる。なお、これらの物語は、鎌倉期に題名のみから「岩屋の草子」(「いはや」)「一本菊」(「あだ波」)「伏屋の物語」「美人くらべ」(「ふせや」)といった公家物の御伽草子に作り替えられていったとされる。
30 例えば、『今昔物語集』『宝物集』『十訓抄』には、山陰中納言の息が、継母によって海中に投げ落されるも亀によって助けられるという話がみえるし、同じく『今昔物語

集』『宝物集』に、阿育王の后が継子に思いをかけるも拒絶されるという話などが見える。他にも、『説話文学索引』には、「継子」が主題となる説話として25話を挙げている。

31 中将姫の物語は、古くは『古今著聞集』などに見える。しかし、『古今著聞集』の段階では中将姫の物語は継子いじめ譚ではない。中将姫の物語が継子いじめを要素として持つようになるのは「当麻曼荼羅疏」「当麻曼荼羅縁起」などの成立（鎌倉期）以降のことであるようである。また、中将姫の物語は室町期に入ると御伽草子化（『中将姫御本地』）したり能の一曲となったり（『雲雀山』）していく。このように、中将姫の物語は寺社縁起が継子いじめ譚を取り込みそれが物語化したり別の芸能に取り込まれていく過程をよく示しているものであるといえる。

32 『落窪物語 堤中納言物語 日本古典文学大系13』所収松尾聰校注「落窪物語」岩波書店 1957年より引用。

33 三浦佑之氏は、落窪の君に対する継子いじめは、本来は落窪の君の母にふり向けられるべきものであった、つまり、継子いじめは、複数いる「妻」同士の確執を反映であると論じている。「…北の方の落窪の君に対する様々な仕打ちは、その継子を生んだ母、夫である中納言を間に挟んで自分と同じ位置にいるもうひとりの妻に向かっているのだということがわかるはずである。ところが物語はその実母の死から始まっていて、北の方が立ち向かう相手は落窪の君しかいないから、表面的には〈継母〉対〈継子〉という対立として現れてくるのである。」（三浦佑之『昔話にみる悪と欲望』p.77）

34 「其レニ、此ノ太子ノ有様ヲ后見テ愛欲ノ心ヲ發シテ、更ニ他ノ事无シ。(中略)太子ノ在マス所ニ蜜ニ寄テ、太子ニ取リ懸リテ忽ニ懷抱セムトス。太子、其ノ心无クシテ驚テ迯去ヌ。后大ニ怨ヲ成シテ静ナル隙ヲ計テ…」（山田孝雄他校注『今昔物語集 日本古典文学大系22』岩波書店 1959年より引用）

35 「…夫妻、共ニ小児ヲ愛シテフ心无シ。而ル間、本ノ妻、心ノ内ニ妬テ思ハク、『若シ、此ノ児、勢、長ゼバ家業ヲ可攝シ。我ハ空クシテ止ナムトス。我レ寧ニ家業ヲ營テ何ノ益カ有ラム。只不如ジ、此ノ児ヲ殺テム』ト思テ、蜜ニ鐵ノ針ヲ取テ隙ヲ量テ児ノ頭ノ上ヲ刺ツレバ、児死ヌ。」（山田孝雄他校注『今昔物語集 日本古典文学大系22』岩波書店 1959年より引用）

36 『今昔物語集』巻二「薄拘羅、得善報語第二十」、巻九「震旦周代臣伊尹子、伯奇、死成鳴報継母怨語第二十」、『沙石集』「小児ノ忠言事」。

37 ここで使用している「しんとく丸」は正保五年（1648年）のものである。ただ、謡曲「弱法師」が「しんとく丸」と同材であることが、荒木繁氏によって『東洋文庫説経節』の解説の中で指摘されており、「弱法師」成立の室町には同様の話があったことが予想される。

38 成立年代及び作者不詳であるが、鎌倉後期から南北朝期ごろに成立したとする説が有力である。

39 「…うつくしき人なれば、いかが、と我も思ひ寄りながら、母代などにも、何事も知り

たる人なれば、心やすく、と思ひてこそ、つけ聞こえつるに、やすからずもあるべき事かな、と、もとより憂かりしあたりなれば、ゆかりの草もうとましうこそ思ひしものを、思ひ立ちけん我が心こそつらく、女御の胸焼き給ふらん事思ひあはせられて、妬ければ、呼び取りて、もとの住みかへ返しやるべけれど、たがひの心通ひなば、いづくへなりとも、上もひき返し給はん、など思ひ続くるにも、苦しくて、この頃は、異の事も思ひ給はず、」

40　継母は、弟である更科次郎を唆して軍勢を動員させて継子たちを攻め滅ぼさせている。「或晩傾ニ、継母ノ女房舎弟、更科次郎兼光ト云者ノハ、死生不知戎ス也、（中略）本ヨリ物覚ヘヌ死生不知ノ戎ノ上、極テ聞腹悪キ俗、踊挙々々噛ヲシテ、恥ヲ雪カスハ命ヲ生キテ何カハセントテ瞋テ、継母ノ女房ハ詫勝タリト喜テ、而ラハ那殿、其ノ意趣ヲ遂ン事ハ安カルヘシ、明日成ラハ、赤城山ノ狩庭回リ催ヲサント、河ヨリ東ノ者ノ共ニモ、誰カハ寄セルヘキ、其ノ時山中ニシテ、淵名ト大室ヲ討程ナラハ、其跡ヲ亡ン事ハ安カルヘシト言ヘハ、…」

41　継母謀反と父と妹たちの死の報を受けた中納言は、上野国に急行するのだが、その際に帝が中納言の援助のために東海・東山道諸国の軍を動員する宣旨を発している。（「帝ハ此由ヲ聞シ食シテ、不思議ノ中納言カ有様哉、不便ニ思食サレタル甲斐モ無ク、何カニ自ニ知ラセサリケルトテ、都一番ノ早足ヲ召ツ、東海・東山諸国ノ軍兵共、高野辺ノ中納言カ東国ヘ下ヲ見放ヘカラスト、宣旨ヲ書テゾ賜リツ、…」）中納言は、宣旨によって味方についた軍勢をして継母たちを駆逐するのである。

42　「其ノ後郡馬ノ郡ノ有馬ノ郷、伊香保ノ大夫カ宿所ヘ押寄テ、伊香保ノ姫ヲ取ルヘシト聞ヘケレハ、伊香保ノ大夫ハ大ニ驚テ、子共九人、智三人ヲ大将軍トシテ、利根・吾カ妻両河ノ落ヨリ始テ、見屋楫渡ニ至テ、十三箇所城郭ヲ構ヘテ待ケレハ、左右無ク河ヨリ西ヘハ寄サリケリ、故ニ伊香保ノ姫ノ煩ヒ無ケリ」

43　いくつかの継子いじめ譚では、乳母の機転や頭脳によって危難を脱する話が見える。例えば、中将姫の物語では、乳母の取りなしによって中将姫の罪が許されるし、継子いじめ譚ではないが、『源氏物語』では、乳母が養君を守ろうとする描写がいくつか見られる。

44　乳母の夫である伊香保太夫もまた「乳母」であることが「伊香保大明神事」に書かれている。「北ノ方ノ御乳母、先ノ目代、有馬ノ伊香保ノ太夫許ニ御在シケル程ニ」とある。（囲み線は筆者による）

45　高野辺左大将と再会する場面は、「…御父ノ大将殿顕レ出テ、子共ノ行末ヲ見継カルトテ是ニ侍ナリト…」とあり、伊香保姫たちと再会する場面は、「其後国司郡馬郡地頭、有馬ノ伊香保ノ太夫宿所ヘ入給ヌ、御妹ノ伊香保姫ハ急キ御出有テ、兄御前ノ膝ニ御額ヲ懸、消ヘ入ラセ給ヒケル、国司モ倶ニ声ヲ立テゾ焦サセ給ケル、」とある。

46　「今ハ赤城ノ沼ニ行テ、赤城ノ御前ヲ見奉ントテ、御登山有ケリ、黒檜ノ山西ノ麓ナル、大沼ニ岸ニ下居テ、奉幣給ケレハ、大沼ノ東ノ岸ニ障子返ト云山ノ下ヨリオ、鴨ト云鳥一ツ浮ヒ出タリ、其鳥ノ左右ノ翅ノ上ニ、玉ノ御輿有、御妹淵名ノ姫ト赤城ノ

姫トハ、一輿ニ乗給ヘリ、（中略）国司ハ御涙ニ咽ヒ給ヘハ、二人ノ姫君達モ、兄御前ノ左右御袂ニ取付テ、」
47 「其後国司郡馬地頭、有馬ノ伊香保ノ太夫宿所へ入給ヌ、御妹ノ伊香保姫ハ急キ御出有テ、兄御前ノ膝ニ御額ヲ懸、消ヘ入ラセ給ヒケル、国司モ倶ニ声ヲ立テソ焦サセ給ケル、」
48 「母御前ハ紫雲ニ乗テ、三人子共ノ中ニ御在ツ、、天上不退ノ御法ヲ説テ、各々歎事ナカレ、何ニ事モ先世ノ宿業ニシテ、今ハ衆生利益ノ思ニ任ヘシ、五十六億七千万歳ノ後ノ三会説法ノ暁ハ、一会聞法ノ聴衆タルヘシトテ、」
49 「御父ノ大将殿ハ顕レ出テ、子共ノ行末ヲ見継カルトテ是ニ侍ナリト…」
50 「其日ノ晩傾ニハ、淵名ノ宿所へ押寄ツ、、御乳母ヲハ淵名ノ女房ト淵名姫搦メ取テ、二人ナカラ、大簑作セテ、其ノ中ニ迫入テ、利根河ノ倍屋淵ニ沈メケルコソ悲ケレ、」
51 「大室女房取物取敢ヘス、姫君ヲハ肩ニ引懸ケ進セテ、後ノ赤城山へソ逃入セ給ケル、」

## 参考文献

**本文引用書籍**
荒木繁他校訂『説経節　東洋文庫 243』平凡社 1973 年
池田亀鑑他校注『枕草子　紫式部日記 日本古典文学大系 19』岩波書店 1958 年
大島由紀夫編『神道縁起物語（二）』三弥井書店 2002 年
岡見正雄・高橋喜一校注『神道大系　文学編一　神道集』神道大系編纂会 1988 年
辛島正雄校訂・訳『小夜衣　中世王朝物語全集 9』笠間書院 1997 年
貴志正造訳『神道集　東洋文庫 94』平凡社 1967 年
松尾聰・寺元直彦校注『落窪物語　堤中納言物語　日本古典文学大系 13』岩波書店 1957 年
山岸徳平校注『源氏物語　日本古典文学大系 15』岩波書店 1959 年
山田孝雄他校注『今昔物語集　日本古典文学大系 22』岩波書店 1959 年
渡邊綱也校注『沙石集　日本古典文学大系 85』岩波書店 1966 年

**参考書籍**
出淵智信『『神道集』の研究』言叢社 2008 年
黄地百合子『御伽草子と昔話 日本の継子話の深層』三弥井書店 2005 年
群馬県史編さん委員会編『群馬県史 資料編 26』群馬県 1982 年
筑土鈴寛『中世・宗教芸文の研究一・二』せりか書房 1976 年
筑土鈴寛『宗教文学復古と叙事詩』せりか書房 1976 年
羽下徳彦『惣領制日本歴史叢書』至文堂 1966 年
福田晃『神道集説話の成立』三弥井書店 1983 年
福田晃『神話の中世』三弥井書店 1997 年
三浦佑之『昔話にみる悪と欲望』新曜社 1992 年

峰岸純夫編『家族と女性』吉川弘文館 1992 年
村上学『中世宗教文学の構造と表現佛と神の文学』三弥井書店 2006 年

**参考論文**
有賀夏紀「『神道集』の夫婦と「荒膚」」『学習院大学国語国文学会誌』48　2005 年
有賀夏紀「『神道集』における権者・実者」『学習院大学日本語日本文学』5　2009 年
大島由紀夫「『神道集』にみる上野国の神々」『国文学解釈と鑑賞』58 (3) 1993 年
大島由紀夫「『神道集』の神々」『国文学解釈と鑑賞』65 (10) 2000 年
大島由紀夫「『神道集』の東国意識」『国文学解釈と鑑賞』69 (2) 2006 年
貴志正造「『神道集』の唱導性」『二松学舎大学論集』1973 年
坂田聡「中世の家と女性」『岩波講座日本通史八巻』岩波書店 1994 年
佐藤真人「天台神道と『神道集』」『神道宗教』108　1982 年
佐藤喜久一郎「『神道集』とその矛盾─複数の「上野国」のために─」『口承文藝研究』(29) 2006 年
田嶋一夫「『神道集』研究史　附・『神道集』研究文献目録」『国文学解釈と鑑賞』53 (9) 1987 年
田中貴子「「けころす」考─神による殺人方法の一考察」田中貴子『あやかし考─不思議の中世へ』平凡社 2000 年
永田瑞「仏典にみる母性観─仏教は母性苦をどう説いたか」脇田晴子編『母性を問う─歴史的変遷（上）』人文書院 1985 年
永藤靖「中世の神々の生態学─『神道集』の世界像について─」『文芸研究』2004 年
西村汎子「乳母、乳父考」『白梅学園短期大学紀要』31　1995 年
村上学「神道集古本系統諸本素描─神道集の本文整理（一）─」『静岡女子短大研究紀要』1967 年
峰岸純夫「中世社会の「家」と女性」『講座日本歴史三巻中世一』東京大学出版会 1984 年
米谷豊之祐「武士団の成長と乳母」『大阪城南女子短期大学研究紀要』(7) 1972 年
脇田晴子「母性尊重思想と罪業観─中世の文芸を中心に」脇田晴子編『母性を問う─歴史的変遷（上）』人文書院 1985 年
脇田晴子「「家」の成立と中世神話─神道集・能楽・縁起絵巻を中心に」脇田晴子・S. B ハンレー編『ジェンダーの日本史（上）』東京大学出版会 1994 年
脇田晴子「日本中世の「家」の成立と妻の位置」比較家族史学会編『家族 世紀を超えて』日本経済評論社 2002 年
渡辺匡一「『神道集』の神々─縁起を規定する神道論の検討─」『国文学 解釈と鑑賞』60 (3) 1995 年
渡辺匡一「『神道集』における夫婦─後半部の神道論をめぐる一考察─」菅原信海編『神仏習合思想の展開』汲古書院　1996 年

# 「ろう文化」を読むために──聴覚障害者教育の変容と「ろう文化」論の可能性

倉田　誠

## 1. はじめに

　1994年に「ろう文化宣言」を巻頭論文とした『現代思想』の臨時増刊特集号（2000年に『ろう文化』として単行本化）が組まれて以来、神経生理学者オリバー・サックスが手話の世界について論述した著名な作品（サックス1996）やキャロル・パッデンとトム・ハンフリーズによる一連の著作（パッデン・ハンフリーズ2003、2009）が相次いで翻訳・紹介され、日本でも「ろう文化」という言葉が徐々に人口に膾炙するようになっている。もともと「ろう文化」という概念は、アメリカにおける障害者の権利運動に端を発するものであり、聴覚障害者であるろう者は特有の文化とそれに付随する文化権を持つという含意がある。

　以下では、日本社会における「ろう文化」という概念をめぐる論争を整理した後、日本社会における聴覚障害者教育の状況と突き合わせながら、「ろう文化」という概念のもつ課題と可能性について検討する。

## 2. ろう文化論争

　1994年の「ろう文化宣言」において、木村と市田は「ろう者は言語的少数者である」という視点を明確に打ち出した。彼女らの言葉を借りるならば、これは、「『ろう者』＝『耳の聴こえない者』、つまり『障害者』という病理的

視点から、『ろう者』＝『日本手話を日常言語として用いる者』、つまり『言語的少数者』という社会的文化的視点への転換である」（木村・市田 2000: 8）。そのうえで、彼女たちは、このような言語的少数者の集まりを「デフ・コミュニティー」と名付け、「デフ・コミュニティーは、耳が聴こえないことによってではなく、言語（手話）と文化（deaf culture: ろう文化）を共有することによって成り立つ社会である」（木村・市田 2000: 9）と定義した。

　このような主張は、障害全般をめぐる議論と「聴覚障害」内における議論の両面で注目すべき方向性をもっていた。まず、障害全般をめぐる議論においては、それまで脳性麻痺の人びとを先駆とする多くの障害者運動が、「障害である」ことを自ら宣言し、その社会的認知に向けた自己主張を行ってきたのに対し、「ろう文化宣言」は、「文化」という言葉を持ち出すことによって「障害」という規定に付随する「不完全さ」や「不自由さ」というイメージを揺さぶる力を持っていた。その意図するところを述べるなら、次のようになる。

　　　音声言語を使用する聴者の世界のなかで、耳の聞こえないろう者は、確かに不自由な存在である。しかし、逆に手話を身に付けたろう者同士の世界では、不自由な思いをするのは手話を解さない聴者の側である。したがって、問題は、どちらが社会的マジョリティを形成しているかという点にすぎない。

　この点において、「ろう文化宣言」は、言語的差異にあえて焦点をあてることで、「障害」の多様さやその言葉の用法に省察を迫る可能性を持っていた。
　一方、言語的差異に焦点をしぼることは、「聴覚障害」の内部でも重大な意味を持っていた。日本の「聴覚障害」という概念には、それぞれ独自の問題を持つ「ろう」「難聴」「途中失聴」という3つの集団が含まれている。それぞれの典型像をあげるならば、だいたい以下のようになる。

　　ろ　う　者：音声言語を習得する前に重度の聴覚障害を負ったために手

話が主なコミュニケーション手段となり、ろう学校に通学していた者。
難聴者：何らかの聴覚障害を負っているが手話ではなく音声言語にもとづく何らかのコミュニケーション手段を身に付け、普通学級に通学していた者。
途中失聴者：音声言語を十分に習得した後に聴覚障害が生じその運用に困難をきたすようになった者。

　ただし、実際には、これら集団間の差異は、外部社会からだけでなく、聴覚障害者の内部においても十分に理解されておらず、現実としても明確に切り分けられるわけではない（上農 2000: 53）。例えば、中学校まで普通学級に在籍し、高校からろう学校に移った者は、現実には難聴者ともろう者とも言いうる。また、失聴後も普通学級に在籍し音声言語の運用能力が十分に備わらなかった者は、途中失聴者というよりも実質的な境遇はろう者に近い。このような錯綜した現実のなかで、「ろう文化宣言」は、障害ではなく言語を軸とした集団の再定義を提示することで、日本語にもとづいたコミュニケーション手段を用いる難聴者や途中失聴者と区別して、日本手話を用いるろう者の独自性を主張するものであった。
　しかし、言語としての「手話（＝日本手話）」の独自性を主張することで「ろう（＝デフ・コミュニティー）」の社会的認知を高めようというこの主張は、主に難聴者や途中失聴者から批判を受けることになった（新井 2003、木村・長谷川・上農 2000、長谷川 2000、山口 2003 など）。その最大の原因は、「ろう文化宣言」のなかで、木村と市田が、デフ・コミュニティーの存続を脅かすものへの批判の最終的な矛先を、難聴者や途中失聴者の間で広く用いられている日本語対応手話（彼女たちは「シムコム (sim-com: simultaneous communication)」と総称している）[1] に向けたことにある（木村・市田 2000: 13）。
　木村と市田は、その理由を次のように説明している。まず、「シムコム」は「日本語の単語に対応したジェスチャーの集合体にすぎず、読話の補助手段

になる程度でそれ自体、言語としての構造を備えていない」（木村・市田 2000: 16）という点において「"不完全"なコミュニケーション手段」（木村・市田 2000: 16）である。また、「日本手話を習得しているろう者にとって、シムコムは骨の折れる手段であると同時に、同じメッセージを伝えるのに日本手話の倍近くの時間がかかる非常に『まどろっこしい』手段でもある」（木村・市田 2000: 16）。しかし、それにも関わらず、「日本手話とシムコムは異なる」（木村・市田 2000: 17）ということが十分に理解されていないために、「『手話』というものが、『単なるコミュニケーション手段』程度にしか認識されず、一人前の『言語』としての社会的評価をなかなか得られない」（木村・市田 2000: 16）というのである。

　それに対して、自身が途中失聴者である長谷川は、「ろう文化宣言」の主張が、聴覚障害者の内部の錯綜した現実を看過し、「いわゆる日本手話」だけを「手話」と認め、それを話す者のみを「ろう者」とすることで、自らを「ろう」とみなし自らの言葉を「手話」と語ってきた他の人びとのアイデンティティを奪っていると批判した（長谷川 2000）。これを受けて設けられた木村と長谷川の対談（木村・長谷川・上農 2000）では、「『ろう者』とは誰か？」「『手話』は誰のものか？」ということが争点となり、「ろう文化」をめぐる議論は、結局、「聴覚障害者」の間での「ろう者」や「手話」といった名称の使用をめぐる問題に収斂していった。

　しかし、日本手話／日本語対応手話というこの議論の構図は、重要な問題を見落としている。それは、この議論がすでに安定した言語システムを獲得した者たちによって、それを拠り所としながら交わされているという点である。それに対し、多くの聴覚障害者にとって、自らの置かれた社会的制約のなかで、まず何らかのコミュニケーション手段を習得することこそが現実的な問題となっている。「ろう文化宣言」が問題とした日本手話の社会的認知や「シムコム」の普及状況は、まず、われわれの社会において障害の程度や成育環境の異なる聴覚障害者たちがどのようなコミュニケーション手段をいかにして獲得し、またその習得環境がいかに変容しているのか、という視点から検討されなければならない。

以下では、「デフ・コミュニティ」の母体としてのろう学校の歴史的変遷を追った後に、今日の聴覚障害児に対する教育のあり方を検討し、「ろう文化宣言」が問題としたような社会的状況が生みだされた背景を、聴覚障害者に対する学校教育を中心とした言語の習得や伝承という視点から明らかにする。

## 3. ろう学校を通したまとまりの形成

　一般に、新生児の聴覚障害者（永続的な中程度以上の両側聴覚障害）の頻度は 1,000 人に 1 ～ 2 人程度と言われている（岩田 2007: 98、服部 2007: 68、廣田 2008: 18）。また、他の研究によれば、ろう者の約 9 割が聴者の親から生まれ（前田・森下 1984、古田・吉野 1994）、逆に、ろう者の親の 9 割は聴者の子供を産む（プレストン 2003: 25）という。つまり、一般の人びとにとっては、家庭こそが最初の言語習得や文化伝承の場となるのに対し、ろう者の場合は、家庭以外の場での言語習得や文化伝承が極めて重要な意味を持っている。そのため、ろう者が家族以外のろう者と日常的に交流する機会が限られる場合には、社会的に孤立し、言語による思考やコミュニケーションの能力を十分に発達させられないことも多かった。

　このような状況に変化をもたらしたのが、各国におけるろう学校の設立である。日本の場合、ろう学校は、普通教育の外に置かれた聴覚障害児のための私塾的な慈善救済事業、あるいは職業予備訓練所として始められた。1878 年に京都に京都盲唖院が、1880 年に東京に楽善会訓盲院（後の楽善会訓盲唖院）が開設された。そして、1924 年に盲学校及び聾唖学校令が施行され、盲学校との分離や私立から公立への移管と国家によるろう学校の全国的な整備が進められた。戦後、1948 年から 9 年をかけて、ろう学校がようやく義務教育化されると、普通学級に対応するかたちで幼稚部、小学部、中学部、高等部（職業訓練、普通科）が各県に設けられていった。2006 年の時点では、全国に 104 校が設置されるようになっている（齋藤 2008: 65）。

　ろう学校が設立された当初、教授方法の中心は、より手早く聴覚障害児とのコミュニケーションがとれる筆談と手勢（手話）であった。ところが、1920

年代から1930年代にかけてろう学校が全国的に普及しはじめると、口形から話し言葉を推測し（読話）、発音指導によって発話能力に獲得を目指す口話法が取り入れられ、広く普及するようになった。口話法の普及を後押ししたのは、それをろう教育の最良の手段とみなす世界的な趨勢と、ろう者の親たちを中心とした口話法によって音声コミュニケーションが獲得できればやがて聴者中心の社会に適応できるようになるという期待の高まりであった。こうして、ろう教育における手話の使用は、聴者中心の社会への適応を目指すという本来の教育目的に反する行為と位置づけられ、「手話を使用することで、口話の力が育たない」「手を見ることで、口を見なくなる」として教育の場での使用が禁止されたのである（金澤 2003: 35）。

しかし、口話法が大勢を占めるようになると、今度は、ろう者や指導者の多大な努力にもかかわらず、十分な教育効果（日常的な音声コミュニケーションが行えるようになる）が上がらないことが問題となった。そこで、1960年代後半からは、各地のろう学校で様々な教授方法の変革が試みられるようになった。それらの試みは、大きく2つに分けられる。

まず、1つは、「視覚的な補助手段を用いて読話の曖昧さをおぎなう」という方法である。ここには、キュードスピーチ、トータルコミュニケーションにおける指文字の活用や同時法などが含まれる。キュードスピーチとは、日本語音節の母音を口形で表しながら子音を口の前で手の形として表し、日本語の音韻による文章を組み立ててゆく方法で、口形を用いることから口話における読話と発話の上達にも役立つとされ各地のろう学校で採用された。一方、トータルコミュニケーションとは、当時、アメリカの州立ろう学校で急激に広がっていた教育理念で、口話法で否定されていた指文字や手話を含めたあらゆるコミュニケーション手段を補助手段として積極的に取り入れようというものである。日本では、栃木県立ろう学校で音声語の視覚表現として指文字が使用されるとともに、日本語を手話と読話の併用によって視覚的に表示する同時法が導入された。

もう1つは、「障害のある聴覚を活用する」という方法である。いわゆる聴覚口話法がそれにあたる。聴覚口話法は、読話と発話を中心とするそれまで

の口話法とは異なって、「耳を使って音声言語を習得する」という発想を基本としている。例えば、「コンニチハ」が「オ、イーア」と聴こえたならば、それが挨拶の言葉となる。このように、音節の1つ1つを聞き分けるのではなく、イントネーション、強勢、音の長短などの特徴をつかみ、その「音の輪郭」と意味を結合することで、聴覚と発話による音声コミュニケーションを成立させようというのである。この方法は、平均聴力レベルが90dB以下の比較的軽度の聴覚障害児においてはかなりの効果があったという(矢沢 2000: 27)。

　しかし、このころになると、地域のろう学校を母体としたろう者団体の相互交流や組織的発展が進み、全国的な手話の共通化やろう者としての権利保障が意識されるようになった[2]ことで、一連の変革に対する当事者たちの不満や反発が表明されるようになった。多様な教授方法が試みられた結果、ろう者同士であっても、それまでに教育を受けてきた成人のろう者や学校(教授法)の異なるろう者との間でのコミュニケーションに支障をきたす事態が生じたからである。その結果、1980年代後半から、一部のろう者を中心に、日本手話を聴覚障害者の言語として承認する要求や「ろう教育に手話を導入する」要求が高まり、北欧やアメリカの一部のろう学校で実践されていた、ろう教育に手話を取り入れる「バイリンガル・バイカルチュラル教育」への共感が示されるようになった。そして、1993年には、文部省の「聴覚障害者のコミュニケーション手段に関する調査研究協力者会議報告」でろう学校での手話導入に関する提案が行われ、ろう学校中等部以降の授業で(口話に次ぐ)補助的なコミュニケーション手段として手話の使用が認められるようになった[3](岩田 2007: 99)。

　ろう学校の普及は、それまで社会的に孤立しがちであった聴覚障害者同士を結び付けた。そして、聴者中心の社会に適応するという教育目標とは裏腹に、学校や寄宿舎で生活を通して生徒間で手話の伝承が行われ、ろう者としてのまとまりを生み出すこととなった。

## 4. インテグレーション教育の拡大による変化

　現在、聴覚障害児の教育の場は、ろう学校の外部へと広がっている。ろう学校の在籍生徒数の減少とは対照的に、聴覚障害のある子どもが普通学校の難聴学級や通常学級で学ぶケース(インテグレーション教育)が増加しているのである。このようなろう学校からインテグレーション教育へという動きは、ろう学校を軸として生み出されてきたろう者としてのまとまりに重大な変化をもたらしている。

　2006年度の文部科学省「特別支援教育資料」によると、全国のろう学校の生徒数は幼稚部1,263人、小学部2,210人、中学部1,279人、高等部1,792人の計6,544人となり(齋藤2008: 65)、20,000人を越えた1959年のピーク時と比べ、生徒数は実に3分の1ほどに減少している。それに対し、難聴学級や通常学級に通学している聴覚障害児の数は、小学校難聴学級(447学級)822人、中学校難聴学級(213学級)354人、小学校通常学級1,495人、中学校通常学級282人となっている。ただし、難聴学級の設置数や通常学級による実態調査が不足しているため、実際には、この他にもかなりの聴覚障害児が通常学級に在籍していると考えられる(齋藤2008: 65)。

　インテグレーション教育が拡大した背景には、何よりも「自分の言葉で自分の子どもを育てたい」「聴児と同じ学習環境下で学年対応の勉強をさせたい」「多くの聞こえる友人と交わり、社会性を身につけさせたい」といった聴覚障害児を持つ聴者の親たちの根強い希望がある。しかし、より重要なのは、1970年代以降、このような希望に沿った制度やテクノロジーの実現が進められたことである。

　まず、1970年前後に全国で小・中学校で難聴学級の開設が相次ぎ、難聴児に対して普通学校のカリキュラムに則した学習機会が作られたのに続き、1980年代から補聴器の本格的な普及が始まったことで、普通学校で学ぶケースが増加した。さらに、1985年に国内初の人工内耳[4]の装着が行われ、1991年には18歳未満の重度の聴覚障害をもつ子どもへの適用が認められた。ま

た、1993年からは普通学級への通学による指導の仕組みが作られ、翌1994年の人工内耳への保険の適用や1998年以降の各地方自治体による新生児聴覚スクリーニングの実施によって、聴覚障害の早期発見と早期療育という体制が整えられている。現在、全国の分娩施設の約50%で新生児聴覚スクリーニングが実施されており（服部2007: 69）、その結果にもとづいて生後半年から1年の間に補聴器や人工内耳の適用が判断され、2歳以降になってから機器の装着・調整や言語聴覚士による指導が行われている。

補聴器や人工内耳の普及は、聴覚障害児の普通学校への入学を後押しするとともに、ろう学校内においてもある程度の装用聴力を持つ生徒が増加し、聴覚口話法の導入や普及に有利に働いた。特に、人工内耳の普及は、補聴器の適用外にあり、コミュニケーションの手段としてキュードスピーチや手話といった視覚言語が必要不可欠であった重度の聴覚障害者たちに、聴覚を補完し、それを活用するための現実的な選択肢を提示することになった。その結果、現在では、「通常学級で学ぶ聴覚障害児とろう学校で学ぶ聴覚障害児との間に、障害レベル（聴力）の差はなくなっていきている」（中野2008: 70）という。

その一方で、大幅な生徒数の減少にみまわれたろう学校のなかには、生徒が2-3人しかいない学年や、なかには生徒のいない学年も存在するようになっている。また、一部のろう学校では、教員数が生徒数を上回るという事態が生じている（木村・長谷川・上農2000: 128）。このため、かつて教室の外で先輩から後輩へ、あるいは同僚から同僚へと受け継がれてきた手話やろう者同士の習慣の伝承がより困難になっている。さらに、1990年代以降、公立のろう学校で教育の場に手話を導入する動きが強まったが、そこで使用された手話は日本語に対応したものであり、先に述べた聴覚口話法の活用と相まって、むしろ日本語の習得を促進する結果になっている[5]。

このように、普通学校とろう学校に通う聴覚障害児の間での障害やコミュニケーション手段の差が縮小された結果、両課程の間を行き来する生徒も目立っている。例えば、先にあげた2006年度の統計におけるろう学校高等部の生徒数の増加は、それまで地域の小・中学校で困難を抱えながらも教育を

受けた生徒たちが、難聴学級などがほとんど設置されていない高等学校段階になってろう学校に入学・再入学してくることを示している。この結果、実際には、いずれのコミュニケーション手段も十分に習得できない者や、いわゆる日本手話と日本語対応手話の中間的な、文法面で日本手話の影響をある程度受けているような手話を用いる者もいる。

　日本で「ろう文化宣言」が登場した背景には、このようなろう者としてのまとまりや境界の揺らぎがある。「ろう文化宣言」の狙いは、彼女たちが考える「純粋な日本手話」以外を「シムコム」とみなすことで、聴者とは明確に切り離された「中核的な」ろう者のまとまりを創出し維持することにあった (Nakamura 2005: 29, 172–176)。彼女たちは、こうすることにより、ろう者を言語における権利関係を軸としたより明確な政治的主体として浮かび上がらせることができると考えていた。それゆえ、批判の矛先は、聴者以上に、まず「シムコム」を支持し使用する者へと向けられたのである。

## 5. まとめ

　日本におけるろう教育の普及は、それまで孤立しがちであった聴覚障害者たちを教育の場に囲い込み主流社会への適応を図ることによって、むしろ一部の聴覚障害者たちの間に主流社会から境界付けられたろう者としての集団意識を醸成することとなった。しかし、現在、インテグレーション教育の拡大やテクノロジーの普及によって障害のあり方が多様化し、このような集団意識の継承やその境界が揺らいでいる。

　「ろう文化宣言」は、そのようななかで登場し、誰が「ろう者」で、なにが「ろう文化」かをめぐって聴覚障害者内での論争を引き起こした。このことは、「ろう文化」というものが、ろう学校を軸とした顔の見える関係のなかで育まれるものとは別の次元で、誰かによって定義され、操作され、提示されるという状況が出現したことを意味している。これは、文化の客体化ということができるだろう。現在では、「ろう文化宣言」を支持する団体が日本手話によるバイリンガル教育を行うろう学校を設立するとともに、独自の手話単

「ろう文化」を読むために――聴覚障害者教育の変容と「ろう文化」論の可能性　243

語を考案し、その普及を図るまでになっている。

　文化の客体化と呼べる動きは、何も「ろう文化」だけに留まるものではない。類似の現象は、他のマイノリティによる権利主張、国民国家統合をめぐる民族間のせめぎ合い、開発と文化保全をめぐる葛藤といった近代社会のあらゆる場面で生起している。ただ、そのなかで「ろう文化」をめぐる論争に注目すべき理由があるとすれば、それは「聞こえない、あるいは様々な程度の聞こえの世界は不幸なのか」「ろうであることの不自由さを生み出しているのは、身体的な障害よりもむしろそれを取り巻く社会の制度構成にあるのではないのか」といったより根源的な問いを生起させるからある。ところが、実際には、インテグレーション教育が拡大する現実に対して、このような視点からの検討が根本的に欠けている。「ろう文化」という視点を再評価するためには、そこで『ろう文化』として提示された「文化」をただ読み取る以上に、われわれはどのような他者とであれば文化を共有できると考えているのか、そして、いかなる時に何を「文化」として語るのかといったより深い視角が必要なのである。

注
1　日本語を話しながら、その語順に沿うかたちで対応する手話単語を並べるコミュニケーション方法の総称。実際には、口話の有無、語順の厳密さ、省略の程度などには、個人や状況によって幅が存在する。
2　戦前の日本聾唖協会を前身として1947年に設立された全国唯一の当事者団体である全日本ろうあ連盟は、1969年に『わたしたちの手話1』という手話単語集を出版し手話の共通化を進めるとともに、1970年代には①聴覚言語障害総合センターの設置、②運転免許取得の認可、③手話通訳の法制化、④ろうあ者を準禁治産者とみなす民法11条の改正、といった請願運動を積極的に展開した（岩田 2007: 97-98、安藤 2005: 195-201）。
3　ただし、実際には教育体制を整備することが非常に難しいため、聴覚口話法で成果が上がらない生徒に対してコミュニケーションを確保する手段として手話を用いることはあっても、日本手話を習得させた後にそれを用いて書記日本語（日本語の読み書き）を勉強させるという本来のバイリンガル教育を実施している学校はほとんどない。
4　人工内耳とは、外部に装着したマイクで拾った音を電気信号に変換し、内耳の蝸牛内

埋め込まれた電極によって聴神経を直接刺激することで、脳に音を認知させようとする装置である。空気の振動である音は、まず鼓膜から耳小骨を経て蝸牛へと振動が伝わり、そこに密集する聴神経によって電気信号に変換され脳に伝えられる。ところが、何らかの原因でこの蝸牛の聴神経まで音が十分に伝達されない場合（感音性難聴）でも、ほとんどの場合、聴神経自体は生き残っている。このような場合に、人工内耳を調整しながら聴神経に適切な電気刺激を与えるようにすることで、ある程度の聞こえが得られることがある。ただし、その効果が確実ではないことや装着時に身体的浸潤を伴うことなどから、自己決定できない子どもに対する適用にはいまなお議論がある。

5　このようなろう学校の動向には、大半が聴者である「親の意見」が多分に反映されている。金澤は、「『うちの子は手話ができるようになりますか？』っていう親はいないよ…『しゃべれるようになりますか』っていうよね」というあるろう学校教師の話を紹介し、ろう学校における教育方針や教育活動がそのような親の価値に沿って構築される傾向にあると指摘している（金澤 2003: 37–38）。

**引用文献**

新井孝昭 2000「言語学エリート主義を問う：「ろう文化宣言」批判を通して」、現代思想編集部編『ろう文化』、青土社、pp. 64–68

岩田吉生 2007「聴覚障害教育と手話」、『そだちの科学』9（特集：視聴覚障害とそだち）、日本評論社、pp. 97–102

上農正剛 2000「ろう・途中失聴・難聴：その差異と基本的問題」、現代思想編集部編『ろう文化』、青土社、pp. 52–57

金澤貴之 2000「聴者による、ろう者のための学校」、現代思想編集部編『ろう文化』、青土社、pp. 34–39

木村晴美・市田泰弘 2000（1994）「ろう文化宣言：言語的少数者としてのろう者」、現代思想編集部編『ろう文化』、青土社、pp. 8–17

木村晴美・長谷川洋・上農正剛 2000「ろう者とは誰か／手話は誰のものか」、現代思想編集部編『ろう文化』、青土社、pp. 110–136

齋藤佐和 2008「聴覚障害者特別支援教育」、奥野英子編『聴覚障害児・者支援の基本と実戦』、中央法規、pp. 64–69

サックス、オリバー 1996『手話の世界へ』（佐野正信訳）、晶文社

パッデン、キャロル＆ハンフリーズ、トム 2003『「ろう文化」案内』（森壮也訳）、晶文社

パッデン、キャロル＆ハンフリーズ、トム 2009『「ろう文化」の内側から』（森壮也・森亜美訳）、晶文社

中野聡子 2008「インテグレーション教育」、奥野英子編『聴覚障害児・者支援の基本と実戦』、中央法規、pp. 70–73

Nakamura, Karen 2005 *Deaf in Japan : Signing and the Politics of Identity.* Cornell University

Press.

長谷川洋 2000「「ろう文化宣言」「ろう文化を語る」を読んでの疑問」、現代思想編集部編『ろう文化』、青土社、pp. 101-109

服部琢 2007「人口内耳による新しい療育システム」、『そだちの科学』9（特集：視聴覚障害とそだち）、日本評論社、pp. 67-72

廣田栄子 2008「聴覚障害の基礎」、奥野英子編『聴覚障害児・者支援の基本と実戦』、中央法規、pp. 2-26

プレストン、P. 2003『聞こえない親をもつ聞こえる子どもたち：ろう文化と聴文化の間に生きる人々』（澁谷智子・井上朝日訳）、現代書館

前田直子・森下裕子 1984「聾児をもつ聾の母親をとりまく諸問題」、『ろう教育科学』26-2、pp. 79-96

矢沢国光 2000「同化的統合から多様性を認めた共生へ：ろう教育から見た「ろう文化宣言」」、現代思想編集部編『ろう文化』、青土社、pp. 23-31

山口利勝 2003『途中失聴者と難聴者の世界：見かけは健常者、気づかれない障害者』、一橋出版

吉田弘子・吉野公喜 1994「ろうの両親をもつ聴覚障害者の実態について」、『ろう教育科学』36-1、pp. 37-45

# 第4部　自然科学から文化研究へ

「自然科学から文化研究へ」と題された第4部は、自然科学の側から文化研究を論じた2編の論文を収録しています。

　「文化研究」のあるべき姿について、「文学のように、学問でありさえすれば科学でなくても構わない」という立場をとる文化研究者は少なく、意外に多くの文化研究者が「学問であることは大事だが、できれば科学的性質も備えたい」と願っているようです。（「科学でありさえすれば、学問でなくても構わない」と考えている文化研究者はさすがにいないようです。）そこで念頭に置かれる「科学的性質」が自然科学の性質であり、具体的には「客観的な観察に基づく」「実証的」「議論が思弁的でない」といった性質を指すということは言うまでもありません。こうした「自然科学志向」の願いは、所詮かなわぬ願いなのでしょうか、あるいは実現可能なものなのでしょうか。

　情報処理を専門とする村尾元氏の「文化研究に対する科学的方法論」では、自然科学と同じ方法論が文化研究に適用できるかという問題意識のもと、現状の自然科学的手法を文化研究に導入した場合の可能性と問題点が論じられています。まず、文化の継承・変質については、社会生物学者ドーキンスが提唱する文化子「ミーム」とプライス方程式でモデル化できる可能性が示されますが、同時に、人間的な要因（たとえば意識や情動）が考慮されていないという問題点が示されます。次に、個人の振る舞いについては、隠れマルコフモデルを用いたモデル化の可能性が示されますが、それと併せて述べられるのは、人間的な要因を分散や期待値といった数値に抑え込み、確率的に取り扱うということの限界です。このように村尾氏の書き方が非常に謙虚なために、文化に関する自然科学的な研究方法はさほど有効ではないように見えるかもしれませんが、編者（定延）の乏しい経験では（鶴岡地方の約40年にわたる共通語化の進み具合がロトカ・ボルテラ方程式でモデル化できることなどを物理学者らが調べる手伝いをしました。詳細は鏑木誠・定延利之・中川正之・大月一弘 (1996) "Synergetical approach to dynamics of language system"『国際文化学研究』6: 137–143 をご覧ください）、人間的な要因にあまりとらわれないやり方はかえって意外なほど鋭い切り込みとなることがあるようです。なお、文化研究に「内部観察」が必要であることは村尾論文の

最後にも述べられているとおりですが、特にコミュニケーション研究では、客観的な外部観察に傾斜し、内部観察を避けようとする研究が少なくありません。第2部の定延論文末尾で述べた、コミュニケーション研究における目的論の不用意な導入は、「話し手は、聞き手（つまり外部者）によく理解されるようにしゃべるのだ」というきわめて常識的な（しかし楽観的すぎて現実とは合わない）形で、外部観察と内部観察の同一視を正当化するためになされるのかもしれません。

　この論文集の掉尾を飾るのは物理学者にしてアート提唱者でもある池上高志氏の「21世紀のダ・ビンチをめざして」です。これはシンポジウム「文化情報リテラシーと今日の文化研究」（2008年10月4日、神戸大学）での講演をもとにしたもので、なるだけ講演の雰囲気が伝わるよう、講演そのままに近い形にしています。（この催しは、神戸大学で採択された、文部科学省の大学院教育改革支援プログラム「文化情報リテラシーを駆使する専門家の育成」の主催でおこなわれました。）「僕のバックグラウンドは物理学ですけれども、物理やって考えてきた、もうやっちゃったんだから、この後は何か新しいことに考えを持って行こうということが文化情報リテラシーです」といった講演そして文章の冒頭部分は、まさに文化情報リテラシーの根本を突かれたものです。この論文でまず取り上げられているのは、自然界にある生命の多様性、バリエーションをどうとらえるかという、複雑系の科学の話です。たとえばAからA'、さらにA"というように、1つの主題（A）から多種多様なバリエーション（A'やA"）を製造するジェネレーターが自然界には存在している。周期的でもランダムでもなく、その中間で揺らいでいるようなパターンを生み出すジェネレーターは、どのような仕組みになっているのか。さまざまな人工的なジェネレータの観察を通してわかるのは、ジェネレーターが複雑なものではなく、多様性を生み出す源はフィードバックのかけ方と時間差の組み合わせにあるということです。これはサウンドアートの生成においてもまた同様ということで、「第三項音楽」（池上氏が音楽家の渋谷慶一郎氏と共同で提唱された、音楽の新しいあり方）が紹介され、さらに、第三項音楽の第三項とは、という問いかけから、話は再び自然科学に戻って

きます。科学や西洋音楽の背後には、調和関数を基本単位とする「フーリエ的思考」がある。これとは異なるアンチフーリエ的な考えをもとに、もっと非調律的な世界を考えていく必要があるというのが池上氏の主張で、話は最後には言語研究にまで及びます。少しレベルは違うのですが、たとえば、文字列「すごいですねー」を「ふつう」に発音したのでは感心発話にはなかなかなりませんが、りきんだり、ささやいたりすると簡単に感心発話になるというように、音声波形が調和関数の和で書ける、いわゆるモーダルな発声と違って、りきみ声やささやき声のような、音声波形がつぶれているアモーダルな発声が或る意味とてもリアルで、日常コミュニケーションの中で大きな力を持っているということなども、ひょっとしたら池上氏の主張に沿うものなのかもしれません。

とはいえ、本書の論文の魅力は以上に述べたことに尽きるものではありませんし、「文化情報リテラシー」の枠内に収まりきるものでもありません。それぞれの論者の世界をぜひご堪能いただければと思います。　　（定延利之）

ABBABB# 文化研究に対する科学的方法論

村尾 元

## 1. はじめに

「文化研究の目的は何か？」これがこの3年間にわたるプロジェクトにおいて、多くの文化研究に触れながら、私が持っていた疑問である。その中で見えてきた幾つかのうちの1つは、「文化を記録し、後世に伝えること」である。この記録という行為は、自然科学においても研究の第一歩である。自然科学の対象は、多くの場合、無機物であったり、もしくは、意識とか情動といったものを有さない生物であったりする。このため、自然科学における記録は外部からの観測に基づいて客観的に行われるのが一般的である。

外部から観測できるのは、対象への入力と、その結果としての出力であり、したがって、それらの対応関係が記録される。

一方、文化研究では、記録の対象には人間が中心的に存在しており、その意識や情動が対象のダイナミクスに大きな影響を与える。時には、外部からの入力が無く、文化の行為者である人間の意識や情動が、ダイナミクスの唯一の要因となっているように見えることすらある。そのためであろう、文化研究では、聞き取り調査や自分自身が体験することで、主観的な記録が行われることが多いように思われる。

このような、記録者の、被記録者に対する身の置き方の違いが、科学と文化研究にはある。しかし、それ以上に違うのは、記録の先の部分であるように思う。記録という行為は、科学においても研究の第一歩であるが、あくま

でも第一歩である。科学においては、記録すること以上に、「後世に伝えること」が重要である。

　文化研究においても「後世に伝えること」が重要であることは間違いないが、その質が異なるようである。私の受けた印象では、文化研究における「後世に伝えること」はすなわち「説明すること」であるように思われた。科学では、「後世に伝える」ために必要なのは"再現性"である。もちろん、ある程度の熟練を必要とする場合もあるが、記録に従って手順を踏めば現象が再現できることが要求される。そして、再現できれば、それは「記録されたものが後世に伝わった」ことを意味する。

　もちろん、文化研究において完全な再現性を求めるのは非常に困難である。なぜなら、文化研究においては、人間の意識や情動などが重要なため、記録から単に現象を再現するだけでは不十分だからである。現象を再現すると共に、その時に被記録者の脳に現れたと同じ感覚、つまりクオリアが、同一の役割を果たす人間の脳に現れる必要がある。説明された記録が、読者に理解されたならば、読者自身が自分の意識や情動を制御し、被記録者の脳に現れたと同じ感覚を再現しつつ、その振る舞いを再現できるかもしれない。そうなって始めて、文化研究における「後世に伝える」という目的が果たされる。

　クオリアの客観的な記録と再現が可能であれば、科学が要求する精度まで、文化の記録と再現性を実現することが可能かもしれない。しかし、クオリアは、心の哲学[1]において、現在、最も注目されている話題の1つであり、少なくとも非常に困難であることは想像に難くない。

　以下の章では、このような差異と困難があることは承知の上で、客観的な記録に基づいた科学の方法論を、文化研究に適用することの可能性と問題点を考えてみたい。

## 2.　科学の方法論

　科学は、世の中に発生する様々な現象を予測し、あわよくば制御すること

を目的としている。制御の結果として、当該の現象を、人間にとって役立つものにしようと試みるのである。現象の予測に用いられるのが"モデル"である。

モデルは、現象が現れるシステムの、本質的と考えられる要素を取り出し作った玩具のようなものである。それらは、コンピュータのプログラムであったり、数式であったり、時には粘土細工や箱庭のように本当に模型であったりする。いずれにしても、モデルに期待されるのは、厳密に決められた条件の下で実験を行うならば、同じ現象を繰り返し再現できることである。

まず、モデルは、システムに発生した現象を再現するために利用される。もちろん、モデルはシステムそのものではなく、システムを抽象化したものであるため、モデルが再現する現象は、実際に発生する現象とは同一ではない。一般に、モデルが再現する現象と、科学が対象とする実際の現象の間における、質的な同一性が重要視され、量的な差位は許容される場合が多い。いったん、良いモデル、すなわち、システムの現象をうまく再現するモデルが得られたならば、同じシステムに現れるであろう未知の現象の予測や、似ているが異なるシステムの現象の説明のために、そのモデルを利用するのである。

世の中の"科学"と呼ばれる学問は、概ね同じ方法論すなわち科学的方法論を用いていると言って良いと思う。自然科学はこの方法論を自然というシステムに用いる学問であるし、社会科学はこれを社会というシステムに用いる学問である。さて、同じような方法論が文化系の研究に利用できるのであろうか、すなわち、文化科学は可能か、それが私の疑問である。

なお、科学または科学的であるとはどういうことか、科学的方法とはどういったものであるかについては、多くの科学者や哲学者が議論してきたところである [2]、[3]、[4] が、本章ではそれらの議論には深く立ち入らない。

## 3. 文化科学

"文化科学"を Wikipedia で調べてみると、「現在では広く人文科学と社会

科学の総称として用いられる」とある。本章では、この自然科学に相対する学問という定義を用いず、自然科学と文化系研究が融合した学問として文化科学を定義したい。すなわち、文化科学を、科学の方法論をもって文化を研究する学問として捉える。

科学の目的と照らし合わせて考えると、文化科学の目的は「文化的現象を予測し、あわよくば制御すること」となろう。文化的現象とは、文化の時系列的な変化のことである。すなわち、文化科学とは文化の時系列的な変化の行く末を予測する学問となる。その為に最も重要なのは文化のダイナミクスであり、文化の担い手が誰であるかはあまり重要ではない。

したがって、文化科学が差す"文化"という言葉も、一般的な用法とは少々異なるものとなろう。一般に、文化とは人間の活動に根付いたものであると認識されている [5]。しかし、文化科学の対象を、最初から人間の文化に限定する必要性はないだろう。本章では行動学を中心とした研究分野に従って、以下のように"文化"の定義を与えておきたい。

文化：人間をはじめとする生物において、後天的に獲得される慣習や振る舞
　　　いの体系である。遺伝子を介さず、コミュニケーションによって、世代
　　　を超えて継承される。

さて、このような文化のダイナミクスを実験的に観察し、その将来を予測するとともに、制御を試みる文化科学のための"モデル"を考えてみることにしよう。

## 4. 文化のダイナミクスモデル

文化のダイナミクスには幾つかの階層があると考えられるが、ここでは最も分かりやすい世代間での伝達について考えてみよう。

リチャード・ドーキンスは、文化伝達や模倣の単位として"ミーム"の概念を提唱した [6]。進化において世代間における形質を伝搬する遺伝子に対

して、ミームは情報を伝搬する"文化子"とも言える媒体である。すなわち、生物において遺伝子は主に身体に関わる形質を世代間で伝えるが、文化において、ミームは、例えば芸能や風習といった文化活動の情報を世代間で伝える。

リチャード・ルォンティンは、ダーウィンの唱えた自然選択による進化には、
1) 表現型の多様性
2) 適応度の格差
3) 適応度の継承可能性

という3要素が必要であると述べ、また、これらの3要素が備わっていれば、自然選択によって進化する可能性があると述べた [7]。

これを少し別の形に言い換えてみよう。すなわち、1) 文化の多様性があり、2) それぞれに"受け"の良さの差があるとしよう。このとき、さらに、3) 受けの良い風習は少し変化して次世代に受け継がれてもやはり受けが良いというように、受けの良さは引き継がれるという要素があるならば、文化も進化する可能性がある。

したがって、もし、ミームにこれらの要件が備わっているならば、遺伝子が、複製や選択、そして他の遺伝子との交叉や突然変異などの遺伝的変化にさらされながら進化の過程を歩むのと同様に、ミームも、文化の伝承と衰退、そして他の文化との交流といった影響にさらされ、変化していくと考えることができるだろう。

ジョージ・プライスは、このような、世代構造を持つ任意の集団において、世代間で継承される形質がどのように変化していくかを、プライス方程式 (Price equation) と呼ばれる差分方程式に表現した [8]、[9]。

$$\Delta z = \frac{\mathrm{cov}(w_i, z_i)}{w} + \frac{\mathrm{E}(w_i \Delta z_i)}{w} \tag{1}$$

ここで $w_i$ は個体の適応度、$z_i$ は個体 $i$ が持つ形質、$w$ は集団全体の平均適応度である。cov は共分散、E は期待値を表す。この式が意味するところは、

集団全体の形質 $z$ の変化(左辺)は、各個体の形質と適応度の多様性(右辺第一項)および、各個体の形質の変化による適応度の変化の期待値(右辺第二項)に依存するということである。

文化活動に当てはめるならば、ある文化活動 $i$ の備える表現が $z_i$、その表現の良さが $w_i$ と当てはめることもできるし、式の記述対象を特定の文化活動の変化と考え、ある伝承者 $i$ の表現方法が $z_i$、その良さが $w_i$ と当てはめることもできるだろう。このとき、プライス方程式に従えば、文化の変化は、その文化活動における表現の多様性と、その表現の変化に対する良さの変化の敏感さに依っていると言えるだろう。

プライス方程式は、$z_i$ や $w_i$ といった数値を実際に計測することができれば、その行く末をある程度ではあるが予測できる。つまり、文化活動であっても、表現 $z_i$ に関する何らかの特徴を数値化し、それに対する評価 $w_i$ を数値化できるなら、表現全体のトレンドの変化に関して、大ざっぱな予測が可能となる。もちろん、文化活動において、表現やその良さを数値化するのは困難であるが、特殊な場合には適用が可能かもしれない。

なお、ここで利用したプライス方程式は、差分方程式によるもので、人間的要因を含めた不確定な要因は全て共分散と期待値という数値の中に押し込められてしまっている。そのため、人間的な要因を第一に考慮する必要がある文化研究のモデルとしては、より詳細な予測を可能とするモデルの構成は困難となっており、この点は問題となろう。

## 5. 隠れマルコフモデル

本節と次節にかけて、個人の振る舞いのモデル化を試みる。つまり、個人の動きを観測し、そこから共通する規則を発見、その規則の記述を試みる。この目的で、隠れマルコフモデル(Hidden Markov Model)と呼ばれる確率モデルを用いる [10]。確率モデルでは人間的な要因を確率的に取り扱う。確率的ということは、言わばサイコロを振って出た目に従って動作を決定するもので、単純な因果律には支配されないため、人間の意識や情動の代わりとし

てはいささか弱いが、これを分散や期待値といった数値に抑えてしまうよりは幾分良いのではないかと思われる。

ここでは、もう少し隠れマルコフモデルを詳しく見てみよう。隠れマルコフモデルは、時系列情報を逐次分類し、"タグ"付けを行うための手法で、音声認識や言語認識などに広く利用されている。隠れマルコフモデルは複数の状態と複数の出力タグ、また、隠れマルコフモデルの動作を規定するパラメータで定義される。パラメータには全ての状態の組み合わせに対する状態遷移確率と、各状態でタグが出力されるタグ出力確率、さらに、各状態が初期状態である確率が含まれる。なお、ここで"タグ"と呼んでいるのは、現在の状況を表す記号のことであり、異なる状況に異なるタグが割り当てられれば良い。

このように定義される隠れマルコフモデルの動作は次のようになる。まず、時刻 $t=0$ における状態つまり初期状態が、パラメータに含まれる初期状態確率に従って決まる。続いて、時刻 $t=0$ における出力タグがタグの出力確率に従って決まる。次に、時刻 $t=1$ における状態が状態遷移確率に従って決まる。あとは、順次、時刻 $t=1$ における出力タグ、時刻 $t=2$ における状態、というように、それぞれ状態遷移確率とタグの出力確率に従って決まる。

状態遷移は確率的に決定されるため、同じ条件で複数回動作させた時に、同じ状態遷移を繰り返すとは限らない。また、出力されるタグも確率的に決定されるため、仮に同じ状態の系列が得られたとしても、同じ出力タグ系列が得られるとは限らない。つまり、各回の動作における出力に再現性は期待できない。それでモデルとして利用できるのかという疑問もあるかもしれない。しかし、何度も動作させると、得られる出力の確率分布は収束し、その確率分布は再現性のあるものとなる。つまり、隠れマルコフモデルは、タグ系列が出力される確率分布を予測するモデルであると言える。

なお、実際に、特定の状態系列をとる確率や、特定のタグ系列を出力する確率を得るために、隠れマルコフモデルを何度も動作させる必要は無い。状態遷移確率とタグ出力確率が分かればこれらを計算することが可能である。この計算を高速に行うための手法として、Forward アルゴリズムや Backward

アルゴリズムといった手法も提案されている。

　また、隠れマルコフモデルはパラメータを決めるとタグ系列の出力確率を推定するだけではない。逆に、実際に観測されたタグ系列から、もっともらしいパラメータの推定すなわち学習ができるという点が有用である。ここでは詳細には触れないが、代表的なパラメータ推定方法としては、EMアルゴリズムに基づいた Baum-Welch アルゴリズムと呼ばれる手法がある。

## 6. 振る舞いのモデル化

　隠れマルコフモデルを用いた振る舞いのモデル化は以下のような手順で行う。まず、被験者に、予め決められた一定の動作を10回を1セットとして5セット、計50回行ってもらう。これを正面から撮影した動画をコンピュータに取り込み、各フレーム毎に、画面上の手先の位置を検出する。ここではインテル社が開発、公開したオープンソースの画像処理ライブラリ OpenCV [11] を利用している。続いて、時間的に連続する異なるフレーム間で、手先座標の差を取り、その変化を計測する。変化の方向と変化の大小を組み合わせて、手先座標の変化を25種類に分類、それぞれに対応するタグを付ける（図1）。これにより、動作時の手先の動きに対応する、50回分のタグ系列を得ることが出来る。

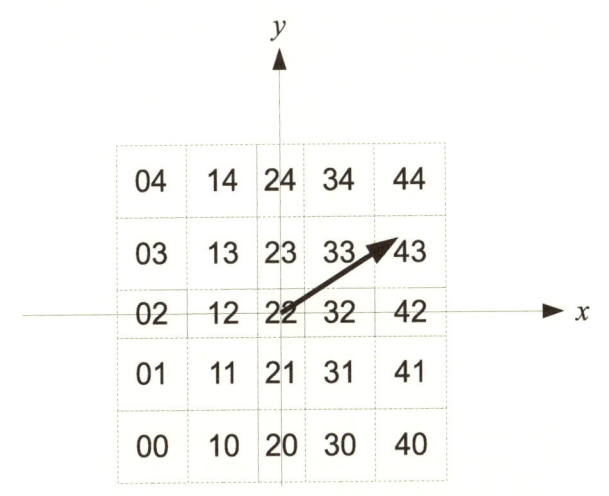

**図1** 手先座標の変化量に対して25種類のタグ（00〜44）を付ける。例えば図中矢印のベクトルで表されるような変化量には「43」のタグが付く。

　図2に、撮影した動画の1フレームを示す。手先の位置を検出しやすくするため、被験者にはマーカを把持して貰った。図中でマーカ部分に矩形が描かれているが、これはコンピュータが認識していることを示す。この矩形の中心座標を、手先座標として読み取った。

　異なる2名の被験者に、手先を左に振る動作をそれぞれ行って貰った。得られたタグ系列を、それぞれの被験者毎に、異なる隠れマルコフモデルに学習させた。つまり、最終的に、それぞれの被験者の動作から学習を行った2つの隠れマルコフモデルが得られる。

　得られた隠れマルコフモデルのパラメータ、すなわち、状態遷移確率とタグ出力確率に、個人の振る舞いの違いが現れる。その様子を簡単に見てみよう。

　被験者1と被験者2に対応する隠れマルコフモデルを、図3に示す。図中、円で書かれた部品は状態を、二重丸で書かれた部品は初期確率が0でない状態を表す。円と円を結ぶ矢印は状態遷移を表し、線上の数値は遷移確率を表

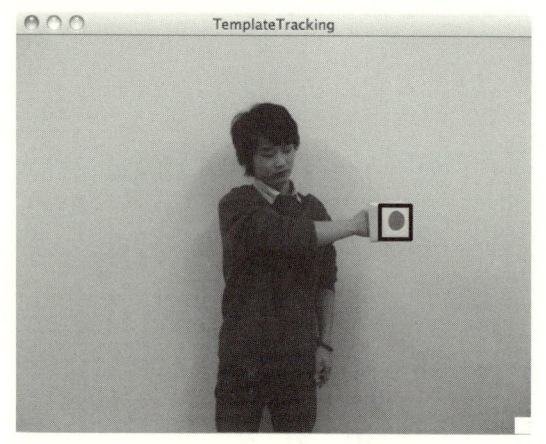

図2　被験者の動作をコンピュータで認識させている様子

す。円から出ている吹き出しの中は、その状態における出力タグとその確率を表す。このモデルでは、状態間の遷移は手先の左右方向の動きに対応し、出力タグは上下方向の動きに対応するように構成している。

　被験者1と被験者2のモデルについて、図中、実線で囲まれた部分を比較すると、被験者2は比較的少数のタグにのみ確率が与えられているのに対して、被験者1についてはタグ20～24もしくはタグ40～44に対してまんべんなく確率が与えられている。つまり、手を横に振るという動作にもかかわらず、被験者1は上下方向の動きが多いことが分かる。

　一方、図中、点線で囲まれた部分に注目してみよう。被験者2は状態S12, S13, S14間の遷移確率が、被験者1のS2, S3, S4間の遷移確率に対して高い。また、被験者1は状態S3からS3への遷移確率が、被験者2のS13からS13への遷移確率に対して高い。S2(S12), S3(S13), S4(S14)はそれぞれ横方向($x$が正の方向)の動きの大きさに対応しており、被験者2はそれらの状態間の遷移確率が高い、すなわち、横方向の動きの変化が大きく、被験者1は動きの変化が小さいことを表している。

## 7. おわりに

　本章では、文化研究に対する科学的方法論の適用可能性、すなわち、文化のダイナミクスに対するモデルの構成について検討した。文化研究では動作主体の意識や情動といった人間的な要因がそのダイナミクスの源となるため、これを取り扱うモデルとして差分方程式によるモデルであるプライス方程式と、確率モデルである隠れマルコフモデルを紹介した。

　いずれも、典型的な科学的方法論に基づく、客観的な記録としてのモデルであるが、これらのモデルでは、人間的要因はモデル内に陽には現れない。差分方程式では統計量という数値に、確率モデルでは確率パラメータというやはり数値で表現されている。人間の意識や情動は、客観的な観測が非常に困難であるため、科学的方法論における、多くのモデル化手法では、人間に関わる要因は不確定要素として記述される。

　ある対象に対して科学的方法論の適用、すなわち、モデルの構成を試みるならば、その対象の入出力についての、外部からの観察に基づく客観的な記述と、数値による表現が不可欠である。しかし、文化的活動をモデルの対象とした場合には、人間の意識や情動、果てはクオリアといった人間の内部的な情報を入出力として扱う必要が出てくる。これらの情報は、一般に、内部観察に基づく主観的な記述が必要で、しかも、容易には数値化できない。これらをどのように表現するのか、この点を明確にしなければ、科学的方法論と文化研究の接近は困難であることは明らかである。

　幸い、近年、非侵襲脳計測技術の発達とともに、認知科学の分野における意識に関する研究は急速に進歩しており、主観的な情報をなんらかの形で記述しようとする試みも多い（例えば [12] など）。これらが文化研究における科学的方法論の適用に新たな道を開く可能性も期待できる。

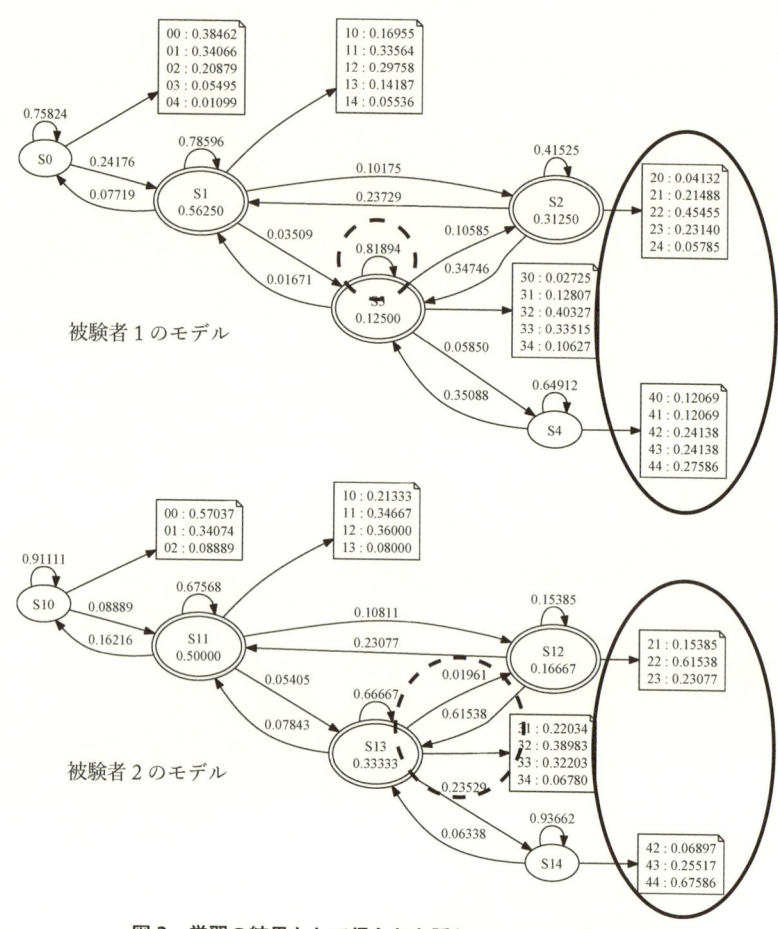

**図3　学習の結果として得られた隠れマルコフモデルの例**

## 参考文献

[1] ジョン・R・サール. マインド心の哲学. 朝日出版社, 2006.
[2] トーマス・クーン. 科学革命の構造. みすず書房, 1971.
[3] カール・ポパー. 科学的発見の論理. 恒星社厚生閣, 1971.
[4] 野家啓一. 科学の解釈学. 筑摩書房, 2007.
[5] 広辞苑第六版. 岩波書店, 2008.
[6] リチャード・ドーキンス. 利己的な遺伝子. 紀伊國屋書店, 1991.
[7] Richard C. Lewontin. The units of selection. *Annual of Review of Ecology and Systematics*, 1:

1-18, 1970.
[8] George R. Price. Selection and covariance. *Nature*, 227: 520–521, 1970.
[9] Steven A. Frank. George price's contributions to evolution aygenetics. *Journal of Theoretical Biology*, 175: 373–388, 1995.
[10] Lawrence R. Rabiner. Atutorial on hidden markov models and selected applications in speech recognition. *Proceedings of IEEE*, 77 (2) : 257–286, 1989.
[11] インテル. Open cv. http://opencvlibrary.sourceforge.net/.
[12] Giulio Tononi. An information integration theory of consciousness. *BMC Neuroscience*, 5 (42), 2004.

[講演抄録]
# 21世紀のダ・ビンチをめざして

池上高志

## 1. はじめに

　きょうはお招きいただきましてありがとうございます。十何年ぶりにここで話すので、非常に感動しています。僕が、昔ここにいたときは1991～1992年だったと思いますが、そのときにはこの近くの部屋でカオスはなぜ起こるかという話を1年生相手にしたのを覚えています。今回、文化情報リテラシーということについて考えたときに、ダ・ビンチという人間が浮かんでくる。ダ・ビンチが自然科学とアートを結んでいる代表的な人間だと思います。僕は3年前にダ・ビンチ宣言（マニュフェスト）というのをミクシィ上で行いました。

　それはどういうことかというと、サイエンスもアートもやってやろう、ということです。よく言われているような、自然科学系と文系の研究者が一緒にやるということは実際上不可能だと思うんですね。本当の意味での理系と文系の合体というのは、1人の人間が同時に自然科学もやり文系もやるということ以外には考えられない。僕のバックグラウンドは物理学ですけれども、僕自身のリテラシーというのは、物理学をやって考えてきた考えをもとに、この後は何か新しいことに考えを持って行こうということがプラクティカルな意味での文化情報リテラシーです。

　でも、そんなことおまえ本当にできんのかということに当然なると思います。それはわかんないです。自分の今までやってきたことを振り返っても、

ほとんどがラッキーというか、幸運の連続でうまく展開していったというふうに思います。どの部分が必然的かというのはよくわからないです。ただ、そういうことと今日話す話は非常に関係ある。複雑系と人工生命というアプローチからどうやってアートに向かって、アート的なことに展開されるか、その後、アートに行った段階でやったことが自然科学の方向にいかに展開できるかという話をしたいと思います。

## 2. ジェネレーター

　基本的スタンスとして、複雑系は、生命について新しい理論を考えようというものです。だから一番ラジカルな立場は、複雑系というのは、「新しい生物学」だというふうに定義しています。生命について考えるということと同時に、自然と人工というのは何が違うか。自然の心と人工の脳、コンピューターと人間、生物としての脳は何が違うか、ということまでを考えていきます。たとえば、コンピューターのCPUとかメモリーという言葉を使って、脳を表そう、理解しようとしますけれども、コンピューターと脳は違う。その違いに焦点を当てて考えていくのが複雑系の科学です。

　生命の大きな特徴として、自己複製するとか、自己を維持するとか、あるいは自律性を持っているとかというのがありますが、きょうは、生命に見られる多様性について考えたい。物をつくるとか、多様性をつくるということがいかにして可能か。別の言葉で言うと、新しいパターンとか物をつくる、つまりバリエーションをつくるということですね。

　バリエーションというのは、AからAとちょっと違ったA'、さらにA"をつくってと、いうようにいろんなバリエーションを生み出す。そいつをつくるのをここではジェネレーター(生成機)と呼びます。バリエーションをつくるジェネレーターというものをいかにして獲得できるか、それはルールと言ってもいいし、マシンと言ってもいいですけれども、この意味はだんだん明らかになると思いますが、そういったジェネレーターというものを中心にすえて考えたいと思います。

文系・理系を問わず非明示的にみんなジェネレーターが必要だと思っていると思うんですね。例えば小説家だったら、1作目ですごくいいのを書いたけど、2作目はどうなるんだろうというときに、2作目は自動的につくってくれるものが何かあればいいわけですよね。絵かきだって絵をかいたときに1発目はよかったけども、2発目はどうしようかというときに、テーマは同じの変種みたいなものをつくりたい。そういったバリエーション製造機である、ジェネレーターをいかにして獲得すればいいか。

僕は、そのジェネレーターを最近サウンドアートということに応用して考えました。サウンドアートという20世紀の真ん中くらいからいろんな人が参入した分野があります。ある偶然で、アーティストの渋谷慶一郎氏と出会って、僕のジェネレーターと彼の持っているアーティスティックな才能が融合して新しいサウンドアートが生まれました。いまそれをベースに、サイエンスとしては新しい時間理論というものをつくっています。その時間理論をもとにまた新しいアートをつくる。そっちまでちょっとまだ話せない（2010年3月20日にYCAM（山口芸術情報センター）で、MTM（Mind Time Machine）を発表した）と思うので、きょうはサウンドアートの話をしたいと思います。

## 3. カンブリア爆発

まず最初に、カナダのブリティッシュ・コロンビア州のバージェス頁岩に注目します。そこで最初にカンブリア爆発という、生物の多様性が一時期に爆発的に増加した証拠があります。それが例えば自然の持っているジェネレーターの証拠です。

スティーブン・グールドの『ワンダフル・ライフ』という本が、このカンブリア爆発の話を一気に広めました。例えば、それを見ていただけるとわかると思います。ピカイア、オパビニア、ハルキゲニア、マルレア、など冗談じゃないかというような動物の化石がわんさかでてくる。その形態の多様性と特異性に驚かされます。

**図1　オレネルス類フラーリー（カンブリア紀三葉虫）**

僕は、個人的に三葉虫を集めています。三葉虫、うちの玄関に三葉虫が50くらい飾ってある。自分で発掘するわけじゃないんですが、特に初期のカンブリアンの三葉虫に魅せられて、それを集めているんです。例えばこのオレネレス類のフラーリーという種です（図1）。このような三葉虫の背後に、自然界のジェネレーターがあるわけです。

多様性をどうやって増やしたらいいかといったときに、自然界では、突然変異と自然選択で選ばれる、と考える。それを人工システムではコンピューターの中の計算のひとつとして考えようというわけです。だから、こうした自然のジェネレーターに対して、我々はコンピューターとか使って人工的なジェネレーターがつくろうというわけです。

## 4.　オートマトンと Class 4

僕が大学院入るか入らない頃、スティーヴン・ウォルフラムという人がセルオートマトンの博物学のような仕事をした。これは、1次元のビット空間におけるパターンの多様性の研究です。真ん中のビットが左右のビットを見

て、次の時間にどういう状態に変わるかを決定するという規則をすべてのビットに割り当てる。例えば今、状態は0か1しかないとします。それで自分が0で周りが1だったらば次の時間は0だ。自分が0で右が1で左が0だったら、1に変わるが、自分が1で両隣が0だったら自分は1でいくとか、こういうふうにしていろんなルールが考えられます。これはビットの上でどういうふうにパターンが変わっていくかということのルールです。このやり方だと2の8乗個のいろんなやり方、ビットの反転の規則、が考えられる。これを2進数だと思って000を1ケタ目で111を8ケタ目として各々で0にするか1にするかを与え、全部足し合わせるとルールの数表現になります。このルールが1つの時間発展の方程式と考えられるわけです。

おもしろいのは、ルールによって生まれるパターンが違うことです。例えばルールの4という非常に簡単なやつです。

最初がゼロだったらゼロで、1だったら1のままになる。ルール50では、時間的な2周期というのが見られる。縞々模様ができる。図3は時間的な縞

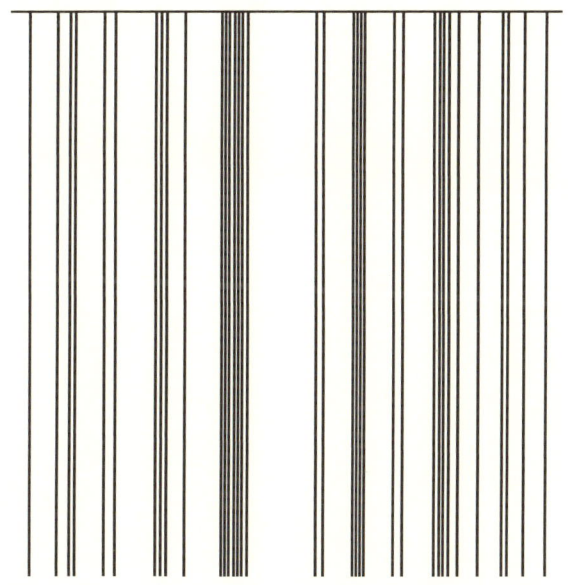

**図2　ルール4（Class 1）横軸は空間、縦軸は時間（上から下に向かって進む）**

をつくっていて、図2は空間的な縞をつくっている。

**図3　ルール50（Class 2）横軸は空間、縦軸は時間（上から下に向かって進む）**

　ルール22はさっきのとすごく違って、繰り返し三角形が現れる。かといって周期的ではない。1点から始まると、フラクタルという自己相似なパターンをつくるルールです。これをClass 3と言います。まとめると空間的な縞になっちゃうやつや全部真っ黒とか真っ白になっちゃうやつをClass 1と言って、時間的な縞をつくるのをClass 2と言う。22のように三角形が広がるものをClass 3と言います。

図4　ルール 22（Class 3）横軸は空間、縦軸は時間（上から下に向かって進む）

　ところが、これ以外に Class 4 と言われるものが発見されました。というか、これまでの3つのクラスに入らないものがあって、それらを Class 4 と名づけることにしたんですね。時間発展させると、何か予想できない変わり続けるものがでてくる。こういうのは Class 4 です。

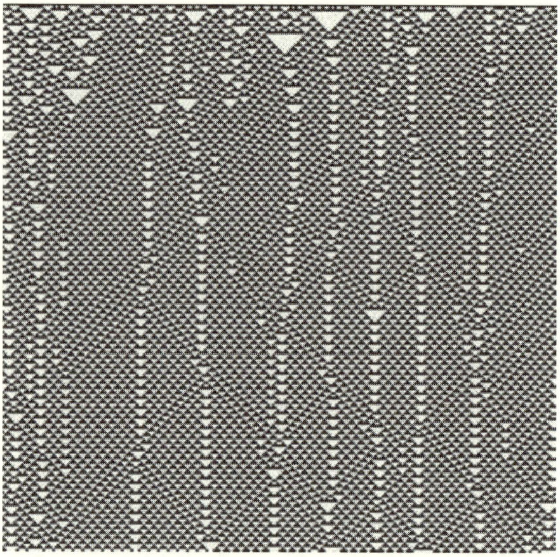

図5 ルール54（Class 4）横軸は空間、縦軸は時間（上から下に向かって進む）

　僕が一番好きなのは、このルール54というやつです。54は何がおもしろいかというと、ちょっと見てるとわかると思いますが、周期的に見えて周期的じゃないんですね。ビットの世界なのに、ちょっとずつ揺らいでいる。なんとなく生命に似ているような、落ち着かなさがあると僕は思ったし、そういうふうに思った人は多かったと思うんです。それで、生命というのは、むしろDNAがあるとか、あるいは自己複製するかとか、そういうことの前に、我々が生命に対して持っている何か気持ち悪さというか、そういうものを表す抽象的な、数学的な構造があるんじゃないか。それがこのClass 4に相当していると考えたんです。

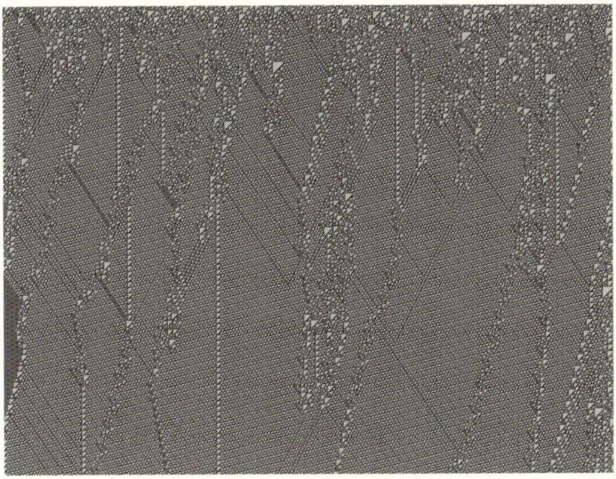

図6 ルール110（Class 4）横軸は空間、縦軸は時間（上から下に向かって進む）

　ルール110という別なclass4のルールなんですけども（図6）、孤立して出現するパターンがどういう速度で走るかというのはよくわかんないですね。サイズが大きければ大きいほど変なやつが出てくるかもしれない。こういうのをソリトンとか言いますけども、ソリトンどうしがぶつかって変なソリトンが生まれてまた新しいのをつくったり、大きな空間で見ると大きなソリトンが生まれていたりする。こういうものがさっき紹介したウォルフラムの両隣だけ見るルールの中に、4種類か5種類ある。ある意味で4種類か5種類しかない。

　こういった非常にまれなルールは、ちょっと生命らしさを感じされるようなパターンをつくり出す。これがまず複雑系の科学が立ち上がることのひとつの契機だったんです。決して数学的にごりごりやろうというわけじゃなくて、生命のいやらしさを持っていて、でも我々のこれまでなじみのある、空間も連続し時間も連続している方程式の中には見出せなかったような、ある種のへんてこりんなものがあるということがわかったわけです。

## 5. ライフゲームや他のガジェット

　次に紹介するのが、ジョン・コンウェイのライフゲームです。これは知っている人も多いと思いますが、さっきのセルオートマトンの2次元版です。ここのビット空間には、グライダーというソリトン・パターンがある。このライフゲームというのも、54や110のような、クラス4に属するある種の特殊なルールセットです。自分の状態が1で、8つある近傍のうちの3つか2つが1だったら1のままで、自分がゼロでも周りに3つ1があらわれると1になるというルールです。初期値によっていろんなパターンをつくることができるんですね。これは、やっぱり連続な時間、連続な空間の方程式の中では見かけないパターンで、ライフゲームもまた、パターンのジェネレーターなわけです。
　だから面白いジェネレーターというのは、特にClass 4に代表されるように、予測可能じゃなくて、局所的に見ると周期的だとかランダムに見えるんだけども、全体としては何か揺らぐような構造をつくってくれるようなものに見出せる。
　次にテープとマシンの共進化という研究を紹介します。これは僕の昔の仕事で、生物進化における遺伝コードの進化をシミュレートするものです。普通は遺伝子があって、リボソームたんぱく、ここではこれをマシンと言いますが、マシンがテープを読み、遺伝子（これがテープ）に書かれたものをつくるだけなんだけど、もしそれぞれのマシーンが違う文法を持っていたとします。すると、違うマシンが来て同じテープを読んでも同じものをつくるとは限らない。つまり情報というのはテープの上にあるんじゃなくて、読み手であるマシーン側にあるという逆転のシステムをつくって、テープとマシンを共進化させると、どういうコードと読み手の文法が出現するかというのを調べたわけです（図6）。

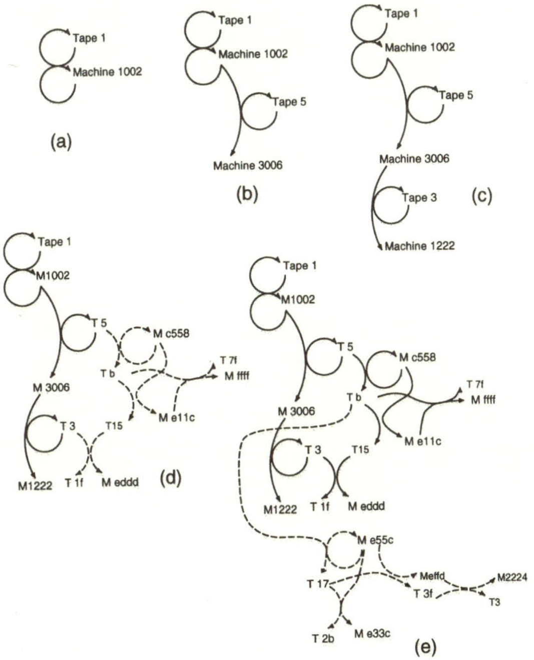

図7 テープとマシンの共進化　書き込みエラーが少ないときは、a)→c)だが、多くなるとd)、e)へと進化する（Ikegami, T. and Hashimoto, T., Active Mutation in Self-Reproducing Networks of Machines and Tapes, Artificial Life 2 pp. 305–318.（1995）.）

　ところで、このシステムは読み書きエラーが生じる状況で進化させてやると、どんどんネットワークで膨らんでいろんな翻訳のネットワークをつくってくれるわけです。これもバリエーションのジェネレーターですね。ノイズによる偶発的な書き換えの作法を、決定論的なプログラムへと翻訳している。

　こういうジェネレーターというのは、もしかすると新しい生命の理論、多様性の生成、を考えるときにうまく使えるんじゃないかということです。それで、いろいろなジェネレーターが気になってくる。ほかにも、生命現象とは異なる形のジェネレーターは存在しています。例えば、自分で自分を映す

TVとビデオのフィードバックシステム。テレビを写してそのテレビをビデオで写して、それをフィードバックさせる。これをビデオフィードバックと言いますけども、テレビを写してテレビの画面を写してそれを、ちょっと拡大・縮小・回転させて戻します。そのため、決まった画面をずっと写しているにもかかわらず、どんどん変化する。ただ、フィードバックをするというルールの中にこうやってパターンをどんどんつくるようなメカニズムが埋め込まれているわけです。これはビデオフィードバックのカオスというものですが、正確にはカオスというわけじゃなくて、パターンをつくり続ける仕組みです。ビデオとテレビのある人は、うちへ帰ってやってみるとおもしろいと思います。そのときによって全然違うものがいっぱいできる。したがって、同じようにジェネレーターと呼ばれるものです。

　だから、いろんなパターンをつくるために、突然変異とか、外からランダムにそれをやらなくちゃいけないとか、ものすごく複雑なことをする必要はなく、これは単にフィードバックを掛けてやる、そのときの時間構造とそのフィードバックの掛け方からいろんなパターンをつくることができるというものです。

[講演抄録] 21世紀のダ・ビンチをめざして　277

**図8　テーラー＝クェットの流れを作り出す実験装置**

　図8は別のジェネレーターで、3年くらい前に僕がつくったテーラー＝クエットの流れをつくる操置です。これそのものはよく知られていて、ほとんど同じ半径を持った円筒を二つ同軸に重ねます。円筒の間に例えば1センチ弱くらいのすき間があくんですね。そこの円筒のすき間に水を流して真ん中の円筒を回転させます。そうすると、水が最初はこう円筒につられて動いているだけなんだけど、そのうち変な形になってきて、ぶわっと不安定な流れをつくります。それが水と円筒だけでつくったパターンのジェネレーターです。もちろん円筒は単に、ただの円筒です。こんなふうに単に円筒を回すだけなのにできるパターンにも、いろいろ変なパターンがあります。例えば水にアルミ箔を入れてやって上から光を当てます。アルミ箔は平らなんで光が来ると反射しますよね。渦の中でアルミ箔がうわっとうねられていると、光によってパターンが見えるんです。回転数をどんどん早くしていくと、うねりのパターンが変化してくるんですね。
　今のような、例えばシリンダーで1センチくらいのすき間をとって、高さ

を 500mm くらい直径を 300mm にしてやると、大体 40 個くらいのいろんな渦のつくられ方が埋め込まれていることがわかっています。しかしどういうパターンが埋め込まれているかということを系統的に調べるのは非常に難しい。いろいろなパターンがつまっているのもこれが高次元のシステムだからです。

　水というものは、何もないのだがある仕方でもって揺さぶってやると、その中にはいろんなパターンが生まれてくる。だから、最初のカンブリア爆発を思い出してもらえればいいんですけども、カンブリアンだってどんな形ができるか、あれは単にランダムにできてるわけじゃない。ランダムにつくられていたらばおもしろくないんだけども、どうも構造をもってパターンがいろいろできてくる。そこには仕掛けがあるに違いない。そう思うきっかけがここでの水とシリンダー装置です。ぐるっと回してやると、その中にパターンが生まれてくる。こういうふうに対称性を次々と破っていって、いろんなパターンをつくっていくのが、この装置が見せるジェネレーターの秘密なわけです。

## 6. 第三項音楽

　こういうような話をいろいろやっているときに、では、いろいろなパターンジェネレーター使って音をつくれないかということを、それはアーティストで作曲家である渋谷慶一郎さんという人と話したのです。その人と 3 年くらい前に非常に盛り上がりまして、何かこういうのを使った音楽をつくってみようということになりました。今までの特に西洋の音楽で、それはドローンとメロディーを中心につくってます。メロディーというのは、口ずさむときに出てくるのがメロディーです。ドローンというのは、クラブとかに行かれる人はわかると思いますが、例えば周期性の強い低音です。そのドローンとメロディーを組み合わせることによって音楽というのはできているというのが西洋音楽の基本なんだけども、でも本当にそうかということを考えてみたというわけです。つまり実際の音楽というのは、それとは関係ない第三項

があって、その第三項を使って音楽というのはできているんじゃないかというふうに。

　この辺で木村先生のお話(本書第2部冒頭の木村論文を参照)とちょっと絡むんですが、アフリカの音楽とかを聞くと、例えばピグミーの音楽とか、そういうのは全然このドローンとメロディーから構成されているわけではないんですね。第三項音楽のアプローチというのは、結構ピグミーのそれに似ているようなところもあるわけです。形式を考えずに、複雑な音色の系列から、さっき紹介したようなパターンジェネレーターを使って、音をいろいろつくっていく。それが僕と渋谷さんが始めた音楽の形式です。

　具体的にどのようにサウンドのジェネレーターをつくればいいのか。例えば、これはさっき出てきた装置にアルミ箔を入れておいて、上から光を当ててやる。この光が反射してくるのをCCDカメラで撮ってもらってコンピューターに入れて、それをもとにしてそのパターンの変化というものを音の強さの変化だと思って、それをサウンドファイルに翻訳する。さらにそれを編集してスピーカーに流してやる。瞬間の音色を並べることによって音パターンをつくっていこうというやり方です。

　それをベースに作ったのがフィルマシンという作品で、これは2006年の夏に山口のYCAMという情報芸術センターで一月くらいかかって制作したものです。2008年の1月にはベルリンに招待していただいた非常に評価された作品です(図9)。

図9 Filmachine（フィルマシーン）全景。スピーカーが天井から3層に、24個つり下げられている。その周りを取り囲んで、LEDの柱が8つたっている。

　これがどういう構造をもつものかというのを説明しなくてはいけません。まずスピーカーが天井から円柱状にぶら下がってるんですね。スピーカーが24個ぶら下げられています。高さ的には8個ずつ3層あります。8個、8個、8個。そのスピーカーからそれぞれ24個独立な音が出てきます。音のパターンは独立なときもあるし、そうじゃないときもある。空間に広がって並べたスピーカーから出すから3次元的な音が聞こえるのではなくて、仮想音風景のソフトウェアを使って、仮想音源配置を作っているのです。まずあるジェ

ネレーターを持ってきて、そのジェネレーターからつくった音をヒューロンというソフトウエアに入れます。もともとヒューロンというのは、建築家がホールをつくるときにあらかじめどういう反響や残響があるかということをいろいろ調べるソフトです。そのときにバーチャルな壁をつくり、その反射音をエミレートするようなソフトなんですね。でも、ここではそれを使ってやって、サウンドのアートをつくってやろうということです。そのスピーカーをもとにし仮想的な音源の3次元の動きをシミュレーションしたのがこの作品です。

　何が体感できるかというと、例えば40メートル上くらいから、幕の、音の幕みたいなものが下がってきて、どわっと下に抜けていくとか、そういうものをつくったわけです。LEDの柱がスピーカーのまわりには設置してあり、その光のパターンが音と時々関係を持ちつつぐるぐる回っているわけです。その光の光り方というものも、セルオートマトンのパターンでデザインされています。スピーカーは、ムジークというモニターに使うような高機能のドイツのスピーカーメーカーに提供してもらいました。作品は、ユーチューブでダウンロードしてもらうか、音そのものは特別な方法を使ってイヤホンでも3次元実態音感聞けるようになっています。

　Filmachineを構成する「楽譜」は、コンピューターに食わせるパターンです。さっきのルール110を使ってつくったファイルや、18のルールが多数の時系列上に乗っている。あとロジスティックマップというカオスをつくる最も簡単な差分方程式がありますけども、それを使ったサウンドファイルなんかも並べてつくられた楽譜ファイルです。

## 7.　サイエンスとアート

　第三項音楽の第三項というのは何だというのを考える所から、結局は科学や西洋音楽の背後にあるフーリエ的思考にたどりつく。今の数理科学というのはすべてフーリエの手のひらの上にあるのです。例えばすべての関数は、調和関数の和で書ける。調和関数とは例えば、サイン関数、コサイン関数っ

て習ったと思いますが、ああゆうのです。どんな関数でもサイン関数とコサイン関数の和で書けるというのがフーリエの定理で、それが科学の基礎にある。中学のときにそのサイン関数やコサイン関数を習う意味が分からなくて、教科書ではサイン関数というのは山の高さをはかるために出てきて、山の高さはかるためなんかに面倒なことを考えたはずがないと言って、先生とやりあった。最初からフーリエの定理を教えてくれれば良かったのです。すべての関数はサイン関数とコサイン関数の和で表せる。このことは、強いメッセージです。

　でもここでは、そのフーリエの思想に反対するのが、つまりアンチフーリエで行こう、というのが第三項なんですよ。アンチフーリエというのは、つまり非調律的な世界から始めようということなんです。我々は、音楽においても音符ではなくて、もっと非調律的な世界から始めるべき、と考える。メロディーとドローンというのは完全にそのフーリエ的世界で、時間の方向性というものがない。逆に音色というもの中からは時間が発生して、結果としてメロディーとドローンが生まれてくる。だから第三項というのは、さきに音色というのを用意し、そいつを並べることによってそこから生まれる時間構造について考えようということでもあるのです。例えばカオスやセルオートマトンなどはフーリエ変換してもわからない。カオスやセルオートマトン、特にclass4などによって、フーリエ的なものでは理解できない世界観がここにあったんだということを突きつけられたというわけです。我々の世界観というものはフーリエの世界とは違うところにあったんだということを言ったのがカオスであり複雑系なんです。

　フィルマシンのようなものをつくってアートと科学が向き合えるというのは、すごく僕はおもしろいと思うんだけども、これを、アートというのは、作品をつくったらもう次の作品に気持ちが向かう。科学って永遠に恐らくぐずぐず持ち続けなくちゃいけないところがあって、つまり何か責任をずっと持ち続けるようなところがあるわけですよ。この2つの異なる見方から、時間に対する新しい考え方がつくれそうにと思うんです。その時間の考え方というのは、いろいろな場面で必要となってきており、たとえば今の脳科学に

おいて、それは画期的な突破口になると思っているものです。最後にちょっとそこだけ話したいと思います。

## 8. 時間のデザイン

　ジョン・ケージという稀代の天才作曲家が20世紀におりました。ジョン・ケージの作品は、例えば「4分33秒」のようなのがよく知られています。これは4分33秒何もやらない演奏を聞く。聞くといっても楽器からは何の音も出てこない。楽章と楽章の合間に、他のコンサートでもそうであるようにみんなが咳をするけれど、始まると演奏の音はない。しかし音はあるんです。無音の音。耳の音。空気の音。とにかくケージというのは、サウンドに関するありとあらゆる実験的なことに取り組んだ人であったのです。さっきの「4分33秒」もそうですが、ほかにもプリペアドピアノといって、ピアノの弦の上にいろんなものを置いて、きょうはゴムとか、バナナ置こうとかと、そのピアノですごく面白い曲が弾けたりする。とにかくいろんなことで音色を変えて、音楽のつくり方とか作曲のつくり方そのものを変えようとしたのがケージだと思います。

　チャンスオペレーション、偶然性と開かれた経験というのが彼の音楽のメッセージだと思うのですが、どうやって人間というのは開かれた経験をつくれるのか。それはすべてのアートでも同じであり、アートというのは人間に新しい経験をさせることだと思うのです。

　彼のつくったそのタイムブラケットという手法というのに、そういう取りくみのなかでも非常に心を惹かれました。何故かと言うと、その音楽には拍子がないのです。演奏者はストップウオッチをそれぞれ持っている。拍子の代わりに音符の上にはタイムブラケットという、何時から何時までの間に下の音符を弾くこと、という情報が書かれている。例えばこれがケージのタイムブラケットの手法で書かれたナンバーピース作品の楽譜です（図10）。

284　第 4 部　自然科学から文化研究へ

図10　ジョン・ケージのタイムブラケットによるナンバーピース（〈ONE〉）の譜面

　2 分 30 秒から 3 分 15 秒とか書いてあって、その音がピアノ、フォルテとか音の強さだけが書いてある。そのようにこの音をこの時間の間に弾けばよくて、ほかの制約がない。だから、演奏家は 2 分たったらばんと弾いちゃってもいいし、2 分 45 秒まで待っていてもいいわけです。例えばもしここに 53 年とか書いてあったりすると、50 年前から今でも引き続ける曲とかがあるわけですよ。
　そういうような、例えば 53 年かかるような曲というのは、今でも聞いている状態になるわけです。何かその「待ってる心」をつくっちゃうというとこ

ろに音楽の進行の時間における「今」がある。だから、この音楽というのは決して楽譜があって、それをその場で聞いたり、レコードを聞くということじゃなくて、その参加者が目の前にいて、彼らとの間で共同作業でつくるような場なわけですよね。このブラケットの手法は、ある種のジェネレーターなわけですよ。パラメーターを変えたり時間を変えたりしていろんなバリエーションをつくることができる。そのバリエーションを簡単につくるジェネレーターとしてブラケットというのをジョン・ケージは考えた、というふうに考えられると思います。

そもそも音楽の「時間」は何なんだということになると思うんですが、通常時間というのは、作曲家が決めて神の視点からばっと流れているだけだと思うんだけど、ケージの音楽の場合、は演奏家が決めているわけですね。しかも演奏家がそこへ来ている観客を見ながら、今、音を出そうとかって決める。だから相互作用的にそのときの時間発展が決まってくるわけです。最近の脳科学とかでも、内的な時間とか自分の時間の発展ということがテーマになっているわけです。しかしフーリエ的な考え方をしていては、自分の時間といったものはわからない。時間の生成こそがアンチ・フーリエ的思考の醍醐味です。客観的な時間の流れとは関係ない自分の流れというものが内部に存在していて、その内的な時間の流れというものをいかにして理解するか。さっき言ったフィルマシンや、ケージのタイムブラケットはそういう意味で、脳科学の時間のモデルになっていると僕は思ったし、そのフィルマシンの真ん中に入ると、やっぱりある種のモデル的時間の経験をしているような感じになるわけです。

現在の脳のモデルである、ニューラルネットワークをコンピューターで走らせてやったところで、それは脳の経験は作ることができない。知覚とか経験というのは本質的に外に開いたものであって、それはニューラルネットのシミュレーションにはない。逆にフィルマシンの空間の中に入って、音の膜が40メートル上からおっこちてくるのを感じるときとか、その中のその時間の流れとか、その時間のあり方みたいなものが、ある種の知覚とか、認知というものを考えるためにどういう時間的なパターンを用意していかなきゃ

いけないか、ということのヒントになるんじゃないかと、こう思ったわけです。

　サウンドから離れてみると、ペーター・フィッシュリとデヴィッド・ワイスというアーテイストがつくった、ピタゴラスイッチの元ネタのような作品があります。玉がおっこちてがらがらっと回るとパチンコ玉がぽとりとこっちに流れていって、次々とつながってくる。延々40分からのビデオですが、例えば風船がばんと割れると今度はその勢いで次が倒れてここから水がだっと流れて続いていく（図11）。

図11　ペーター・フィッシュリとデヴィド・ヴァイスによる作品「The Way Things Go」(1987)。NTTインター・コミュニケーション・センター"Connected"にて撮影。

　最近何年か前にホンダでもそういうコマーシャルがありました。ホンダのアコードか何かで、車が分解してがらがらとあり得ない連鎖が続いていく。話によると何か9,999回やったとかいって、全部失敗したんだけど最後の1回でうまくいったということです。

　ああいったピタゴラスイッチ的なものというのは、新しい時間のデザイン

を示唆していると思うのです。1万回のうち1回しか起こらなかったような時間の連鎖というのは、じゃあ存在しないのかということですよね。物理学とかが問題にしてきたのは、1万回やったら9,999回は同じことが起こることであって、そいつをもとに理論がつくられるんだけど、じゃあ残りの1回はどうなんだということになる。でも、生命というのは、「1回起こったから」ということが重要なのかもしれない。そうやってその時間の発展、時間の因果的連鎖における「まれさ」というものが実は大事で、脳とか考えるときにも多分その、まれに起こったこととか、レアなイベントということをどうやってモデル化したり、考えたりするための理論や方法を我々はまだ持っていない。それはまたアンチフーリエ的に考えていかなきゃならない1つだと思っています。

## 9. さいごに── Syntactic から Semantic ジェネレーターへ

そういうことをいろいろと考えていくと、もう最後ですけども、ジェネレーターというのは何か。再考をうながされる。これまで出てきたジェネレーターというのはみんな、意味を考えない、ある種 Syntactic なジェネレーターなんですよね。Syntactic というのは、例えば意味はないんだけど、こうやって組み合わせるとどうもできてちゃうよというもんなんです。一方、言語や文化を理解するには意味の理論が必要。それは当たり前です。しかし、現時点でそれがないのなら、とにかく Syntactic なジェネレーターを回さないと、なにもつくれない。ということです。我々に必要なのは、とにかく意味がわからないけども、ばんばん回せるもの。意味を考えずに回せるものがジェネレーターなんですね。とにかく意味もないけどいろんなものをつくっちゃえるような、規則の束。おもしろい構造、例えば Class 4 をつくれるようなある種の Syntactic なジェネレーターを手にすると、そこからモノは考えられる。それに最初は Syntactic だと思っていたものが、実は意味論的なジェネレーターに化けるわけですよ。だから、Syntactic と Semantic というのは、2つに分かれた構造ではなくて、実は Syntactic なものの中にも Semantic な構造

は埋め込まれている。

　言語学者には2つの対立した考えがあるように見えます。1つはノーム・チョムスキーの言う生成文法であり、もう1つはロナルド・ラネカーらの言っている認知言語学です。チョムスキーは言語のみたすべき規則、Syntacticがあり、それが人の脳には備わっていて、われわれに言葉を与えている。しかしラネカーの考えというのはそうじゃなくて、言葉を使っていくというところから文法が生まれてくるという話をした。大事な点は、Syntactic なものというようなものも、純粋に Syntactic ではあり得ないんですよね。その中に意味論が含まれていて、Syntactic なものでパターンをつくっていくうちに Semantic なネットワークとかジェネレーターになり得ている。そのところをつかまなくちゃいけなくて、対立構造じゃなくて、グレーゾーンというか、そういったようなジェネレーターというものについて考えると、言語とか、認知とかについてはもっとわかってくるんじゃないかと思っています。

　さっき紹介した、テイラーの渦とか、Class 4とか、あと自然が用意していたカンブリア爆発とか、そういったようないろんなジェネレーターを見てきましたが、これはすべて Syntactic なジェネレーターです。それが、意味のジェネレーターにもなっているかどうかを見ていくことで、最終的にはわれわれの脳と心についてもわかるんじゃないか、と期待する訳です。やっぱり新しいことを考えられるから脳はコンピューターと違う、と思いますが、ではその新しいことはどうやって生み出されるか。やはりジェネレーターが必要であろう。そのジェネレーターは脳内に見い出せるのか。僕が最近興味を持っているのは、脳のデフォルトネットワークの構造です。

　デフォルトネットワークというのは、なにか特別な課題をやっているわけではない時のわれわれの脳の活動です。多くの時間を我々はぼうっとしてます。きょうは何を話したらいいんだろうって考えつつ、ちょっと昨日のあの映画は何だったんだろうなと思ったりして、この小説のこと考えたり、論文のレビューはあしたまでだったとか、ぐちゃぐちゃ考える。そうやってぐるぐるいろいろ瞑想して妄想しながら、あるいは何かいろんな変な妄想とか同時に走っているような状況というのが脳で、そいつが新しいパターンのジェ

ネレーターとなる。

　もしかすると、白昼夢を見ているときのような脳の研究をどんどんしていくと、脳の中に備えられているカンブリア爆発とは違う形のジェネレーターというものの正体がわかってきて、そこから最初に言ったように、いかにコンピューターとは違うような脳がつくれるかという話になってくるのだと思います。そのためには、妄想みたいなものが、いろいろ走る脳を考えないといけない。だから脳の中の時間的にはコンカレントで、コンカレントというのは、通事的じゃなくて、共時的な時間構造を持っているようなシステムで、いろんなパターンがあらたなパターンをどんどんつくっていくような、非同期的仕組みが大事と思うのです。

　こういうことを考えることというのは、別に僕が理系だったからでは全然ないわけです。つまり一人一人の人がダ・ビンチになることによって、脳に関しても新しいモデルがつくれるし、今まで音楽家がつくってきたことに対し、それとは全然違う音楽とはとても感じられないような音楽をつくることができるわけですね。

　だから、ダ・ビンチというのはそういう意味で、一人の人が自然科学者でもあり、文学者でもなくちゃいけなくて、今まさにそういうことができる時代に、しなくてはいけない時代に、なっていると思うんですね。21世紀ダ・ビンチは現れるかというのは、ですからどんどん現れるんじゃないかというのが僕の結論であり、皆さんへの期待です。どうもありがとうございました。

# 執筆者紹介

岡田浩樹（おかだ・ひろき）
神戸大学国際文化学研究科　教授
専門は文化人類学、東アジア研究。
主な著作に『両班─変容する韓国社会の文化人類学的研究』(2001　風響社)、『電子メディアを飼いならす』(共著　2005　せりか書房)、『グローバル化と韓国社会─その内と外』(共編著　2007　国立民族学博物館)ほか。

分藤大翼（ぶんどう・だいすけ）
信州大学全学教育機構　准教授
専門は映像人類学、アフリカ地域研究。
主な共著に『森と人の共存世界』(2001　京都大学学術出版会)、『見る、撮る、魅せるアジア・アフリカ！─映像人類学の新地平─』(2006　新宿書房)、『インタラクションの境界と接続』(2010　昭和堂)、『森棲みの社会誌』(2010　京都大学学術出版会)。映像作品に『*Wo a bele*─もりのなか─』(2005)、『*Jengi*』(2008)ほか。

古川史（ふるかわ・ふみ）
神戸大学大学院国際文化学研究科文化相関専攻 博士前期課程
専門は文化人類学。
主な業績は『平成21年度 南あわじフィールドワーク報告書』(共著　2010　神戸大学国際文化学研究科)。

金田純平（かねだ・じゅんぺい）
神戸大学大学院国際文化学研究科　特命助教
専門は日本語学・言語コミュニケーション。
主な業績は『「単位」としての文と発話』(分担執筆　2008　ひつじ書房)、『音声文法の対照』(分担執筆　2007　くろしお出版)、『言語に現れる「世間」と「世界」』(分担執筆　2006　くろしお出版)。

木村大治（きむら・だいじ）
京都大学大学院アジア・アフリカ地域研究研究科　准教授
専門は人類学、コミュニケーション論。
主な業績は "Verbal interaction of the Bongando in central Zaire: With special reference to their addressee-unspecified loud speech" *African Study Monographs* 11 (1) 1990 Center for African Area Studies, Kyoto University.『共在感覚――アフリカの二つの社会における言語的相互行為から』(2003　京都大学学術出版会)、『インタラクションの境界と接続――サル・人・会話研究から』(共著　2010　昭和堂)。

ニック＝キャンベル（にっく＝きゃんべる）
ダブリン大学トリニティカレッジ　教授、奈良先端技術大学　客員教授、ISCA評議員
専門は非言語処理、音声合成、韻律分析、データベース構築。
主な業績は "Getting to the heart of the matter; speech as the expression of affect; rather than just text or language" *Language Resources and Evaluation* 39 (1) 2005　Springer "Conversational Speech Synthesis and the need for some laughter" *IEEE Transactions on Audio, Speech, and Language Processing* 14 (4) 2006　IEEE Signal Processing Society ほか多数。

定延利之（さだのぶ・としゆき）
神戸大学大学院国際文化学研究科　教授
専門は言語・コミュニケーション論。
主な単著に『よくわかる言語学』(1999　アルク)、『認知言語論』(2000　大修館書店)、『ささやく恋人、りきむレポーター――口の中の文化―』(2005　岩波書店)、『日本語不思議図鑑』(2006　大修館書店)、『煩悩の文法』(2008　筑摩書房) ほか。三省堂のホームページで「日本語社会 のぞきキャラくり」を連載 (http://dictionary.sanseido-publ.co.jp/wp/author/sadanobu/)。

モクタリ明子（もくたり・あきこ）
神戸大学大学院国際文化学研究科　学術推進研究員、神戸松蔭女子学院大学　非常勤講師
専門は音声コミュニケーション論。
主な業績は「専門のことば・仲間のことば」「ことばのデフォルメ」(共著『ケース

スタディ日本語のバラエティ』2005　おうふう)、「音声コミュニケーションにみられる発話キャラクタ」(共著『音声文法の対照』2007　くろしお出版)、「発話キャラクタの日中対照」(『現代中国語研究』第8期　朋友書店)、ほか。

寺内直子(てらうち・なおこ)
神戸大学大学院国際文化学研究科　教授
専門は日本音楽史。
主な業績は『雅楽のリズム構造～平安時代末における唐楽曲について』(1996　第一書房)、『芸術・文化・社会(改訂版)』(共著　2006　放送大学出版会)、Performing Japan: Contemporary Expressions of Cultural Identity (co-authored), (J. Jaffe and H. Johnson, eds, Poole　2008　Global Oriental)、『日本の伝統芸能講座　舞踊　演劇』(共著　2009　淡交社)、ほか。

倉田誠(くらた・まこと)
神戸大学大学院国際文化学研究科　学術推進研究員、甲南大学非常勤講師
専門は文化人類学、医療人類学。オセアニア地域研究。
主な業績は「サモア社会における知識の個人差と病気を巡るリアリティ」(『日本保健医療行動科学会年報』19　2004　日本保健医療行動科学会)、「グローバル化する精神科医療とサモアの精神疾患　マファウファウの病気をめぐって」(『グローカリゼーションとオセアニアの人類学』2010年刊行予定　風響社)など。

松井今日子(まつい・きょうこ)
神戸大学大学院国際文化学研究科文化相関専攻　博士前期課程
専門は民俗音楽学、民俗芸能研究。
主な業績は『平成21年度 南あわじフィールドワーク報告書』(共著　2010　神戸大学国際文化学研究科)。

柏原康人(かしわばら・やすと)
神戸大学大学院国際文化学研究科文化相関専攻　博士前期課程
専門は国文学(説話文学)。
主な業績は『平成21年度 南あわじフィールドワーク報告書』(共著　2010　神戸大学国際文化学研究科)。

村尾 元（むらお はじめ）。神戸大学大学院国際文化学研究科　准教授。
専門は創発システム、機械学習、人工生命、認知情報システム。
主な業績は "Q-learning with adaptive state space construction" *Learning Robots　LNAI 1545*　1999　Springer-Verlag、「資源循環システムの自律分散型モデルとシミュレーション」（共著　『電気学会論文誌部門誌C』126(7)　電気学会）、"A similarity measuring method for images based on the feature extraction algorithm using reference vectors" *Int. J. of Innovative Computing, Information and Control*　5(3)　2009　ICIC International,「POMDPsでの強化学習における状態フィルタ」（共著　『計測自動制御学会論文誌』45(1)　2009　計測自動制御学会）ほか。

池上高志（いけがみ・たかし）
東京大学大学院総合文化研究科　広域システム系　教授
専門は複雑系の科学。生命システムの複雑さをシミュレーションと実験の双方からアプローチする。
著書に、『複雑系の進化的シナリオ』（共著　1998　朝倉書店）、『動きが生命をつくる』(2007　青土社)がある。

可能性としての文化情報リテラシー

| | |
|---|---|
| 発行 | 2010年3月31日 初版1刷 |
| 定価 | 2400円+税 |
| 編者 | ©岡田浩樹・定延利之 |
| 発行者 | 松本 功 |
| 装丁者 | 大崎善治 |
| 印刷製本 | 株式会社 シナノ |
| 発行所 | 株式会社 ひつじ書房 |
| | 〒112-0011 東京都文京区千石2-1-2 大和ビル2F |
| | Tel.03-5319-4916 Fax.03-5319-4917 |
| | 郵便振替 00120-8-142852 |
| | toiawase@hituzi.co.jp  http://www.hituzi.co.jp |

ISBN978-4-89476-499-6

造本には充分注意しておりますが、落丁・乱丁などがございましたら、小社かお買上げ書店にておとりかえいたします。ご意見、ご感想など、小社までお寄せ下されば幸いです。

コミュニケーション、どうする？どうなる？
林博司・定延利之 編　定価1,900円＋税

　本書は、2005年12月に神戸大学国際文化学部で開催された「こころを伝えるコミュニケーション」というシンポジウムを基に編まれたものである。本書では視点を「コミュニケーション」に据え、企業の人事、動物のコミュニケーション、脳科学、精神医学といった様々な立場から問題点を提示し、それに対する解決法を、外国人の日本語習得、感情の伝達、異文化間の知覚の相違という観点から探る。やや専門的と思われる用語には解説を施した。